二线生活

孙范姣 ◎ 编著

内蒙古文化出版社

图书在版编目（CIP）数据

二线生活/孙范姣编著. —— 呼伦贝尔：内蒙古文化出版社，2009.4
ISBN 978-7-80675-707-9

Ⅰ.二… Ⅱ.孙… Ⅲ.老年人—生活—知识 Ⅳ.Z228.3

中国版本图书馆 CIP 数据核字（2009）第 059761 号

二线生活
ER XIAN SHENG HUO

孙范姣　编著

责任编辑	丁永才
封面设计	柏拉图
出版发行	内蒙古文化出版社
地　　址	呼伦贝尔市海拉尔区河东新春街4-3号
直销热线	0470-8241422　邮编　021008
排版制作	鸿儒文轩
印刷装订	三河市华东印刷有限公司
开　　本	710×1000毫米　1/16
字　　数	220千
印　　张	18.5
版　　次	2009年6月第1版
印　　次	2024年1月第2次印刷
书　　号	ISBN 978-7-80675-707-9
定　　价	58.00元

版权所有　侵权必究
如出现印装质量问题，请与我社联系。联系电话：0470-8241422

前 言

俗话说：花无百日红，人无再少年。退休是每一个人都必须经历的过程。面对退休，人们心态不一，行动各异。有的坦然面对，随遇而安；有的积极接受，发挥余热；有的则是闻退色变，难以承受，感到空虚无聊，整日愁眉苦脸；还有的留恋"台上"生活，难耐"下台"后的寂寞。

退居二线，这是客观规律。但退二线或退休不是生命的终点，而是人生新的转折点；不是再没有事可干，而是有许多事情可做；不是陷入孤独、寂寞的境地，而是进入了新的生活氛围。

退休后，赋闲在家，你是否感觉到无所事事，彷徨终日？今后的路怎样走？是凭借微薄的退休金浑浑噩噩地过完下半辈子，还是"而今迈步从头越"，再积极投入到新的工作中去？

现代人不愁吃、不愁穿，生活越来越好。六十岁，精力充沛、经验丰富，突然要从工作岗位上退下来，有些人感到很不适应。有相当多的人会产生严重的失落感，烦躁、易怒、牢骚……看什么都不顺眼，慢慢地失眠、消瘦、疾病接踵而来。

退休了，该在家好好歇歇了。忙了一辈子的你，可能不习惯这陌生的清闲，又不知如何建立新的行为准则以适合新的生活状态，这种"角色失范"的状态，会使人觉得很茫然，没有方向感。生命是一种交换的过程，有失必有得，关键在于如何看待。

"你无法控制生命的长度，但你能决定生命的宽度；你无法左右天气，但你能调整自己的心情，你无法操控他人的想法，但你能掌控自己的情绪"。在物资比较匮乏的年代，我们的全部重心就在事业和孩子上，哪里有时间想到自己。我们也有自己的兴趣、爱好，但当时没有经济条件，也没有时间。现在退休了，我们应该开始为自己设计生活了。

二线生活 2

退居二线了，我们可以干点自己喜欢的事情，如玩玩文字游戏、打打电脑游戏、做做老年游戏，再回头看看如游戏的人生，好不快哉。该忘记的坚决忘记，包括不愉快的人和事，该记住的一定要记住，包括愉快的人和事。可以在任何时候伴春风去踏青、邀明月去观潮、约老友去聊天、携家人去野炊。我们再也不用写自己不想写的文章，再也不用听不想听的报告，再也不用说不想说的空话，重新活回自我。

莫道朝霞多绚丽，最美不过夕阳红。人都要走退休这一步，只要您能及时转变观念，扬起自信的风帆，以平和的心态勇敢面对，退休后的生活是丰富多彩和充满诱惑力的。

《二线生活》正是为渴望拥有丰富多彩的退休生活的人而设计的。它提供了一个实现梦想中的退休生活所需要的各种信息，内容几乎覆盖了退休生活中的各个方面，是儿女送给父母最好的礼物！

谨以此书献给为社会主义建设添砖加瓦、鞠躬尽瘁的离、退休老人！

目 录

第一章　如歌的二度春天
——60岁的人,20岁的心

> 人事有代谢,往来成古今。从少壮到暮年,这是规律,任何人也不能违背,从"台"上到"台"下,谁也不能例外。退居二线,应该如何安度自己的晚年呢?正确的态度是"少讲昨天,少想明天,多看今天"。不必过多地留恋昨天的辉煌,更不必再炫耀当年的"过五关斩六将",因为这些毕竟已成为历史,历史应该留给后人去评说。

安心——享受安然之感 ………………………………… 3
爱心——给爱一个容器 ………………………………… 5
贴心——让年轻成为我们的信仰 ……………………… 8
省心——助力社区管理 ………………………………… 11
舒心——神清气爽寿延年 ……………………………… 13
动心——舞动青春旋律 ………………………………… 16
静心——摒除不良情绪 ………………………………… 18
进心——跟上时代的步调 ……………………………… 21

第二章　一线到二线的距离
——我不再是从前了

> 有人说,当我从一线上退下来,我感到眼前的世界都是灰蒙蒙的,好像找不到自己的支点;有人说,没有了昔日岗位上的乐趣,我不知道自己能做什么;有人说,当我看到昔日的部下在挥斥方道时,我会感到异常地失落,因为之前那是我的位置;有人说,我不再是从前了,我必须认清自己,规划自己的下一步……

从一线到二线 …………………………………………… 27
迈过走向二线的坎 ……………………………………… 29

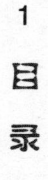

远离二线综合症 ·················· 32
为自己制定二线计划 ················ 35
走出二线烦恼门 ·················· 38
二线心理调适 ···················· 42

第三章　冤家宜解不宜结
——媳妇也是自家人

> 婚姻就像一张关系网，它是两个人建立的夫妻关系，却衍生出很多关系——婆媳关系、母子关系、父子关系、祖孙关系……
> 而在这其中，大多数人认为，婆媳关系是世间最难处理的关系。

常怀着感恩之心 ·················· 47
用新眼光看媳妇 ·················· 50
媳妇也是亲闺女 ·················· 54
封建家长做不得 ·················· 57
做大人要做得精明点 ················ 62
用欣赏的眼光看儿媳 ················ 65
做个诚心好婆婆 ·················· 69

第四章　空留双亲泪沾衣
——积极看待空巢现象

> 我们在抚育儿女的时候，由于全身心地投入，已经失去了自我。当儿女展翅高飞，我们顿感茫然无措，找不到自己飞翔的方向。所以我们要学会安慰自己：再亲密的亲人都会有分离的时候，我们要勇敢地接受现实，接受生活！

积极心态看"空巢" ················· 73
"空巢"是道难解的题 ················ 75
让"空巢"变成"爱巢" ··············· 77
不做孤独的细胞 ·················· 80
"空巢"不"空心" ·················· 83
"空巢"也要不空情 ················· 86
"空巢"也能有欢颜 ················· 89

第五章　拨开乌云见日出
——忌讳话题勇面对

> 生老病死本是大自然发展的规律,不以人的意识为转移。我们要正确看待死亡,接受事实。死亡并不可怕,可怕的是不能正确地去对待它。看淡生死,感受大自然赋予的美丽,黄昏不仅有夕阳,更有我们美好的向往与信念。

莫叹黄昏已近 …………………………………………… 93
适当的"阿Q"精神 ……………………………………… 96
生命只是一个过程 ……………………………………… 98
勇敢是绚丽的曙光 ……………………………………… 101
生病不是世界末日 ……………………………………… 104
理解"生死互渗"的原理 ………………………………… 106
要面子更要乐子 ………………………………………… 108
这张老脸往哪搁 ………………………………………… 111

第六章　举案齐眉到形影相吊
——走出丧偶的阴影

> 天下无不散之宴席,亲朋好友总有一天要离你而去。生死各有天命,这是我们的无奈。既然明白这个道理,那么在我们孤身一人时,也要坚强地继续走下去,去感受生活的美好,带着逝者的寄托和希望,勇敢地走完最后的人生旅程。

走好丧偶这个坎 ………………………………………… 115
形影相吊要有好心态 …………………………………… 117
从"心囚"中把自己解放 ………………………………… 119
自责是一种心灵的伤 …………………………………… 121
睹物思人是把双刃剑 …………………………………… 124
把忧伤从新生活中赶走 ………………………………… 126
夕阳红不是丢人的事 …………………………………… 128

第七章　男大不婚，女大不嫁
——儿女迟迟不成家

> 直到有一天，当儿女羽翼丰满翱翔天际的时候，我们才发现自己的双鬓已染上了岁月斑白，额头已经刻上了时光的线条，儿女们的婚姻大事，成了心中一块石头，沉沉地压在胸口。

儿女不急父母急 ………………………………………………… 133
门当户对太过时 ………………………………………………… 136
不做鸳鸯"行刑人" ……………………………………………… 139
年终岁末不逼婚 ………………………………………………… 142
相亲不需"父子兵" ……………………………………………… 145
奉子成婚是喜事 ………………………………………………… 148

第八章　"丁克"到我家
——望眼欲穿抱孙子

> 随着家庭功能观念的转变和社会竞争日益激烈，很多儿女们放弃生儿育女，这无疑对我们是一种打击。但是，我们要看到更多外在的东西，毕竟生命只赋予了我们一次，更好地看重自己的生活才是最重要的。

多年期望空欢喜 ………………………………………………… 153
传宗接代 PK 丁克家庭 ………………………………………… 156
"丁克"不是儿女的错 …………………………………………… 159
强扭的"瓜"不甜 ………………………………………………… 163
不是亲生亲不亲 ………………………………………………… 165

第九章　老大为了家居忙
——安逸眨眼成房奴

> 儿女是父母的心头肉，无论儿女大小，是否独立，父母永远都在为儿女着想，为儿女的前途打算。为儿女，父母不惜付出自己的一切，但是，当我们到了老年，当我们为儿女力不从心的时候，是不是也可以安安心心地休息一下，规划一下自己的晚年生活呢？

前方买房后方支援 …………………………………… 171
老大无奈成房奴 ……………………………………… 176
儿女离婚房归谁 ……………………………………… 178
再婚的房产如何分配 ………………………………… 180
老年人买房细考虑 …………………………………… 182
保护好自己的产权 …………………………………… 185

第十章　警惕第二大杀手
——及早提防抑郁症

> 生活不可能总是一帆风顺，经常会在不经意间给你开上一个小小的玩笑。经过大风大浪的我们，本来是要安享晚年，安静愉快地度过垂暮之年，但是一些无法预料的事情会干涉我们的生活，使我们身心受到伤害，从而陷入不能自拔的境地。

抑郁症的基本症状 …………………………………… 191
抑郁症产生的"土壤" ………………………………… 194
别生活在"历史"中 …………………………………… 196
"养心"远离抑郁症 …………………………………… 198
假痴呆下的真抑郁 …………………………………… 201
讳疾忌医乃大忌 ……………………………………… 204

第十一章　心理健康晴雨表
——预防和发现心理疾病

> 对"健康"二字，人们很容易认为没有疾病就是健康。健康不但是没有身体缺陷和疾病的生理正常状态，还要有良好的心理状态和社会适应能力，即身体健康、心理健康和对社会的适应能力。所以我们在注重身体健康的同时，还要寻求心理健康的科学对策。

- 不能忽视的心理疾病 …………………………………… 209
- 挖出心理疾病的"根" …………………………………… 212
- 做自己的心理医生 ……………………………………… 215
- 远离迷信的泥潭 ………………………………………… 218
- 嫉妒是一种病态 ………………………………………… 221

第十二章　黄昏也要甜蜜蜜
——老年夫妻的情感生活

> 人都是感性的，不论是年轻还是年老，都离不开感情的滋养。尤其是退休后的老年人，儿女独立离家，生活的重点发生了新的变化，在家庭中，除了生活琐事，夫妻之间的感情变成了垂暮年华的心灵寄托。

- 老感情仍然需要升温 …………………………………… 225
- 花前月下觅青春 ………………………………………… 227
- 感情充电不可少 ………………………………………… 230
- 让感情登上相互理解的高度 …………………………… 233
- 黄昏中的"未婚同居" …………………………………… 235
- 再次走进婚姻殿堂 ……………………………………… 238

第十三章　快乐才是最重要的
——把握健康的秘诀

> 精神紧张、压抑、心理矛盾、冲突、犹豫、忧伤等都是导致心身疾病的主要原因。随着我国物质文化生活水平的逐步提高，老年人寿命逐步增加，如何提高老年人的心理保健水平，使老年人在身心愉快的状况下安度晚年，已成为老年人最为关心的话题。

摆脱疑病恐病的困扰…………………………………………245
"与病共舞"需好心态…………………………………………249
过节要做好心理调试…………………………………………252
给自己做个保健………………………………………………255
做个快乐老人…………………………………………………258

第十四章　时尚养老新观念
——让我们一起住进老年公寓

> 时代的观念在不停地转变，生活质量也在不断地攀升，追求优质的生活和愉快的生活方式是老年人最为关心的。我们虽然跟不上时尚的脚步，但我们应该找到最为贴切和适合自己的生活方式。

外国老人的养老观念…………………………………………265
选择不再孤独的生活…………………………………………268
老年人的另一个"伊甸园"……………………………………271
选择休闲式安居………………………………………………273
积极转变养老观念……………………………………………275
我们一起去养老院吧…………………………………………277

附录：营养成分表……………………………………………280

第一章 如歌的二度春天

——60 岁的人，20 岁的心

人事有代谢，往来成古今。从少壮到暮年，这是规律，任何人也不能违背，从"台"上到"台"下，谁也不能例外。退居二线，应该如何安度自己的晚年呢？正确的态度是"少讲昨天，少想明天，多看今天"。不必过多地留恋昨天的辉煌，更不必再炫耀当年的"过五关斩六将"，因为这些毕竟已成为历史，历史应该留给后人去评说。

安心——享受安然之感

经过数十年复杂的社会生活，品尝了若干年的人事纷争之后，退居二线，应该有一个能让我心向往的、简单、快乐、无需带着面具就可坦然处之的安心之所。这样一个安心之地，必然是个春有花团锦簇、夏有知了声声、秋有金色满园、冬有腊梅飘香的自然之所。这样自然的环境，可以让人放下一切包袱，只为更敏锐地感知大自然母亲所赐予的安然之感，感受来自天地间的祥和之感。

许多老年人认为自己老了，就不中用了，会成为儿女的负担，从而开始情绪低落，没有安然之心，身体和心理也快速地衰老。

其实，"老"并不是简单的一个字，在"老"字背后有着深厚的与老年人有关的文化观念。保守、固执、沉闷、健忘、斤斤计较、没有情趣、多管闲事、难以相处等，这些都是年轻人眼中的老人，是老的内容，老的符号，老的文化。

现在有很多老人开始为自己退休后能干什么而一直担忧，其实只要用安然的心态面对，就会发现，人到暮年，仍然有很多事情值得去畅想，去积极参与。保持安然的心，就会发现人生内在的魅力，体现完美的人格价值。

林大爷今年65岁，家住北京西城区，从小就喜欢体育，上学的时候还练过体操，可能是这个原因，让他对各种体育比赛都非常关注，中国运动员取得每一项好的成绩，他都感到骄傲、自豪。林大爷是一位工程师，退休之后一直从事有关奥运的志愿活动。2008年北京举办奥运会，为他投身奥运事业提供了一个绝好的机会。为了宣传奥运，为更多的人服务，林大爷报名参加了北京奥运会志愿者队伍。

林大爷不服老，他说奥运会是一个难得的机会，他想为奥运会尽

一份力。他更觉得没必要讨论中老年人是不是适合做志愿者的问题，他本人就是最好的例子，在争取成为志愿者的过程中他已经得到了许多快乐。2008年8月，奥运会、残奥会志愿者项目启动，林大爷第一时间去报名，并且成了志愿者。

奥运村的地铁建设、奥运会场馆建设、奥林匹克文化节，2008年7月13日、8月8日，所有和北京奥运会有关的日子，林大爷都格外关注。"好运北京"的奥运测试赛他也到现场去感受气氛了，乒乓球比赛他见到了七八位世界冠军，心里特别开心。足球、篮球、排球、网球、乒乓球、羽毛球等，林大爷全都喜欢。而他早就有在残奥会期间做志愿者的想法，希望可以在2008年的时候用手语帮助来到北京的外国朋友。为此，林大爷每天自学英语和手语，希望能在2008年全力服务于奥运会，献上自己的绵薄之力。

让热爱奥运的人都唱起来，让喜欢体育的人都笑起来是一件非常有意义的事情。林大爷喜欢参加一些公益活动和志愿者活动，能够多参加公益活动和志愿者活动，让林大爷感到非常开心，也非常有意义。林大爷还喜欢唱歌，因为唱歌可以尽情展现自己喜悦的心情，表达自己的激情，表达自己对奥运、对生活的渴望。像林大爷这样的老人还有很多，在垂暮之年能够安然地对待自己的二线生活，用自己的生命去创造价值，这样生命的光辉就会永不停息。

林大爷虽然退居二线，但他拥有一颗安然的心，不为过去的事情烦恼，不为外界的质疑困扰，安然地做自己想做的事情，难道这不是一种二线生活应有的态度？年老是遵循了大自然的规律，二线老人应该乐观一点，积极一点，安然一点，其实春天依然存在，依旧灿烂美好，只是我们没有发现没有察觉而已。多给自己一些勇气，给自己的生命注入新的活力，只要心态安然，就留住了永远的青春。

爱心——给爱一个容器

爱心人人都有，而这个爱心应该有一个大的范围，不仅是人与人之间的爱心，还有人与动物、人与植物之间的爱心。每个人都有被肯定、被需要的感觉，尤其是从一线上退下来的老年人。他们在家里，往往是被照顾的对象，但是仔细想想，一个富有爱心的人肯定不希望自己单单只是被照顾的对象，直到生命的最后一刻，他们都需要释放自己的爱心，感受被肯定和被需要的感觉，因为我们都希望做一个充满爱心的人。

60多岁的王德根老人，是一个老党员。他1948年9月参加工作，1992年10月离休，原任长钢党办信访副主任。这个乐善好施的老人，用自己的爱心编织了许多动人的故事。

老家要修水泥路，老人得到这个消息后很高兴，主动与村里联系，说要尽自己的一份力量，他拿出3000元钱交给了村委会，成为全村捐款数额最多的一个人。

王德根非常关心下一代的成长。"六·一"儿童节，他向村小学资助了2000元。村委和学校送来锦旗，上面写着：培育花朵育后人，报效家乡献爱心。对于送来的锦旗，老人说："因为我是本村初小四年级毕业的，就是这点文化，给我一生的发展打下了基础，所以我要给母校做个回报。"

村里有个村民的女儿，家庭比较困难，眼看着大学毕业了，家长让她赶快参加工作，可她坚决要考研继续深造。为了改善家里的生活状况，为了实现自己的梦想，她一边在外打工，一边学习，终于考上了研究生。老人听说这个事情后，很受感动，就动员他的家人一定要支持女孩上学，还给女孩家里放下了1000元，并且表示三年的路费他

全包了。在老人的帮助下，这个女孩终于上了研究生。开学没几天，女孩又收到了王德根老人寄去的1000元钱，当时这个女孩心里真是有太多的感动无法表达。

王德根老人不仅关心家乡的建设，关心家乡的教育，作为一个老党员，他的爱心更是无处不在，处处闪耀着动人的光芒。汶川地震发生后，老人牵肠挂肚念灾情，每天坐在家里看电视、读报纸，了解援灾情况，并积极参加社区捐款活动。当集团公司党委组织党员缴纳特殊党费时，老人百感交集，二话没说，带头拿出2000元交给了组织。

如今，王德根老人身体健朗，在自己的花园里愉快地生活着，每天都锻炼身体，平时热心于社区活动，自己做一些力所能及的事情，得到大家的称赞。在谈到他所做的一些好事时，老人总是笑呵呵地说："应该的，应该的。党在政治上、经济上给了我很高的待遇，我应该对社会有所奉献。尽我微薄的力量，做些有益的事情。"

老人的爱心无法用金钱来衡量，因为这是老人生活的一种境界，爱的疆域是不能被庸俗限制的。姜达敖的爱也是同样伟大的。

在宜兴，姜达敖的名字几乎无人不晓。这位憨厚敦实、脚下总是穿着一双旧布鞋的普通农村老人，不顾自己年老体弱和脑部肿瘤两次手术带来的病痛，十几年来几乎跑遍了大江南北。东北的林海雪原、西北的黄土高坡、南国椰林沙滩，到处留下了他年迈而坚定的脚印。他不是去出差，不是去旅游，而是去播撒爱心。

姜达敖热心资助南京三个下岗失业职工的事迹，成了南京的美谈。

赵莉琴回忆起首次与姜达敖老人见面的场景，她说："那年冬天，天气非常寒冷，外面刮着大风，还下着大雨。真没有想到会有一位素不相识的宜兴老人来到南京，拖着刚动过手术的身躯，爬到7楼来看望慰问我们全家。"

一个偶然的机会，姜达敖从报纸上看到：曾为南京十大利税大户之一的南京铁合金厂，由于种种原因停产了，职工们陷入困境。省劳模臧永龙年老病重，强撑着不去医院看病；老技师胡金荣到粮店赊米度日；患糖尿病的女工赵莉琴由于经济困难，一畚箕一畚箕把泥土搬到7楼顶层，种草药治病。姜达敖夜不能寐，挥泪写下热情洋溢的慰问信，连同 5000 元慰问金，托人带给这三个特困工人，另外拿出一万元帮助厂里其他困难职工。后来，他把自己每月的 600 元养老金捐赠给这三个特困家庭，每家 200 元按月寄去。6 年来，老姜对这三个特困家庭的资助从未间断过，逢年过节他都要上门看望他们。

　　姜达敖一直在爱心之路上奋力跋涉着，他把爱撒向了大江南北许多地方。他资助过东北钢铁厂的特困工人，又资助了南方遭受水灾或海啸的难民，北京、甘肃、陕西、吉林、江苏等地，到处留下了他雪中送炭的脚印。现在，他长期资助的大、中、小学特困生还有 89 人，特困家庭有 25 户，他连续 4 年为西北农科大学 13 名品学兼优的贫困生发放助学金。甚至把因贫退学的来自黄土地的大学生拉回了校园。他常说："爱心不分地域，只要和谐社会中人人都能幸福生活。"

　　一些受助者描述姜达敖时说："他就像一个有着远大抱负的老红军，在播撒爱心的万里长征中，不知疲倦地跋涉。"

　　虽然我们已经从一线退居二线，但是我们心中依然有爱，这种爱，退却了年轻时的狂热，积淀下人生的经历，呈现为对人们的关怀。当我们帮这种爱找到一个合适的容器，我们的生活将更充实、更有意义。

贴心——让年轻成为我们的信仰

随着国际文化交流的日益增强，人们的信仰也越来越多，佛教、基督教、天主教、伊斯兰教，街上随便询问 10 个人，估计这 4 个宗教就至少有 3 个被人信仰。因此，我们可以尝试去信仰，寻找一些宗教独立的活动场所，一个简易的佛堂，一个可以唱诗经做弥撒的地方，有了充实的精神生活，老年人的生活才谈得上有质量。

除了宗教之外，还有个人的爱好。人之所以爱好一个东西，往往因为这个东西是他信仰的一部分，例如画画、唱歌、习武等，如果不是因为儿时的梦想，不是因为长此以往的信仰，一个人是不可能将爱好持之以恒的，尤其是老年人。如果你到老了还想做个什么事情，那它一定是你理想、信仰的一部分。

现在科技发达，上网、用手机发送短信、听流行歌曲、逛街、穿时尚的服装等，这些在老年人看来是跟自己没有关系，都是年轻人的专利，只有年轻人才可以拥有，其实并非如此，我们也可以去尝试一下年轻的感觉，去拥有一些年轻人拥有的东西，踏着年轻的步伐，让自己更加年轻，就像时刻提醒自己要保持微笑一样，要跟上年轻的节奏，让年轻成为我们永久的信仰。

我们还可以学年轻人用电脑给亲戚朋友发邮件，上网聊天，儿女在外面还可以用视频，既简单又快捷。出门时也可以和年轻人一样带上手机，不仅可以随时与家人保持联系，还可以看看天气预报和新闻，听听音乐和收音机。年轻人喜欢去吃麦当劳、肯德基，我们也可以去尝尝，这样不就和儿孙们吃到了一起，还能更好地沟通和找到更多的话题。多关注一些流行歌曲，和年轻人一样用 MP3 下载歌曲随时听听，这都是一种新的体验。做一个时尚的发型，买一身时尚的衣服和一双时尚的鞋,翻翻年轻人喜欢的杂志,让自己有一种完全不同的感觉,使自己在心理上与年轻人接近。迈着年轻的步伐,忘记自己的年龄,忘记对年龄的看法和说法,让自己从里到外都年轻起来。

有的老人认为颜色鲜艳的时尚服装不适合自己的年龄,觉得太扎眼,跟自己的身份不符。

其实现在在商场里能看到很多老年服装都是姹紫嫣红而且不失时尚的元素。我们应该换些艳丽一点的或带花纹的服装,因为鲜艳的色调和时髦的服装不但可以让我们显得年轻,还能够起到活跃心情、调节心理的作用。

我们中国的老年人习惯穿深色衣服,多数是受到了传统观念的影响,似乎长者就应该在晚辈面前表现得严肃,要有长辈样。但深色调给人最直接的视觉刺激是严肃和庄重,长期处于这种影响下,老人心情容易变得压抑、沉重,甚至呆板封闭,不愿与人沟通交流,从而导致孤独寂寞等负面情绪的产生。

如果我们能够经常换一些亮丽一点的衣服穿,比如红色、绿色、黄色或几种色彩混合起来的花色等,不仅让自己看起来眼前一亮,心情不由自主变得开朗、轻快,还会让别人感觉你年轻了许多。晚辈的由衷赞美,会让你的好心情大增,从而忘记生活中一些不愉快的烦恼事。在这种好心情的驱使下,我们会变得更积极向上,主动与人沟通交流,心态也会变得年轻。

服装的款式同样能够影响我们的心情。如一些身材较胖的老人穿一些细长型的服装,可以显得苗条,给自己带来好心情;一些较瘦的老人,穿一些宽肥的衣服,可以让自己显得魁梧一些,给自己带来自信。

我们平时适宜的修饰与美容,会给自己带来青春与活力。年逾古稀者注重打扮是有益于身心健康的,潇洒大方的仪容常会使我们感到年轻。这种"还我年轻"的心理,会给我们带来愉悦感和满足感。

张阿姨67岁,当了一辈子的中学语文老师,可以说是为了教育事业奉献了自己的一切,得到了学生、家长、领导和同事们的好评与尊重。其实张阿姨最让人喜欢的还是她那开朗的性格和散发出的青春活力。退休后面对生活的巨大转变,她的这种性格依旧没有改变,每天

盘着时尚的头发，穿着新潮的服装，和以前的学生、家长、邻居、同事们一起交谈聊天，开心了就唱一支歌，高兴了就跳个舞，她也很喜欢年轻人喜欢的那些流行音乐。因此，她吃得好睡得香，身体硬朗，思维敏捷，很多人都说她不像是60多岁的人，也有很多邻居、同事羡慕她充满活力的身姿、开朗的性格和那颗永远年轻的心。

在韩国，老年人的思想则更加开放，对自己要求也很高，因此有很多老年人去美容院整容。

郑顺任老人已经60多岁，在韩国经营着一家餐厅。不久前，她勇敢地接受了腹部吸脂手术。对于尝试这一手术的原因，这位爱美的老太太表示："希望在有生之年，让自己显得更漂亮，活得更快乐。"

对此，整形医院院长朴春济透露说："老人由于运动量少，在很多情况下，即使吃得少，体重也会继续增加。吸脂手术可以预防因腹部高度肥胖引起的关节炎，有助于预防成人病。"

韩国首尔一家整形外科医院为一对五十多岁的夫妻做了双眼皮手术。这对夫妇坦言，随着年龄的增长，他们的眼皮开始下垂，因此决定接受这一手术，为了让自己形象更好，更为了享受生活。

一家整形外科医院院长金阳洙介绍说："来医院接受整形手术的人，有20％是50岁以上的女性。越来越多地老年人希望通过整容和整形，使自己的老年生活变得更加充实和多彩，这成为近年来整形潮流地新趋势。"

随着人的寿命不断增长，越来越多的老人希望参加更多的社会活动，因此也很希望自己能显得更年轻和健康，正所谓"爱美之心人皆有之"，人老爱美者大有人在。这是一种年轻的心态，一种老年人对年轻的新的向往和追求。

省心——助力社区管理

有些社区将辖区居民小组划分成好几个"老龄管理片区",同时将老年人划为三级分别进行管理:有子女,身体较健康的为"一级";子女下岗或外出谋生,家中只剩老人和孩子的"空巢老人"为"二级";无子女的孤老为"三级"。对不同"级别"的老人采取不同的管理方式。属"一级"的老人,由片区成员和组代表具体负责,有重要事情及时报告社区;属"二级"的"空巢老人",除片区具体管理服务外,片区负责人要随时向社区报告各种情况,社区和片区共同服务到户;属"三级"的孤老,因为担心发生意外,由社区派专人早、中、晚上门问候,帮助料理家务。

每天清晨,都有一位老人匆匆地赶到孔浦一村老年活动室,开门接待前来活动的老人;夜晚,这位老人又披星戴月地赶来,关好活动室的大门。十年来,这位叫洪阿伙的热心老人,一直义务管理着社区老年活动室。

70多岁的洪阿伙老人原是宁波海洋渔业公司的一名轮机长,1991年退休在家。由于退休前专门负责机器的操作、维修,经验十分丰富,退休后有不少公司重金聘请老洪前去帮忙,洪阿伙谢绝了这些邀请,却毛遂自荐地在社区当了一名不拿工资的老年活动室管理员,这一做就是十年。

社区工作人员说,以前社区的老年活动室里有个怪现象,本来应该是老年人活动的场所,却被一些年轻人占了"地盘",他们不但打牌、搓麻将赌钱,而且还在那里抽烟,把活动室搞成了赌博室。看到这种情况,老洪坐不住了,他四处奔走,最后,在社区工作人员的帮助下,老年活动室开始明令禁止赌博和抽烟,老人这才又重新回到了

活动室里。

当社区里的邻居问起老洪为啥对当义务管理员如此热心时，老人总会哈哈一笑："虽然我退休了，但还有这么一把力气，能为大家做点事情，我心里蛮开心。"

另一位许保香老人今年68岁，是银川路街道银川路社区的一名老党员，因为经常帮助居民，老人在社区里已经小有名气。"我把自己家的电话告诉了社区里腿脚不便的老年人，他们如果需要帮助就给我打电话。"

每年冬天，许保香老人都会主动帮助孤寡老人清扫门前的冰雪。邻居马秀兰家门口的冰雪都是许保香老人清理。有些年轻人问许保香老人："您这么大冷天的替别人打扫冰雪，是不是想图些什么？"许保香说："我是共产党员，做这些事情是应该的，再说，活动活动筋骨对身体也有好处……"

不光如此，许保香老人还为居民修水管、买东西、充值月票卡等等，社区腿脚不便的老年人打电话，许保香老人从没推辞过。有一次老人替社区一位残疾人咨询办理《土地证》的问题，来来回回往相关部门跑了20多趟。

白天孩子们都工作去了，晚上他们好像只把家当做旅馆，社区的事情，他们无力涉足，我们应该担负起建设一个和谐社区的责任，应该为推动社区的建设献出微薄之力，助力社区管理，共同建造一个温馨的大家庭。

舒心——神清气爽寿延年

微笑是舒心传递给人们的一个温暖信号。

心理学研究表明，如果一个人总是微笑，他的心里就会总是快乐的，这也说明"表"与"里"有着天然的联系，所以一个人要想天天快乐，就要时常把微笑挂在脸上。

黄永玉，1924年出生在凤凰县沱江镇，土家族人，受过小学和不完整初级中学教育。因家境贫苦，12岁就外出谋生，流落到安徽、福建山区小瓷作坊做童工，后来辗转到上海、台湾和香港。14岁开始发表作品，以后一段时间主攻版画，其独具风格的版画作品饮誉国内外。

黄永玉爱笑。84岁的人了，住在北京东郊他自己建的"万荷堂"里，养着一群狗，画些画儿，看看电视，整天乐呵呵的。"咱老百姓，可不就是过过日子么。"

国际奥委会主席罗格和国际奥委会文化与奥林匹克教育委员会主席何振梁在北京向他颁发了"奥林匹克艺术奖"——这是四年一度的，由国际奥委会向奥运会主办国的艺术家颁发的"最高奖项"。

对这个"天上掉下的馅饼"，老爷子上午西装革履地去领奖，下午又穿上牛仔裤在"万荷堂"跟朋友聊天。有人问他："您不激动吗？"他回头狡黠地一笑："难道让我大哭一场不成？"

黄永玉的幽默感，对于他和他的"受众"们的年龄差来说，多少显得有些匪夷所思。比如他会说出"书房是一个人的底裤"这样的话，还煞有介事地解释说"底裤者，内裤也"；比如他会说"我短跑成绩是12秒！"当众人惊讶之时又慢条斯理地说："当然是50米的成绩。"再比如，他年轻时爱开车（如今当然开不动了），当有女记

者问:"您的车现在停哪儿呢?"他思索半晌后一脸错愕:"你问这干吗?"

"你们看我现在心态挺好,健康快乐,其实原因在于……"当所有人都以为老爷子会说出什么养生经时,黄永玉吐出两个字:"受苦。"他的文章中引用过一句话:有些事可以宽容,但不可以原谅。"我要是没吃过那么多苦,现在怎么能过得这么舒心呢?但是恶人恶事却永远不能原谅,而应该狠狠地记住。"

黄永玉喜欢看书,据说到了晚上不看便睡不着觉的地步。就在获"奥林匹克艺术奖"的前一天晚上,黄永玉住在酒店里到凌晨4点还没睡着,大家以为他因得知获奖而激动难眠时,他却轻轻来一句:"乱讲!我带错了眼镜,到酒店一看没镜片了,看不成书才睡不着的!"他最反感的就是被问到做某件事有什么意义:"人生不要去找意义,过日子平平常常,有的有意思,有的没意思,不是什么都有特别的意义。我就是普通人,什么伟大的意义、深刻的意义,世上压根不存在。"

"你听过鸟叫吗?""听过。""好听吗?""好听。""懂吗?""……"

这就是黄永玉眼中的中国艺术。

"万荷堂"正是黄永玉自己亲力设计,方方正正,没有江南园林的"一步一景",却让黄永玉在属于自己的四方天地里独享其乐;银铃响处,几位苗族盛装的女子闪出,又让人们眼前一亮。用黄永玉的话说,"我这位出生于湘西苗家的老头子,能得到国际奥委会的殊荣,很偶然,我很幸运。"

微笑不单单是一种表情,更是一种感情。所以微笑是心灵最好的一记良药,能驱走心里很多的阴暗,更能让人保持年轻的心态,精神焕发,老当益壮。

广西巴马瑶族自治县的黄妈伦,一笑就是一百零八年。在这座山清水秀的小县城,笑了上百年的老人,还有七十多位。

巴马人生性开朗,老的、少的、男的、女的都爱笑。巴马人的笑声,每天都在这座被群山包围的小县城里飘荡。初春时分,披着温柔的阳光,漫步在这座整洁的长寿之乡,俯拾皆是的微笑,往往使来自

异乡的游客内心泛起阵阵暖意。

　　当地少数民族打扮的妇女，每天一大早把土鸡、柑子等农家产品装在干净的竹筐里，从各乡各屯沿公路挑到街上卖，成了巴马一道靓丽的风景线。"买鸡蛋吗？""要水果吗？"……有人经过他们的地摊时，这些套着白色头巾，挂着耳环，穿着朴素衣裳的女人会用壮语或地方方言微笑地看着你。 不买？ 不要紧，夹着歉意的眼神冲你笑笑后，继续和旁边的同伴谈笑风生。

　　巴马人爱笑，上了年纪的老人也如此。 家住甲篆乡平安村的黄妈伦和七十多岁的儿媳黄妈恒，一天到晚都乐呵呵的。 "阿婆一辈子都很开朗，特别爱讲笑话，平时到处串门找人聊天，还经常哼山歌呢。"黄妈恒说，他们如今已是儿孙满堂，生活条件好了，家里装了电话，买了电视机和影碟机，还用起了电磁炉做菜。

　　在问及老人家有些什么心愿时，牙齿已经掉光了的黄妈伦又笑了起来："活了一百多岁，很值了！ 我的心愿就是死后把我多放在家里两天。"

　　巴马人大多数长寿老人都很活泼、健谈，不轻易动怒。

　　巴马吸引着越来越多的游客和定居者，因为这里天然的长寿环境，也因为热情好客的巴马人——他们的笑容，会随时映入眼帘，闭上眼，脑子里仍不时浮现他们暖暖的微笑，连微微的春风里都夹着巴马人甜甜的笑声……

　　如果我们的脸上每天都挂着笑容，那么莫名的烦恼将烟消云散，退居二线了，也没有别的更高追求，我们要的是一种舒心的环境，只有舒心，我们才能活得更好！

动心——舞动青春旋律

舞蹈是情感产生的运动，是生命力的象征，是发自生命力的内在冲动，可以用自己的身体运动表现出力的美与生命的光辉。心动才能舞动，舞蹈激发着生命的火花，对人的身心起着强烈的感染作用，这是由于它具有释放机体精力和传递情感的双重性。

老年人跳舞可以陶冶情操，丰富业余生活，增加脂肪消耗。

舞蹈首先可以提高一个人的修养，跳舞的同时你可以欣赏到不同的音乐，音乐可以让人心情开朗。经常跳舞可以愉悦身心、缓解紧张、消除压力，促进身心健康，使自己的心理年龄变得更年轻、更有活力。经常有规律地跳舞，可以促进身体新陈代谢，使人的皮肤变好、变得有弹性，最重要的是可以提高个人的气质。

跳舞还可以丰富我们的生活，排解寂寞。在跳舞的同时可以广交朋友，增进友谊。跳舞的人，来自各行各业，大家从陌生到熟悉，从生疏变为朋友。经常在一起跳舞的老年人，通过跳舞，不但共同提高了舞蹈的水平，还锻炼了身体，愉悦了身心，开阔了视野。

60岁的郭阿姨经常穿宽大的休闲上衣，宽松的灯笼裤，戴遮住眼睛的帽子，看上去十分"哈韩"，阿姨说："因为经常跳街舞，动作幅度很大，所以穿这些休闲的服装，活动起来也自在些。"郭阿姨还不喜欢别人说她老，因为她至少还能和年轻人一样跳街舞。

早在1995年郭阿姨就曾获得省级迪斯科大赛的冠军，这给她现在跳街舞也打下了一些基础。

几年前，郭阿姨在电视上看到一场美国街舞大赛，当时就被那动感、激烈的乐曲和那些年轻人充满活力的舞步所感染，立即学着扭动身子。于是，她开始四处找相关的教学碟片自学。听着节奏动感的乐曲，郭阿姨很快就找到了感觉，学了几遍就能完全跟上节拍，而且越跳越快，那种张扬的个性深深地吸引着她。

郭阿姨不仅自己喜爱街舞，还把跳街舞的乐趣与大家分享。她的身边一直都有很多人跟着她一起学跳街舞。

郭阿姨还爱琢磨，只要听到一段好听的街舞音乐，就会四处找碟片。在她家里堆了好多碟，她还经常跑音像店，找到了新歌，她就会根据音乐编出一套新舞来，不仅有街舞，还有迪斯科、健身操、民族舞等。

一起跳舞的伙伴中，有人起初很不爱说话，郭阿姨就告诉大家，跳街舞需要一种年轻和放松的心态，该放开就放开些。"到这儿来，咱都是幼儿园的小朋友，一定要放得开！"渐渐地，大家的心态变得年轻了，性格开朗了，胖子变瘦了，就连大家的着装也发生了改变，爱穿休闲运动装了。

郭阿姨高兴的时候就忍不住起身给大家表演一段街舞，边跳边"咚嗒嗒"地给自己打节奏，扭腰、转头干脆利索，那神采完全不亚于20岁的年轻人。

美国一位学者认为："跳舞运动是世界上最好的安定剂。"这是因为适量跳舞能缓和神经肌肉的紧张，从而获得安神定志的效果。

舞蹈活动更是青春美丽的显示，是人体的一种本能的需要。健康的有机体显然必须要有节奏的表现来发挥它们的能量，通过运用形体自由地表现心灵，抒发内在感受的形体训练，可以使我们在美的愉悦中充分发展。

静心——摒除不良情绪

养心贵在静心，静心的至高境界是乐心。情绪乃一身之主，一个人如果终日思前想后、欲望不止，难免会百病丛生，说不良情绪是疾病的催化剂一点也不会过分。要消除不良情绪，重要办法之一，就是要学会静心。心静才能气顺，气顺才能健身。静心的最佳途径是炼心，静心的至高境界是乐心。如果你心里每天都是快乐的，那就说明你在养心方面确实是个高手。

在我过去所住宿舍的大院里，有位退休老人，与大家闲坐聊天时，总爱阴沉着脸，以沮丧的语调，将"无名火"在众人面前任意发泄，给人的正常心理带来刺激，常常闹得大家不欢而散。

据最近的科研发现，恶劣情绪和细菌病毒一样具有传染性，而且传染起来很快，少则几分钟就能完成。美国洛杉矶大学医学院的心理学家加利·斯梅尔经过长期研究发现，本来心情舒畅、开朗的人，若与一个成天愁眉苦脸、抑郁难解的人相处，不久也会变得情绪沮丧起来。一个人敏感性和同情心越强，越容易感染上坏情绪，并且这种传染过程是在不知不觉中完成的。

不良情绪的传染，往往干扰了人的正常思维，引起体内的生理机能变化，出现植物神经功能紊乱、内分泌活动失调和免疫功能下降。中国古代有个诗人，有一次感到一阵诗意袭来，吟出了一句好诗："满城风雨近重阳"，其余的也呼之欲出。突然，传来一阵急促的敲门声，一群家丁前来催租逼债。刚才还在头脑中盘旋的诗情诗意，顿时消失得一干二净。结果，这首诗就只留下了这么一句。

不良情绪的产生有其内源性和外源性，要阻止不良情绪蔓延，关键在于正己，即加强个人的修养，提高心理素质，以增强对不良情绪的免疫力。重要的是做到心胸开阔，不以物喜，不以己悲，笑对人生，荣辱不惊。自己无不良情绪，也就不会造成对别人的感染。当然，对别人的不幸和悲伤，一定的同情心是需要的，但更需要的是劝慰和帮其解脱，而不需要你一齐陷入感情的漩涡。

人总是有情绪的。学会驾驭复杂多变的情绪，最好的办法是给这股"流水"建筑一个"闸门"，调节水情，控制水势，趋利避害，让正常健康的情绪主宰自己，避免劣性情绪的困扰。

在生活中，我们难免有各种各样的不良情绪，这严重影响了我们的生活，我们可以通过以下方式去解决。

(1) 疏 泄

疏泄即疏导、宣泄，吵闹也是其中的一种。例如，当有人在遭遇到长时间的内心不快时，就会郁闷焦躁，表现得爱发脾气，经常与家人争吵，责骂孩子等。当人们遭遇到突然发生的意外性精神打击之后，这时候痛痛快快地哭一场吧！不要闷在心里憋出病来。这些都是行之有效的方式。疏泄是一种通俗易懂又行之有效的心理疗法，我们所说的吵闹就是语言与活动宣泄法的一种。争吵、喊叫，能在一定程度上起到发泄愤怒的作用。

此外，摔打东西若用得适当也可看作是消减不良情绪的有效方法。日本有些公司为了缓解管理人员和工人之间的矛盾，提高工作效率，专门设有"出气室"，里面有许多制作得很像管理人员的假人，专供那些当面不敢表示不满、害怕"炒鱿鱼"，而心里又确有一肚子怨气无处发泄的人发泄情绪之用，他们对这些形象酷似的假人可以又打又骂，借此可以起到消气的作用。在有些国家据说还专门生产和出售"出气产品"。

当然，在利用活动发泄法时，应该注意时间、地点、方式、方法，以不影响别人和不危害自己为基本原则。

(2) 不妨"长吁短叹"

人在焦虑时，心率及呼吸频率均加快，而缓慢的深呼吸有助于使人镇静下来。人们常将"唉声叹气"和不良的心境联系在一起，但事

实上，它就是起到放松作用的深呼吸。心情不好时，选一处清静的地方，先通过鼻腔吸气以扩张肺部，然后将肺内气体慢慢呼出，如此做一做"长吁短叹"，效果可能不错。

（3）倾 诉

将心中的委屈、压抑、担心、焦虑统统说出来，去说给那些愿意倾听并且真心实意帮助自己的人听，如果难于启齿就写下来。总之，只有吐露那些困扰自己的东西，你才能感到踏实。很多的烦恼或担忧，说出来的时候往往就好了一大半。当然，倾诉对象也可能是难得的"蓝颜知己"，如果是年幼许多的"忘年交"，那就更难得了。有时候，一名合格的心理医生是你的最佳人选。当然，无论哪种形式的疏泄，都该适度而合理。自己心情不佳就责骂孩子，迁怒他人的做法是不合适的。

心态好的人逢事不急不躁，心静才能心净，心境宽的人为人处事总保持平和。对于老人来说，心力强也必不可缺。哲人说："人的力量有多大，不取决于体力，也不完全取决于智力，更多的是取决于心力。"通过心的修炼，可以增强我们对事物的敏感性，对社会的适应性，对各种是是非非的处置能力和承受能力。

进心——跟上时代的步调

现在终身学习的理念已深植人心，大家也都有着活到老就学到老、学得好才能活得好的精神，而我们在终身学习上更是要积极向上。虽年老不忘学习，跟着时代的步伐一起前进，然而学习的内容是什么？学习的结果是做什么？这是相当重要的，更是老人们关心的。把我们的终身学习与我们的生活相结合，更加可以突出我们的学习成果，提高我们在社会中的地位。

人，只有与时代同步前进，才能反过来推动自身更进一步发展。现在有一种误解，认为只有中青年人才能做到与时俱进，而那些即将或者已经离开工作岗位的老年人，似乎做不到也用不着与时俱进。其实这种想法是错误的，我们同样需要与时俱进，同样需要吸收和学习新的知识新的理念，跟随年轻人的步伐一起前进。

今天的我们应该不再谈"老态龙钟"、"食古不化"了。我们应该顺应时代发展、积极融入到社会、做到人老心不老。学习年轻人的新知识，掌握年轻人的新技术。

互联网横空出世至今，虽仅弹指一挥间，却已经对人类产生了巨大的影响，网络涉及的文化领域其横向之宽、纵向之深是无法形容的，其在日常生活中的用途也越来越广泛。年轻的一代对于电脑网络都能驾驭得得心应手，运用得炉火纯青，而对于已退休的我们来说则无异于一个新生事物。

张老太太在老年大学上学。在学校一晃两年过去了，在网络的海洋里老太太如鱼得水，越游越来劲了。老太太在电脑里填补了她知识里的空缺、充实了她生活中的乐趣、添加了天南地北的朋友和友谊、找寻到了老年的自信、发掘了自己的内在潜力。她越来越年轻了，越

来越活跃了，越来越忙碌了，她已经不再属于自己。

经过两年的刻苦学习，老太太的学习笔记已经堆满了她的电脑桌，记录学习笔记已经成为她必不可少的学习路径。这是她为了预防自己出现老年痴呆才学习的，笔记就是她克服健忘的好帮手。她经常在重复看一个教材，因为这样可以加深自己的记忆，还可以在重复的操作中发现原来的不足和对软件工具熟练掌握，而且她也在不断从同样的教材里发掘自己没有理解的新知识。她每天仍然在重复地听课、做作业，不同的是她已经不是在自己一个人学习，她还在用自己学到的知识帮助新同学。

最令老太太兴奋的是她的作品，她用老师教给自己的知识做了一个自己的 MTV，老太太用自己唱的歌，自己的照片制作了一个像歌星们一样的动画 MTV。尽管没有歌碟上的歌星那么年轻美丽，没有歌星唱得那么动听，但是在老太太眼里这已经是她最大的成就了。因为这个作品已经收集到学校的优秀作品里了，因为这个作品不少朋友已经转发到他们的网站，因为这个作品，有不少朋友也跟着走进了网络大学跟她一起学习了。因为60多岁的老太太都可以学习的东西，他们也可以做到，老年人也可以学习电脑知识和做 FLASH 作品是他们亲眼看到的，老太太给他们带去了信心和希望。老太太也因为她的作品可以影响着一部分跟她一样喜欢学习的人，她很兴奋和自豪。

老太太的丈夫喜欢游泳，也喜欢跳水，老太太自己喜欢打太极拳和舞剑。老太太为自己的丈夫拍了不少他在水里的照片，丈夫也为太太拍了好些锻炼时的照片。自从老太太学习了 FLASH，就萌发了用自己的照片做成动画的念头。于是她把丈夫跳水的照片做了处理，结果，只有运动员才做得到的动作，如今在她的作品里，他的60岁的丈夫也做到了。老太太的妹妹看到她的作品以后惊讶地说："姐姐，姐夫这样的年龄了，怎么还让他跳这些危险的动作啊？"老太太哈哈大笑："是我让他这样跳的，我现在想要他怎么跳他就得怎么跳。"妹妹等姐姐做了解释才知道姐姐现在已经可以在电脑里呼风唤雨了，丈夫也为自己的妻子给自己做出的动画感到满意和喜悦。老太太也把自己打太极的一招一式做成了动画，成了一个可以飞天的女侠。老太太的朋友说："现在才知道，电视里的大侠是这样飞起来的。"老太太就是这样把幻想变成了事实，变成了自己想要的东西。

老太太又学习了PHOTOSHOP（处理图片的软件），这样一来，老太太更忙了。因为她喜欢拍照，特别是喜欢帮朋友们拍照。因为她的数码相机不用买胶卷，又清晰。但是由于她的拍照水平不怎么样，于是有了很多不理想的照片。学习PHOTOSHOP给老太太弥补了很多遗憾。照片越来越清晰，层次越来越分明，加上老太太运用了学到的知识，使得照片上的眼睛动了，小宝宝的舌头吐了，调皮的动作出来了，家乡的山绿了，水流动了，老太太让照片活了。

最让老太太欣慰的一件事是老太太的父母仅留下的一张年轻时候的跟她和弟弟的合影照片，因为年代久远，损害得很厉害。她用学会的PHOTOSHOP，不仅修理好了照片，还给父母另外做了一张年轻时的合影。而且她还为老公公用普通的生活照片修理成为遗像，使老人留下一脸慈祥健康的微笑，让子孙后代把老人美好的面容留在心中。不少朋友知道了，都把已经坏了的老人照片找她修理。老太太就是这样学习新知识，绘出新画面，创造新生活。老太太用她那颗未泯的童心，制作出了一副副幽默、可爱的表情图片，正流行在网络的QQ表情里。每当看到别人发出的QQ表情图片是她的作品时，老太太的脸上就挂满了幸福与满足的微笑。

老太太还学习了制作网页，她的第一个个人网页终于问世了。带着兴奋和幸福的心情，老太太把她的喜悦传递给了她所有网络里的朋友。一句句真诚的祝贺、一束束美丽的鲜花、一个个惊讶的表情、一双双羡慕的眼神、一个个老师的肯定……给了老太太无穷的力量。老太太又信心十足地开始了自己家园的建设。如今老太太的网页里有了她作品的展示，有老太太矫健的身姿，有老太太写下的文字，有老太太做的网络朋友和学校老师同学的合影（自己组合），有老太太收藏的庞大的素材库，有学习的各种软件，更有学习和娱乐的网络链接。老太太的新家简直是一个美丽的校园、丰富的物质仓库、友谊的桥梁。最值得老太太骄傲的是到目前为止，在所有的朋友当中只有老太太有自己的个人网页，老太太知足了，她成功了。她在用新知识不断丰富自己，也用自己的知识在帮助其他的朋友，老太太每天快乐地过着自己的老年时光。

老太太每天都在努力地学习，虽然没有一点报酬，但是，她得到了很多很多。她找到了全国各地的许多朋友，她得到了大家的信任，她得到了知识，更得到了奉献以后的快乐。她永远是一个快乐、开心的人。见到她的朋友都说她越来越年轻了，越来越精神了。是的，是网络、是学校，让她的心理年龄只有30岁。她还可以为社会、为人民做更多的工作。她还可以继续她的学生生活，做一个有益于人民的人。老太太对自己很有信心，她愉快地生活着。

老年人可以在不断的学习中找到生活中的乐趣，丰富自己的文化知识。特别是刚退休的朋友，可以用学习来调整自己的心态。做一个健康、幸福、快乐、能跟上时代步伐的时髦老人。

人们常说的活到老学到老，现在许多的老年人还真的不服老，学车、买车、自驾车旅游成了他们现在的热门话题。现在有很多的汽车培训部每月都有不少老年人去参加培训，老年人学车比年轻人学得还要认真。某杂志社退休的黎伯，买了一台捷达车，每天开着宝贝车带上老伴到郊区走一走。周六日还开心地带着儿女孙子们一起出去逛街游玩，拉近了与年轻人之间的距离，一家人其乐融融。黎伯说，他还要自驾车跑遍全国。

生活中像这样的老人还有很多，他们都能在学习中找到快乐，越活越年轻了，嘴角不时洋溢着快乐幸福的笑容。

岁月可以在皮肤上留下皱纹，却无法为灵魂刻上一丝痕迹。忧虑、恐惧、缺乏自信才使人伛偻于时间的尘埃之中。

无论是六十岁还是十六岁。每个人都会被未来所吸引，都会对人生竞争中的欢乐怀着孩子般无穷无尽的渴望。在你我心灵的深处，同样有一个无线电台。只要他不停地从人群中，从无限的时空中接受美好、希望、欢欣、勇气和力量的信息，你我就会永远年轻。

第二章 一线到二线的距离

——我不再是从前了

有人说,当我从一线上退下来,我感到眼前的世界都是灰蒙蒙的,好像找不到自己的支点;有人说,没有了昔日岗位上的乐趣,我不知道自己能做什么;有人说,当我看到昔日的部下在挥斥方遒时,我会感到异常地失落,因为之前那是我的位置;有人说,我不再是从前了,我必须认清自己,规划自己的下一步……

从一线到二线

自退休那天起，我们也就从生活的台前退到了幕后，从一线退到了二线，但我们仍有各种需求，当我们自我实现的需要难以满足时，就难免会产生不安、消沉和空虚之感。

我们退休以后，过去围绕职业而形成的人际交往大多难以维持，容易产生失落感。尤其是那些从事过好的职业、获得过重要职位的老年人，昔日被人前呼后拥、笑脸迎送，如今却"门庭冷落车马稀"，巨大的反差怎么可能一下子就适应呢？

人赤条条来，没有什么东西可固定在自己的身上，职业、职称、职务也不例外。但戴惯了的"帽子"突然被摘掉，心里还真有点不是滋味呢。退休教师不爱听别人喊自己"师傅"、"大伯"、"大妈"，退休干部很在意别人的称呼中是否还保留着自己以前的头衔，从生产第一线上退下来的工人、农民也有人老言轻、受人漠视的忧虑。进入老年后，人们逐渐从职场中解脱出来，开始关注生老病死等人生的根本问题，就应该认识到在衰老和死亡面前人人平等。老年人若能重新唤起内心深处的人格平等意识，转换好角色后再进行交往，就能消除失落感。

退休是人生的一大转折，它预示着原来的生活习惯、经济收入、地位和名誉等将发生变化。退休后，离开了多年倾心、热爱的工作岗位，多年适应的工作规律、生活环境及生活方式都会发生很大变化。如不适应这种变化，就会产生各种各样的心理障碍，如孤独寂寞、情绪消沉，甚至出现偏离常态的行为。

退休后从一线转到了二线，没有了工作，没有了先前的忙绿，突然闲了下来，时间一长，就会感到无聊、郁闷，出现"人老没有用

了"等悲观念头，因此情绪低落，容易对一些小事情也纠缠不休。如夫妻关系尚好的，以前没有时间多呆在一起，退休后天天相处，矛盾反而多起来。退休老人大多饱经风霜、经历坎坷，这时会多思多虑，敏感性增加，加上年老所致的身体健康状况下降，就会产生疑虑、焦躁心理。

我的一位忘年之交早年在政府部门工作，60岁的时候，他从国税局长的位置上退了下来。刚退休的时候，他怎么也无法适应，有一种相当大的失落感。可以想象，离开了熟悉的工作环境，没有文件批了，他开始感到以前的下级对自己不再像以前那样恭敬了，叫他局长的人也迅速减少，就连亲朋好友对自己的态度仿佛也变了。每天看到他都是闷闷不乐，也不愿意跟邻居们多说话，经常一个人默默地站着，看着窗外出神。寂寞和孤单让他逐渐消瘦，能明显地看出他的苍老。

因为一直走不出这个事实的阴影，在心里拐不出这个弯，所以导致他的情绪一直不佳，不久，就发生了可怕的心肌梗塞。所幸的是，在接受冠状动脉搭桥手术后，他总算捡回一条命，但医生也告诉他，他的病情随时可能反复，仍然有生命危险。

经过这一劫，他整个人就变了。生活态度发生了180°的转折，他开始上街买菜，做家务。我最近见到他的时候，已然红光满面、神采奕奕，看不出一丝不健康的迹象。

对比退休后两个阶段的不同表现，可以发现，造成他转变的主要原因在于角色转换。刚退休时，还把自己当国税局长，而别人却不这样认为，因此造成心理冲突，健康状况自然下滑；大病痊愈后，更加懂得了生命的珍贵，角色转换了，心情自然也跟着转换了，人也越来越精神，越来越年轻了。

迈过走向二线的坎

一线骨干到二线平民的角色转换，存在一个看不见摸不着但是实实在在的坎，很多人不适应，甚至迈不过这个坎，其实，轻松迈过这个角色转变的坎也不是难事，关键是看怎样去看待它。

虽说我们在正式组织中的交往少了，却可以增加非正式组织中的交往。如结交有相同爱好的朋友，增进家庭成员之间的沟通，参加适合自己的社会活动，做一些关心下一代的事情等。人生就是如此，有得必有失，有失必有得。我们在忘掉自己曾经拥有并十分看重的职业角色之后，完全有条件开辟出一片人际交往的新天地，让自己的晚年更加丰富多彩。

面临退休后的角色转换，是每个人人生的一条必经之路，结果只有逃避或者勇敢面对。选择不同的人，自然有着不同的景象。

老孙是国家机关的退休干部，退休前，他每天早出晚归，为发展本市的工业，提高本市的教育水平，百姓得到幸福生活，他忘我地工作，勤勤恳恳地操劳了几十年，他的辛苦得到了回报，本市的工业水平跃居全国前列，教育水平和生活水平都有了很大幅度的提高，这一切都很令老孙欣慰。但他并不满意，他觉得各项工作都应该再上一个台阶，于是干劲十足、信心百倍地准备再干一场。可是他已经到了退休的年龄，并且上级领导考虑到他的身体状况，还是安排老孙退休了。

刚退休时，他很不习惯，每天仍是很早起床，匆匆吃完早饭，拎上公文包就往外跑。每次都是老伴提醒他："我说老头子，你可是已经退休了啊！"他这时才恍然大悟，接着便颓然地坐到沙发上、一言不发，情绪一落千丈……

老李今年60岁，是某大学教务处的主任。他从小就喜欢文学，而且是苏东坡的"粉丝"，对苏东坡的诗词不仅喜欢，更是颇有心得，但因平时工作繁忙，没有专门的时间来研究，一直觉得很遗憾。平时与老友闲聊时经常表示：如果能早点退休就好了，可以好好研究一下苏东坡的诗词了，要是再能弄出点什么有价值的东西，也就不枉此生了！

去年，学校工作人员大调整，要求一批岁数大的老职工提前退休，老李本不在名单之内，可他主动要求提前退休，说是要给年轻人更多的发展机会，校方研究之后，同意了老李的要求。

老李退休后，开始一心研究自己喜爱的苏东坡诗词，几乎每期校报上都能看到他洋洋洒洒的文章和颇有见地的观点，还有一篇论文在国家核心期刊上发表了。在专业研究之余，他还开始写回忆录，准备给自己曲折坎坷的一生做个总结，对于老李来说，文章的发表自然是一件好事，但更重要的是，所做的这些充实丰富了他的晚年生活。

如果卸下乌纱帽后，心还在官场，念念不忘权势，唉声叹气、怨天尤人，慨叹"人走茶凉"，不知日之所终。这样做只是和自己过不去。

角色转换，靠自我调试，靠寻找平衡。按照新角色生活，心灵空间自然扩大，在平凡中从容生活，或读书看报，抚琴对弈；或耍拳舞剑，唱歌听戏；或栽花种草，养鸟养鱼；或远足旅游，饱览山水，这不正是有滋有味的晚年么？

老年退休，离开了自己的工作岗位，在生活上会有很多的不适应，有的意志消沉，对生活充满了沮丧。而有的老人则能找到自己的爱好，勇敢地转出这个角，重新找到自己的快乐，幸福地生活。

石师傅年轻时非常喜欢绘画，可由于工作繁忙家务缠身，没有过多地发展爱好。从武钢某厂退休后，他翻出心爱的画笔、画板，决定重新画画。他常常背着画板和干粮到郊外写生，把对生活的感悟倾泻于画笔下。

同事老张看了石师傅的画作后，爱不释手地说："你何不把这些年的心血汇集成画册，送给同事朋友欣赏。"一语惊醒梦中人，石师傅精挑细选了几十幅作品，找到印刷厂，制成了精美的画册。

过春节的时候,他把要好的老同事请到家里,举行了热闹的首发式,同事纷纷说:"石师傅画出了老人美好的生活。"

胡阿姨退休时,便决定投资做小生意。经过考察,她发现小区早点生意"俏",于是她将住房调到邻街的一楼,买来锅碗瓢盆,生意就开张了。胡阿姨做的热干面、汤粉和小笼包慢慢地小有名气,顾客越来越多,可她发现附近学校部分孩子的中饭是个问题。于是,她停了早点摊,专心照顾20多名孩子的中餐。每天中午,胡阿姨既要招呼孩子们吃饭,又要安排他们睡午觉、写作业,责任心比家长还强。听到孩子和家长们一口一个"阿姨"叫自己,胡阿姨心里不知有多甜!

袁工退休前是位坐办公室的工程师,他退休时背也驼了,顶也秃了,眼也花了,耳朵也背了。"再这样下去,我就没法生活了。"袁工忧心忡忡地说。医生建议袁工静养,可他住在闹市,环境极为嘈杂。为了修身养性,袁工在离家不远的一块荒地处租了间民房,买来蔬菜种子种下,施肥、锄草,然后看着嫩芽破土,慢慢长大。青椒熟了,茄子嫩了,他第一时间送给子女和同事尝鲜:"这可是绝无污染的绿色食品啊!"由于和自然做伴,现在的袁工腰杆挺直了,耳聪目明。

作为一名二线老人,我们应该知道自己的生活较之以前有所改变,我们不再是人前马后、浴血奋战的职场好汉了,现在的我们只是二线生活上的一员,我们的角色和地位发生了变化,不变的是我们还有属于自己的追求,我们还可以完成很多年前想完成但未完成的心愿。

远离二线综合症

二线综合症是指老年人由于离退休后不能适应新的社会角色、生活环境和生活方式的变化很容易出现的焦虑、抑郁、悲哀、恐惧等消极情绪，因此产生偏离常态的行为的适应性的心理障碍，这种心理障碍往往还会引发其它生理疾病、影响身体健康。离休和退休是生活中的一次重大变动，由此，当事者在生活内容、生活节奏、社会地位、人际交往等各个方面都会发生很大变化。由于适应不了环境的突然改变，很容易出现情绪上的消沉和偏离常态的行为，甚至引起疾病。

二线综合症表现为性情变化明显，要么闷闷不乐、郁郁寡欢、不言不语，要么急躁易怒、坐立不安、唠唠叨叨；行为反复、无所适从；注意力不能集中，做事经常出错；对现实不满，容易怀旧，并产生偏见。总之，其行为举止明显不同于以往，给人的印象是离退休前后判若两人。这种性情和行为方面的改变往往可以引起一些疾病的发生，原来身体健康的人会产生某些疾病，原来有慢性病的则会加重病情。有心理学者曾对某市20位同一年从处级岗位上退下来的干部进行追踪调查，结果发现，这些退休时身体并无大碍的老年人，两年内竟有五位去世，还有六位重病缠身。可见，离退休真是一道"事故多发"的坎。

这些情况的产生主要是一些人从几十年有规律和有节奏感、责任感的在职生活，变成无约束的自由支配时间的退休生活，而产生的孤独、寂寞、空虚、焦虑或忧愁等心理的或生理的症状。出现这种症状的原因是没有从根本上认识退休以及退休后应干点什么好。

退休是人生命发展的自然规律，因为这时人的生理机能开始衰退，体力和智力都明显不及过去，许多疾病已经或正在产生，故到了法定年龄，理当高高兴兴地退休。退休后也绝不是无事可做，应根据自己的体力、精力情况，确立一个目标，订出一个计划，或继续关心过去所从事的事业，出主意，当参谋；或系统总结自己的经验，著书立说，写回忆录。但不管干什么，其中一个重要任务是加强自我保健，积极学习养生之道，避免、减少疾病的发生。

王局长退到了二线，百无聊赖地打发着日子，度日如年。老伴拉他去跳老年迪斯科锻炼身体，他觉得不习惯；邻居邀他去打牌、钓鱼，他认为那没有意思。寂寞和孤独不断袭来，他感到胸闷气短、思维迟钝，做什么事都打不起精神。

"莫非有病？"他去了医院，可是一检查，医生说什么器质性疾病也没有。

像不少老同志退休后一样，王局长的工作乐趣在骤然间消失，使他对生存的价值产生了怀疑，光阴的流逝给他留下了"花落去"的无奈。他的情绪越来越低沉……主要表现有以下几方面：

怀旧、依恋，由于突然离开工作岗位，离开了熟悉的环境和相处的同志，从而产生了一种难以言表的怀旧、依恋感。

失落、惆怅，有些老同志在职时具有一定的身份和地位，一旦从社会生活的中心位置上退下来，说话没有过去灵了，办事没有过去顺了，失落与惆怅感油然而生。在他们卸下繁重的工作担子时，同以前的忙忙碌碌相比，还会产生无所事事的感觉。加之，与外界交往减少，"门前冷落车马稀"，更使其"平日里又添一层愁"。

当然，并非每一个离退休的老人都会出现以上情形，离退休综合症形成的因素是比较复杂的，它与每个人的个性特点、生活形态和人生观有着密切的关系。

个头不高、面容黝黑、头发斑白的张正方老人侍弄着定海鸭蛋岭半山腰的一处菜田，浑身上下透出一副地道的农民模样。其实，今年75岁的他当菜农才3年，每天一清早就出现在田头，一连劳作四五个小时，别人问他为什么喜欢做菜农时，他静静地说："只因喜欢这静静的山、这绿油油的颜色。"

老人刚退休的时候也是神情沮丧，对未来感到失望和绝望，能够明显地感到身体的老化，疾病缠身，暗淡的眼神看不到一丝活力。后

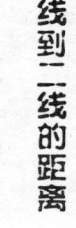

来在一个电视节目的启发下,老人顿时被乡间的清静和绿色感染了,打起了去乡间当个农民的念头。

老人从原舟山石化学校退休前,当过老师、教务室主任、总务处主任、校办公司经理,退休后,除了到老年大学、到小学教书外,爬定海城区的各个山头成了他的兴趣。 上下山途中,他看到有农民侍弄菜地,有点"眼红"。 他在鸭蛋岭、红卫水库附近,花半月时间,清理出一块杂草地后,又一点一点开辟成菜田。 当老人退休后有了去乡间的念头后,就搬到了这里居住。

老人每天精心劳作,看着自己的劳动成果,半依着锄头,醉心地微笑。 "我喜欢这绿油油的颜色,让人心情舒畅,看着自己种的蔬菜节节长,特别的满足,家人都说我脾气变好了,以前我在家爱生气、爱发火。"在乡间老人体会到了很多好处,心情渐渐开朗起来,身体也一天比一天硬朗,在青山绿意中老人的身体健康了,连伤风感冒都没犯过一次,别人都看不出我得了17年糖尿病,连医生都称奇。

种子、化肥……农田上每年需投入五六百元,但收上来的农作物从来不卖。 蔬菜除了供应自己和两个儿子外,还送给亲朋好友、邻居们尝鲜。 老伴这几天帮他收番薯,运下山途中,见到熟人就送。 有路人经过要点葱什么的,老人忙颔首答应。

随着时间的推移,老人的这块菜田也成了孙子孙女亲近大自然的基地。 孩子们在这里认识蔬菜品种、了解农作物的生长,孙子还喜欢拿起锄头翻一下土。 这里还是一帮退休老同事的野餐活动基地。 老人指点着菜田说:"今年的秋季野餐活动进入倒计时,大家凑些柴火钱,采挖了番薯、玉米……拿到附近农民家里烧着吃,很有趣,很开心的。"

为自己制定二线计划

退休是件很正常的事情。老人应为自己拟定个"二线计划",使得自己仍能沉浸在希望、期待、充实与快乐的气氛之中。老年人在工作岗位上操劳了大半辈子,很可能放弃过一些属于自己的东西,比如求知、学艺、爱好和休闲。退休之后,把这些重新捡起来,以弥补往日的遗憾,充实生活。有些老年人退休后,书画、写作、棋艺等大有长进,正是抓住了晚年的光阴从容进取的结果。

老张70多岁了,可也把自己的生活安排得满满的。

老张退休前是法官,刚退下来的那种失落感至今还记忆犹新。"那时候特别不习惯,觉得自己没用,但又找不到事情做,每天都希望两个儿子能过来陪着聊聊天,哪怕是坐着不说话也行。"但慢慢地,老张明白,儿子工作非常忙,把希望寄托在他们身上还不如自己寻找娱乐方式。他让儿子把家里的那台二手电脑搬了过来,虽说没接上网,但光是那些纸牌游戏就够老两口玩上好几个小时了。

而最让老张感兴趣的是炒股,他说他炒股倒并不是为了赚多少钱,但至少每天生活中有了一样可以寄托的东西。儿子们也都在炒,有时候三个人凑在一起讨论什么股涨得好,什么股值得买,这让老张觉得很开心。

有些人自认为是船到码头车到站,已走到了人生的尽头,因而情绪低落,终日消沉,什么都不去想,什么都不感兴趣,这种心理也是对自身健康不利的。

自信、开朗是陈老师给人的第一印象。家住桂花城的陈老师,每天的生活是这样安排的:早上打一通太极拳,上午买菜搞卫生,下午到附近的一家毛线店跟人家学打毛线。晚上的活动很随意。天气好

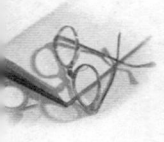

的时候，她和老伴会到西城广场，散散步，看看孩子们溜冰，或者和广场上的同龄人聊聊天。有时候，也会到电影院看场电影。天气不好，她就在家里练练书法。陈老师的女儿在上海，儿子在新加坡，家里只有她和老伴。她说："儿女不在身边，难免有时感到孤独，尤其是节假日来临的时候。但如果自己安排好生活，也会有不少乐趣的。"

所以，安排好自己的生活，为自己制定二线计划很有必要，在我们制定二线计划时，要考虑到自己的实际情况，切合自身实际，达到充实自己的目的。

(1)调整心态,顺应规律

衰老是不以人的意志为转移的客观规律，离退休也是不可避免的。这既是老年人应有的权利，是国家赋予老年人安度晚年的一项社会保障制度，同时也是老年人应尽的义务，是促进职工队伍新陈代谢的必要手段，老年人必须在心理上认识和接受这个事实。而且，离退休后，要消除"树老根枯"、"人老珠黄"的悲观思想和消极情绪，坚定美好的信念，将离退休生活视为另一种绚丽人生的开始，重新安排自己的工作、学习和生活，做到老有所为、老有所学、老有所乐。

(2)善于学习,渴求新知

"活到老，学到老"，正如西汉经学家刘向所说："少而好学，如日出之阳；壮而好学，如日出之光；老而好学，如秉烛之明。"一方面，学习促进大脑的使用，使大脑越用越灵活，延缓智力衰退；另一方面，老年人要通过学习来更新知识。社会变迁风起云涌，老年人要避免变成孤家寡人，就要加强学习，树立新观念，跟上时代的步伐。

(3)培养爱好,寄托精神

许多老年人在退休前已有业余爱好，只是工作繁忙无暇顾及，退休后正可利用闲暇时间充分享受这一乐趣。即便先前没有特殊爱好的，退休后也应该有意识地培养一些，以丰富和充实自己的生活。写字作画，既陶冶情操，也可锻炼身体；种花养鸟也是一种有益活动，鸟语花香别有一番情趣；另外，跳舞、气功、打球、下棋、垂钓等活动都能使参加者益智怡情，增进身心健康。

(4) 扩大社交，排解寂寞

退休后，老年人的生活圈子缩小，但老年人不应自我封闭，不仅应该努力保持与旧友的关系，更应该积极主动地去建立新的人际网络。良好的人际关系可以开拓生活领域，排解孤独寂寞，增添生活情趣。在家庭中，与家庭成员间也要建立协调的人际关系，营造和睦的家庭气氛。

(5) 生活自律，保健身体

老年人的生活起居要有规律，离退休后也可以给自己制定切实可行的作息时间表，早睡早起，按时休息，适时活动，建立、适应一种新的生活节奏。同时要养成良好的饮食卫生习惯，戒除有害于健康的不良嗜好，采取适合自己的休息、运动和娱乐的形式，建立起以保健为目的的生活方式。

走出二线烦恼门

老年人退休后，心理变化很大，各种烦恼也随即而来。有的人心情烦躁，性子急，耐性差，闲不下来；有的人爱发牢骚，喜欢自夸，常常看不惯这、看不惯那；有的人固执死板，性情孤僻，说什么就干什么，一旦形成成见就不易改变；有的人表现得孤苦伶仃，寡言少语，觉得退休后大势已去，生活无味；有的人不爱活动，不相信别人；有的人絮絮叨叨，与年轻人合不来，等等。

因为退休后的众多烦恼，使老人容易产生多疑、敏感的心理。有些老同志，自尊心极强，可同时又很敏感和多疑。别人稍有不同意见或遇有生活中的一点点不愉快，就认为别人对自己不尊重或自己在家庭和社会中的地位下降等，因而变得心神不宁，疑虑重重。

随着年龄增高，体质减弱，时时感到力不从心，觉得"衰老了"、"不中用了"，发出风烛残年的感叹，甚至产生万念俱灰、精神空虚及死亡临近的焦虑和恐惧感。但是，另一方面又认为自己身体还好，精力旺盛，从内心深处不愿意承认自己衰老，并过高要求自己，产生争强好胜、急躁不安的情绪。

退休真好，一位老人这样说："我一退休，就一下觉得全身心都轻松了。从此单位的是是非非、吵吵闹闹全跟我没有关系，我感到从未有过的自由和惬意。人到六十岁就有拒绝的权力，对有些人和事可以说'不'了。不想参加的活动就不去，不想开的会就不开，不想见的人就不见，不想听的话就不听……退休了也能找到许多真正属于自己的快乐。"另一位老人说，有的人在退休之后，感到有些失落和寂寞，不过我却没有这种感觉。只是觉得少了一些约束，多了许多自由，被人支

使的感觉完全消失了,突然感到自己的活动时空一下子扩大了许多,可以安心地去做自己想做的事,可以尽情地享受生活。 作为一个自由人,不再为名利去拼搏,少了许多烦恼,可以安然地生活。 只有不为名利羁绊,不为生活困惑,才会活得潇洒、自在,才能去做一份自由自在的事。

由于有了许多空闲,又是处在稳定、祥和的氛围之中,可以悠闲地回看自己,检讨过去。 岁月如流,流过繁忙,流过艰难,流逝青春,流逝壮志。 曾经震撼心灵的各种运动,是那样频繁,是何等紧张,回想起来,还是让人心惊胆战,能够平安度过许多激流险滩,实在是一种幸运。 一路磕磕绊绊,进入中年,已消磨了大好时光。 如今,风和日丽,烟尘滤尽,可以自由地生活,可以悠闲地垂钓、吟唱,可以毫无顾忌地谈天说地。

老年人要消除"树老根枯"、"日暮途穷"的消极心理。 要认识到退休只是人生另一阶段的开始,是一种具有成熟美好新生活的开端。 "莫道桑榆晚,为霞尚满天",在每个退休者面前,还有很长的生活路程,要自觉地安排好自己的夕阳生活。

树立积极地生活方式,应坚持早睡早起,常做些力所能及的事,多走出家门,积极参加适合自己的各种活动,学习自己感兴趣的东西,丰富个人生活。 李岚清副总理退休后,写出了《教育访谈录》、《音乐笔谈》,71岁时还学习篆刻,并举办讲座谈人生,堪称全国人民尤其是老年人的楷模。

在职时不论职务高低,都有一定的工作任务、活动范围和社会地位,一旦退职后,这种规律性受到限制,在一段时间内必然会影响自身的心理平衡,这不足为怪,但主观上应积极调整情绪,建立新的心理平衡,尽量减轻和缩短不适应的过程。 应该想到,年老退休是很自然的事。 如果成天想不通,忧郁孤独,会损害自身健康。

在淮南煤矿老年大学,每天都可以看到这样一个忙忙碌碌的老人:他满头白发,气质儒雅,红光满面,精神矍铄,他就是退休干部吴维汉先生。 吴老70多岁了,退休后他一头就扎进了淮南煤矿老年大学,在老年大学学习书法和诗词,并为老年大学和淮南煤矿诗词学会无偿地做一些力所能及的服务。 十几年的老年大学的生活,使他增长

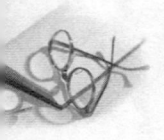

了才干，丰富了生活，促进了健康，陶冶了情操。

吴维汉在年轻的时候就喜欢写写毛笔字，那时他认为自己的书法已经不错了，每每逢年过节，他便给别人写写春联和中堂，并认为自己写得不错而沾沾自喜。但自从进了老年大学书法班经过正规的训练后，他才发现自己以前所写的充其量是一种毛笔字，离真正意义上的书法艺术差得远呢。从此他便把主要的精力投入到书法艺术之中去了。经过几年的刻苦努力，他的书法已经登堂入室了，先后在《老年教育》杂志、《老年教育报》、《淮南日报》、《淮南矿工报》等报刊杂志发表了几十幅作品。

在学习书法的同时，吴老又爱上了古诗词，他又走进了老年大学的诗词班，沉浸在诗词的格律之中。吴老对古诗词的领悟能力比较强，加之他谦虚好学，很快律诗、绝句、填词等都能驾轻就熟，所写诗词无论是意境、格律、遣词造句都能很好地把握。迄今为止，他已经在报刊上发表了诗词作品50余首，有的作品还获得了有关大赛的奖项。除此之外，吴维汉还爱好写作，他在年轻时曾在宣传部门干过，对写作情有独钟，直到现在依然痴心不改，在吟诗学书之余还常舞文弄墨，写写短小的文章，并常见于报端。他的文章大多写的是书法诗词知识、生活随笔，另外还有对老年大学的一些优秀学员的报道，宣传了淮南煤矿老年大学，产生了很好的社会效果。如老年大学的一位学员得了肺癌，该学员以极乐观的精神笑对癌魔，吴老深受感动，便写了一篇《笑对人生》的通讯，在报上发表后，使该学员倍受鼓舞，生活的信心更强了。还有生活随笔《老伴的电话情结》、《陪老伴坐飞机旅游》等文，用平实的语言写出了人间的真情。有的文章还被《淮南日报》用在头条位置。吴老的文章结构严密、语言简洁、文采斐然，至今已在报刊上发表了各类文章近400篇。

吴老还发展会员，组织会员采风，征文组稿，对征集的稿件进行修改，尤其近年来他和诗词学会的其他同志一起编辑的《淮南煤矿诗词集》，在他和其他同志的共同努力下，淮南煤矿诗词学会焕发着勃勃生机，几年间创作了大量作品。

值得一提的是，吴维汉做这些工作的时候，是没有一分钱的报酬的，但他乐此不疲。他说，我不是为了钱，我把这些工作作为老年生活的一种方式，它让我增长了才干，丰富了生活，陶冶了情操，服务了社会，促进了健康，结交了朋友，我感到很幸福。

老年人的烦恼都是由各种心情导致的，所以为了自己的身心健康，应该勇敢的走出自己的情绪小圈子。

（1）忌沉缅于往昔

在闲暇时，偶尔追溯往事，怀故忆旧，一般无碍健康。如果沉缅于往昔、叹息感伤，势必增加寂寞、孤独和抑郁情绪。久之，可使心身疾病发病率成倍增长。

（2）忌多疑

有些老同志常对某种没有根据的事实偏信不疑，甚至会偏执到丧失理智的地步。"多疑则病"，它可使神经内分泌紊乱，会引发多种疾病。

（3）忌孤僻

老年人交往圈子相对缩小，容易与社会生活脱节。研究发现那些与外界隔绝、自我封闭，既无配偶、又缺少朋友的老同志，其心脏病发病率和死亡率较高。因此，老年人应特别注意积极地进行人际交往，不断扩大交往范围，结识新朋友，获得新知识，了解新信息。尤其应多交年轻朋友，感受年轻的活力，使自己充满活力及创新精神。

（4）忌消沉

那种认为年龄大了就应该颐养天年、坐享清福的想法并不全对。图清闲，往往带来倦怠和消沉。倦怠则不思进取，大脑少用或不用就会萎缩，加速老化。专家指出，成千上万的人过早地死于机体的衰败和神经活动的破坏，其原因只是他们过早地认为自己老了，该松弛了，以至于懒于活动，加速了衰老进程。"老骥伏枥，志在千里，烈士暮年，壮心不已"，那些离退休后又到群众中搞调研的老干部，那些不怕日晒雨淋的义务交通员，那些穿梭于巷尾街头的义务宣传员，他们热爱生活，退而不休，虽然少享了一点清福，却少了几分沉闷与老态，多了快乐和健康。

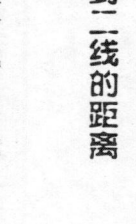

二线心理调适

角色转变是老年人退休后的一个重大心理转换。退休、离休虽然是一种正常的角色变迁，但不同职业群体的人，对离退休的心理感受是大不一样的。特别是退休干部，这些老干部在离退休之前，有较高的社会地位和广泛的社会联系，其生活的重心是事业，退休、离休以后，生活的重心变成了家庭琐事，广泛的社会联系骤然减少，这使他们感到很不习惯、很不适应。但是对于退休后的工人来说，他们退休后摆脱了沉重的体力劳动，有更充裕的时间料理家务、消遣娱乐和结交朋友，并且有足够的退休金和公费医疗，所以内心比较满足，情绪较为稳定，社会适应良好。

然而，很多年高志不减的老年人，身心健康状况并不理想。他们或者机体衰老严重，或者身患多种疾病，有的在感知、记忆、思维等心理能力的衰退方面，也非常明显。这样，就使得这些老年人在志向与衰老之间形成了矛盾，有的人还为此而陷入深深的苦恼和焦虑之中。具有较高的价值观念和理想追求的老年人，通常在离开工作岗位之后，都不甘于清闲。他们渴望在有生之年，能够再为社会多做一些工作，退而不休、老有所为，便是这类老年人崇高精神追求的真实写照。

老年人都希望平平安安，幸福美满地度过晚年，而且大多数老年人都希望长寿，但这种美好愿望与实际生活中的意外打击、重大刺激，往往形成强烈的对比和深刻的矛盾。例如一位老人突然遇到丧偶的打击，若是缺乏足够的社会支持，会很快垮掉，甚至导致早亡。有的老人也由于缺乏经济收入，社会地位不高，使得这类老年人容易产生自卑心理。他们的性情也比较郁闷，处事小心，易于伤感。如果受到子女的歧视或抱怨，性格倔强的老年人，常常会滋生一死了之的念头。

人的一生，随着每个年龄段的转移，生活方式和内容、个人身份与责任乃至心理状态等，也随之发生变化。

人过中年以后，精力不断耗损，而且面临着走向老年的实际问题，这是任何人都无法逃避的。面临这样的现实，自然就会出现从心理上的过渡问题，也就是心理上如何适应退休生活的问题。

人活在世界上，想永远拥有和保持一种固定的心态是不可能的。因此，顺应变化及时调整心态就显得特别重要。

人的健康长寿与心理因素密切相关。保持不畏老的好情绪，有益于长寿。不畏老能使大脑保持年轻，各器官系统协调工作，代谢旺盛，生命力强；不畏老，使人对健康长寿充满信心，从而主动采取有益健康的生活方式。据报道，美国人霍尔达·克鲁克65岁时，从未有"这一辈子完了"的感觉，反而觉得以后还会有更美好的生活。她从66岁开始登山活动，登上过美国的不少山峰，在其91岁生日时，还登上了海拔3776米的日本富士山。由此可见，不畏老对每个退休者来说都是一道至关重要的心理围墙。

退休后，原来的同事自然和你接触会更少，不能认为别人遗弃了你，不尊重你，从而产生自卑心情。退下后自己应尽快适应新环境，培养新兴趣，在新的活动中，结识新朋友。即使有个别老朋友，确实对自己冷淡了，也要正确对待，做自己身心的主人，不计较别人的态度，不受环境的干扰，做自己该做的事，心理上不能老。

罗先生原是一个单位的副处长，退休前在单位可是个大忙人，找他办事的人络绎不绝，酒局一场接一场，电话一个接一个，整天没有闲着的时候。但是自从他退休后，前呼后拥的人没了，酒场也没了，电话也"哑"了，罗先生心里生感到一下落空了，经常跟老伴吵架，而且时常做一些反常的事，比如总是认为自来水不洁净，而去买矿泉水煮水饺，脾气变得越来越古怪。

有关专家认为，退休老人如果能在退休前就做好心理准备，就会更容易接受社会角色的变化，而不会产生失落感和孤独感，可以避免反常行为的发生。

对退休老人的几点建议：

第一，对退休要有一个正确的看法。不管职位高下，人总有退休的一天，这是生命历程中一个必然经历的过程。

第二，让心理与行为提前到位。在退休之前，适当地少管事，多找退休人员谈谈。做领导的，少坐些公车，少一些应酬。

第三，退休老人应该多观察社会现象，多参加一些社会活动，发挥自己的余热和特长。

第四，退休老人要善于学习，要抱着老有所用、老有所学的态度，不可产生学了没用的观点，不求上进。

第五，要丰富老年生活，扩大自己的社会圈子、朋友圈子，重新形成新的生活范围，了解不同的生活，充实生活。

第六，如果经济允许，还可以结伴旅游或参加钓鱼、爬山等活动。另外，家人的体谅和帮助很重要。退休老人的子女也要多安慰老人，常和老人聊聊天。如果老人喜欢运动就给他们买一些运动器材。鼓励他们发展业余爱好，帮助他们尽快适应退休后的新生活。

第三章　冤家宜解不宜结

——媳妇也是自家人

婚姻就像一张关系网，它是两个人建立的夫妻关系，却衍生出很多关系——婆媳关系、母子关系、父子关系、祖孙关系……其中任何一个关系出现问题，都有可能导致整个婚姻关系网的破裂，从而导致婚姻关系的瓦解。而在这其中，大多数人认为，婆媳关系是世间最难处理的关系。

常怀着感恩之心

　　人们经历了人生几十年的风风雨雨，阅历丰富，见多识广，在为人处世上积累了宝贵的经验。有的老年人善于为人处世，很重感情，知足常乐，笑口常开，晚年生活幸福美满；有些老人却心理不平衡，牢骚满腹，怨天尤人，自寻烦恼。有些老人认为儿女孝敬自己是天经地义的，丝毫不对儿女表示感激。如果儿女某一句话不爱听，他们就抛开儿女说某一句话的前提，断章取义，与儿女纠缠不休，并四处诉说儿女如何不孝顺，对老人说话如何没有分寸……常怀感恩之心，处理好与后代的关系，成为我们老年人的又一重要话题。

　　老人与媳妇之间本来就是一种特殊的家庭关系，它既不像夫妻那样有亲密的姻缘关系，也不像母子和父女那样有稳定的血缘纽带，它是一种通过儿子、丈夫这个特定的双重角色而发生的间接"血缘、亲缘"关系，同其它直接的家庭关系比较，缺少天然的内聚力——"血亲爱缘"。这在事实上导致了婆媳之间的关系难以相处的客观原因，外加上从未生活在一起的两代人在思想、观点、社会价值观上的差异，与媳妇间产生这样那样的分歧和矛盾在所难免。我们应该多理解和支持年轻人，常怀感恩之心，珍惜现在的幸福生活，何尝不是一种美好？

　　在婚姻的初期，婆媳关系难以协调是很正常的现象。虽然多数母亲尽量去接受新媳妇，但内心深处总有儿子被夺走的强烈感觉。而且，看到儿子对媳妇的百依百顺和柔情蜜意，做母亲的总会本能地抱有嫉妒情绪。如果夫妻感情不好，母亲就会担心儿子吃亏；倘若夫妻感情太好，母亲则又担心儿子的身体吃不消。对待小夫妻感情的处理，在婆婆面前，永远是一个画不好的圆。

做母亲的总是非常疼爱、关心自己的儿子，在她的潜意识中，不希望有其他的爱来干扰母子之间的爱。然而，这是不切实际的，当儿子成家之后，他必然会将对母亲的爱一大部分转移到媳妇身上。有不少母亲因适应不了儿子对自己的"爱的转移"，而在心中滋生出一种说不清楚的妒忌与不快，尤其是那些嫉妒心强的婆婆，看到儿子和媳妇如胶似漆的样子，心里更是有一种说不出来的滋味，于是，当婆婆的就要"找茬"，就要寻找时机，要将这种"说不出来的滋味"发泄出来。因此，媳妇对儿子的种种撒娇表现就成了婆婆发泄的最好借口。

其实，做婆婆的要学会将心比心。要了解母子之爱和夫妻之爱的表现方式是大不相同的，儿子对你的爱是母子之情，儿子对媳妇的爱是男女之情，这两种爱并不矛盾，不可混淆。因此，婆婆不要把自己爱儿子的方式强加在媳妇身上，也不要认为儿子将他的爱给了媳妇，就对媳妇产生怨恨，并总想跟媳妇争宠。多想想自己年轻当媳妇时的苦衷吧！那时，你不是也希望婆婆多给自己和丈夫一些自由的空间吗？不是也希望丈夫给自己多些温情、多些爱意吗？设身处地的为媳妇想想，就会理解儿子和媳妇的情意绵绵了。对媳妇多点理解，多点体谅，多点关心，多点帮助，并尽量克服唠叨和挑剔的毛病，那么，媳妇即使"是块石头也能捂热的"。

婆婆要心存感恩之心。媳妇并不是外来侵略者，相反，要感谢媳妇让你的儿子结束了漂泊不定的单身生活，她不仅照顾着你儿子的生活，而且不辞辛苦地为你家生儿育女。她是儿子的爱人，是孙子的母亲，与你当年一样，是来帮助你照顾这个家庭的，她要帮助你照顾儿子的后半生，因而，不要总想着与媳妇争夺家庭控制权。你对媳妇好就是对儿子好，家和才能万事兴。你常在儿子面前赞扬媳妇，话传到她的耳朵里，媳妇一定会对你多一份敬重。人心都是肉长的，婆婆多疼爱媳妇一分，就等于在"婆媳情感账户"里多存了一笔定期存款，这个账户储存的并不一定是金钱，它来源于日常生活的方方面面、点点滴滴，比如出门时的一句叮嘱、生病时的一句问候、临睡时的一杯牛奶……投入的越多，积累的就越多，只要"存款"充足，婆媳之间偶尔有些小磨擦或误会也不会导致太大的矛盾，并且容易沟通和谅

解。

　　在生活中，做婆婆的也可以大度点，和蔼一点，更多地去体谅和理解一下媳妇，在媳妇忙的时候，能帮的就尽可能地帮一些，这样媳妇也会从心里感激，毕竟媳妇是别人家的女儿，现在是为自己的儿子和家在付出，对媳妇的付出，要怀着感恩的心。

用新眼光看媳妇

进入了一个新的时代，人们的思想也在跟着时代前进，一些旧的思想和习俗已经不能让新一代年轻人接受，所以作为新一代的婆婆，也要用新的眼光和时尚的观点去看待媳妇，去接受媳妇。

刘大妈的儿子和儿媳都是 80 后，结婚已经一年多了。两个人是在网上认识的，这种情况在刘大妈这个年龄阶段的人是很难接受的，但是刘大妈不想伤儿子的心。所以大妈除了给出一些建议，并没有表示反对和干预。儿媳是外地人，那时儿子经常在周末带她回家改善伙食，大妈看出他们俩的感情还是很好的，儿媳也并不是想象中那种外表打扮得夸张、性格张扬的另类女孩。所以刘大妈就跟儿子说，如果你决定这一辈子就这么一个女朋友，她也是你想要结婚的对象，你可以带你女朋友经常过来，也不见得非在周末，我也可以多了解她。儿子告诉妈妈，他确实在计划结婚的事情，因为他觉得他们在一起挺好的。当时她跟孩子爸爸都觉得快了点，觉得他们都还年轻，但是她知道儿子已经是成年人了，他可以为自己的将来做决定，而且刘大妈也相信结婚这个词不是他拿来随便说说的，所以还是尊重了儿子的选择。

那时刘大妈两口子关于他们结婚后的安排还是讨论了很久，怎么住，怎么生活。在这一点上，刘大妈两口子的想法还是比较一致的，他们都觉得还是分开住的好。一是孩子都还年轻，年轻人和老年人的生活方式是不同的，让他们跟老人住一起等于是给他们套了个无形的枷锁，会限制他们的热情和行动；二是刘大妈也是当过儿媳的，她知道婆媳相处是多么复杂的一件事，不想因为相处的麻烦而影响儿子跟自己的感情。现在看来这个决定是很正确的。他们定好结婚日期后，刘大妈两口子付了大部分房款给他们买了个二居室，剩下的小部分对他们而言也不会是很大的负担，由他们分期月供还贷款就可以了。买的房子离自己也比较近，可以方便互相照应。 因为孩子们工作的时间也不是很久，他们都属于有多少花多少攒不下钱的人，让他们来还所有房贷是不可能的事。 刘大妈两口子有这个能力就该帮他们，因为做父母的，如果你爱你的孩子，就放手让他自己去飞，如果他的羽翼还未丰满，那么我们就要帮他插翅添羽，让他丰满起来。

儿子婚后和儿媳经常到家里吃饭，他们自己也懒得做。 刘大妈两口子想着给他们做饭也是件可以消磨时间的事，在网上查菜谱，买烹饪手册，琢磨着怎么做他们爱吃的菜。 儿媳爱吃的东西刘大妈两口子也都记得很清楚。 一家人围在一起心满意足的吃饭是件很快乐的事。 儿媳不怎么会做饭，儿子的手艺甚至比儿媳还好。 刘大妈觉得这是件挺正常的事，现在的年轻人没有几个是能把家务做好的，这需要生活的磨练。 大妈记得自己年轻刚结婚的时候，掌勺大厨经常是刘大叔，大妈则负责打下手。 有时候刘大妈跟一些当婆婆的老姐妹聊天，她们总是抱怨自己的儿媳不会做饭，总是胡弄，儿子怪可怜的，要给儿媳加强培训一下。 刘大妈就笑她们说：儿媳娶回来又不是保姆，怕儿子吃不好，你就给他们做。 年轻人爱怎么样就怎么样吧，即使当儿子的没饭吃他也是乐意的，一个愿打一个愿挨嘛！ 操那么多心干吗？ 其实，以大妈的经验，他们成家立业了，这样的家庭生活总会让他们学会很多的。

有的婆婆抱怨儿媳总让儿子干活，经常听到很多当媳妇的说婆婆不能忍受儿子干活，总是希望儿媳来做，其实这是一个很普遍的问题。 但是刘大妈不认同女人要做家务而男人只要坐着等待就好的观念。 毕竟她也是女性，经历过从媳妇到婆婆的历程。 她认为家务是两个人的事，一起来做其实是种乐趣，也是在增强两人之间的感情。自己儿子从上中学开始就已经负责家里饭后的洗刷工作了。 所以，刘大妈不觉得儿子做家务是不应该的，反而，会经常主动让儿子去帮儿媳的忙。 可能有很多家庭是这样一种场景：吃饭前，女性同志洗菜做饭。 吃完饭后，女性同志在收拾洗刷清理，而男同志则看电视或看报纸，偶尔嘴里还会懒洋洋地问上一句"什么时候吃饭啊"。 但是在刘

大妈家不是这样的，通常是她和老伴一起准备饭菜，儿子和儿媳来收拾。有时候他们俩也会主动要求来露一手，就像是一种互动，这样热闹的做饭场面其实是挺快乐的。她不觉得看着儿子帮儿媳干活是件不舒服的事，她觉得这是很应该的，因为这是他们共同的生活，这也证明他们彼此爱对方，才会互相来帮忙，一起来做，这是一件好事。

儿子和儿媳有时也会吵嘴，这很正常，难道自己年轻的时候就从来不争吵吗？他们争吵的时候刘大妈总是要教训儿子一番，并且告诉儿媳：儿子要是欺负你，你就来告诉我。这样做的效果很好！比一些长篇大幅的劝架言论都管用。

有时候周末刘大妈两口子会邀请他们俩一起去看电影、逛街、找个味道好的饭馆换换口味，或者一起去吃洋快餐。儿子总打趣说他们老两口是老顽童。有一次儿媳跟大妈讨论用什么护肤品好的问题，媳妇跟大妈说她听说欧莱雅的眼霜挺好，她正打算试试。第二天大妈刚好陪老姐妹去商场，就顺便给儿媳买了一支。儿媳有时也会给大妈买东西，用儿子的话说"你们俩怎么总互相贿赂，是不是也想着贿赂一下我啊"。儿子总开玩笑说："妈，你再对她这么好我该妒忌了啊"，其实听见这样的玩笑是很高兴的。大妈觉得要维持一个良好的家庭，就一定要付出很多的爱。当妈的肯定是爱儿子的，那也一定要爱儿媳！因为爱你的儿媳就等于是爱你的儿子。你的爱会让他们更加相爱，家庭才会和睦，才会幸福。刘大妈相信，如果婆媳关系很糟，那最难过的恐怕就是做儿子的，他们的小家庭也不会幸福。所以，如果想让他们幸福，那就一定要真心地去爱！

大妈的儿子准备今年要个孩子，大妈虽然觉得早了点，但也还是表示赞同的。如果孩子们有这个想法，说明他们已经做好了这个准备，这是早晚要经历的。儿媳去参加朋友婚礼，儿子自己回来吃饭，儿子跟大妈说，他们俩甚至已经开始讨论要男孩还是女孩了，儿媳对儿子说：如果是男孩我以后就要当婆婆了，那我一定要当个像你妈这样的婆婆。然后儿子跟大妈说了一句让大妈觉得很幸福的话，他说："妈，你真让我为你骄傲"。

做大人真是件很累的事，总要去担心孩子，担心他们的生活细节，又不想给他们负担，不想他们永远都是小孩子，他们总要独立总要离开你去创造自己的生活。只要我们坚持一个原则：做一个肯放手的母亲、一个"粗心"的母亲、一个"粗心"的婆婆，给孩子足够的空间，而不是太多的干涉。要相信孩子可以做好每一件事，不要干涉他们的生活，给他们独立创造生活、品尝生活、为自己的生活加砖添瓦的机会。因为他们的未来还很长，太多的干涉只会遏制他们，让他们永远无法成熟起来独当一面。

打破一些旧的世俗，迎合着新的潮流，用新的眼光去看待今天的媳妇，给他们一片自由的空间，这样大家都会生活得更加幸福。

媳妇也是亲闺女

媳妇自从踏进门，就成了自家人，我们应该改变媳妇不是自家人的想法，这样才能营造一个和谐美满的大家庭。怎样才能处理好与媳妇之间的关系？如何把媳妇当成自己的亲闺女一样来疼爱呢？现在也有不少的婆婆在思量着这个问题的答案。

婆婆对媳妇进门后家庭关系变化要有足够的心理准备。不只是增加了一个人，而是诞生了一个新的小"团体"（新夫妻），是质的变化，而且婚姻关系比血缘关系更紧密，更亲近。家庭关系发生某些变化，尤其是母子关系，这是情理之中的事，做婆婆的千万不可因此而不快，更不要将气撒在媳妇身上。婆婆要以媳为女，能通情达理，豁然大度，把媳妇看成是自己的亲生女儿一样，给媳妇做出好样子，就会反过来使她对婆婆尊敬、体贴。

新婚小媳妇平素喜欢打扮，穿衣爱赶新潮，买衣服动辄数百、上千元，花钱大手大脚，一点也不知精打细算地过日子。平时省吃俭用惯了的婆婆看不顺眼，不免要唠叨几句，唠叨多了，媳妇自然不耐烦，但她又不想当面顶撞得罪婆婆，于是她想了个妙法，每次将新买的衣服的牌价想办法抹去一个零，1000元的变成100元，100元的变成10块。如此做法，她买的衣服可是既便宜，质地又好，婆婆看了自然再也不好多说什么了。

但婆婆不是傻子，这物价严重不相符的东西蒙她一次可以，次数蒙多了她岂能看不出来？有一次，媳妇又买了一件800元的衣服，依法再次减去一个零，变成80，当她把这"物美价廉"的衣服展示给婆婆看时，婆婆心里有数，但表面却佯装不知，从口袋中拿了100块递给媳妇说"这衣服真不错，又好又便宜，你也帮我去买一件吧"，媳妇傻眼了，去买吧，得自己掏700元，不去买吧，婆婆那里要穿帮，没有办法，为保住体面，她只好忍痛割爱，将自己刚买的新衣服去商场里换了个大号的，送给了婆婆。

一个想瞒天过海，偷梁换柱，一个将计就计，以逸待劳，此次"斗智"，以婆婆的全面胜利而收场。可是，吃了暗亏的媳妇就肯从此善罢甘休了吗？输了的要扳本，赢了的还想赢，以后她们还会不会演绎出新一轮的婆媳兵法大战，答案可想而知。

如果将这个故事换一种版本，婆媳间以诚相待，媳妇不去用廉价欺骗婆婆，婆婆也不为这些事情去为难媳妇，婆媳之间和睦相处，有问题用沟通来解决，而不是彼此间斗心。斗来斗去的结果，只会把关系弄得越来越僵越来越恶劣，最后两败俱伤，劳神伤力。

广东新会城隍庙的庙门上有一副非常著名的楹联，说的就是婆媳间如何友好相处的事儿，上联是：女无不爱，媳无不憎，劝天下家婆，以三分爱女之心以爱媳；下联是：娘何以亲？婆何以逆？愿世上女儿，将一点亲娘之意以亲婆。这副楹联其实也就说了一个简单非常的道理：婆媳相处，婆婆应该把媳妇当做自己的女儿一样疼爱，而媳妇自然也会喜欢婆婆。道理虽浅，但要用心领会。

婆媳关系确实是许多人婚姻中的一大难题。从浅层原因分析，是婆婆和媳妇的人生观、价值观、生活习惯和教育观念等分歧引发的，但从深层心理角度分析，孩子成长中都有一段"俄里浦斯期"，即恋母情结和恋父情结，母子的关系一般都比父子关系更紧密，父女关系比母女关系更紧密些。母亲容易把大多数情感投入在儿子身上，孝顺的儿子也会对妈妈更贴心些。越疼爱儿子的母亲对媳妇的要求就越高，她希望儿子被照顾得很好。另外，如果儿子娶妻后减少了对母亲的关爱，母亲就会感到失落甚至与媳妇的关系对立起来，特别是单亲或与丈夫关系疏远的母亲，她内心是缺乏安全感的，潜意识里觉得媳妇会抢走儿子的爱，内心建立了情敌般的关系，通常她会爱挑刺和在儿子面前数落媳妇。

小黄老公回家了，婆婆又做了黄瓜拌鸡骨，他们三个人一块吃。吃着吃着，婆婆忽然把菜盘向小黄老公面前一拉，阴冷阴冷地对小黄说："你还要吃？"当时小黄是又羞又急，非常尴尬。但也不好发

作，媳妇跟婆婆为吃东西吵起来该多丢人呀！所以小黄只能忍气吞声地说："不吃了。"但这口气小黄一直憋在心里。小黄的老公也很为难，吃也不是不吃也不是。小黄当时就有一种被羞辱的感觉，此后婆媳之间的暗战也就不多说了。

婆媳之间的关系很微妙，婆婆爱儿子，但是要想想，媳妇也爱老公呀！所以，在这之间，做大人的要找到一个平衡点，把媳妇当成自己的女儿看待，无形中两颗心就贴近了，母女之情也就油然而生。

封建家长做不得

很多老人的旧思想已经根深蒂固，一时间也很难转变过来，这其中很多都是让子女们难以接受的，这样也导致了许多家庭的婆媳之间关系不和，甚至连父子母女之间也会存在。要打破这个僵局，就要适当地放开自己的思想，让儿女们自己去演绎自由幸福的生活。

老人在家里别搞"家长制"。俗话说："多年的父子成兄弟。"老人应当视晚辈为朋友，不能倚老卖老，居高临下，动辄以胡子长、辈份高为架子训人，有事要与晚辈商量。丰子恺先生在他的儿女面前从来不搞"父道尊严"，如果想要他们做事，总是用商量的口吻说话。

丰子恺先生与子女"约法三章"，子女独立之后，生活有余而供养父母，或父母生活有余而供给子女，皆属友谊性质，绝非义务。子女独立之后，以与父母分居为原则。双方同意而同居者，皆属邻谊性质，绝非义务。父母双亡后，倘有遗产，除父母遗嘱指定者外，由子女平分受得。

从这些"约法"可以看出，丰先生给儿女以平等的爱，以同等的教育机会。"让已经独立的子女过自己的生活，鼓励已经独立的子女与父母分居"。子女独立了，父子父女之间也就不再有什么"义务"，只有"友谊"和"邻谊"，这就超越了旧中国"养儿防老"和"长宜子孙"的观念。既不向儿女索取回报，也不为儿女安排所谓的舒适生活，让儿女们走自己该走的路，过自己该过的生活。

中国人最注重过节团团圆圆、美美满满，特别是过春节，谁都希望回家和父母团聚，过一个吉祥如意的新春佳节，而不希望自己的父母大年三十没人陪。而现在一个家庭一个孩子，到谁家过年成了一些

80后由独生子女家庭的新问题。

按照传统观念，过年，两人应该成双成对地出现在某一方的父母家中，而且一般是女方去男方父母家中过年。但这种做法似乎受到了越来越多女性的质疑，特别是在春节。所以这个问题也成了媳妇与公婆之间或者女婿与岳父母之间的矛盾易生区。

老人应该认识到，现在"双独"子女组成的家庭，肩上的担子很重，不仅要照顾4位老人，还要承担来自社会各方面的压力。作为独生子女的家长们，没必要再为孩子们春节到谁家过的问题而再给孩子们增加负担，父母们真正要考虑的是该如何给他们减负。

如果媳妇要回家过年，做婆婆的也要理解和体谅，新一代的婆婆，要主动和媳妇商量，或者还可以让自己的儿子带着媳妇一起回娘家过年，不要老套地要求儿子媳妇一定要在自己家过年，要让他们自己做主，自己决定，不要用婆婆的身份去干涉他们。这样既能体现出婆婆的大度，还能让儿子和媳妇都高高兴兴地过一个好年，不会为了这些小事闹不愉快。

做开明的父母，孩子们到谁家过春节都一样。现年59岁的金女士说，现在社会竞争压力大，年轻人工作以外还要承担家庭责任，实在太累了，做父母的不能再给他们添麻烦。平日里儿媳和儿子工作学习都很忙，尽管这样，一到过年过节，两个孩子总是奔波于双方老人之间，忙这忙那。这一切，我们做父母的看在眼里，痛在心上。为人父母，应该从孩子的角度为他们考虑。春节到谁家过，我们要尊重孩子的想法。

吴大爷是个离休老知识分子，儿子和儿媳都在美国，谈到独生子女夫妻春节到谁家过的问题，吴大爷讲了一段他在某网站上看到的一个报道：我国的父母们应该学会自己过年，父母都希望孩子能早些独立，而等自己步入老年却越来越依赖儿女，这不是积极的生活观。老人应学会自己创造乐趣。吴大爷笑着说："这种观点我同意。春节嘛，就是一个乐儿，和老伴轻轻松松看晚会，跟远在美国的儿子儿媳通通电话。不给子女压力，自己也乐得轻松，中国父母应该学会独立、独乐。"

现在的年轻人都喜欢过新鲜而充满活力的日子，特别是年轻的小

媳妇不会做家务，喜欢睡懒觉，喜欢把自己打扮得漂漂亮亮。这些，老人要用新的眼光去看媳妇，要看到媳妇优秀的一面，要知道，其实自己的儿子女儿也是这样，把媳妇当成自己的女儿，不要用传统折断他们自由的翅膀，让他们自己飞吧，毕竟人生是属于他们自己的。

　　有一天，吴阿姨的儿子从外面领回来一女孩儿，嘻皮笑脸地对她说："妈，您媳妇，漂亮吧？"当时吴阿姨就懵了，用她五百度的老花眼望去，她是不看不知道，一看吓一大跳，反正就觉得脑袋一阵眩晕，心律也不齐了：这个女孩儿怎么就像只千年的狐妖呀？看那冲自己儿子笑的媚劲儿，还有那勾魂的眼神儿，还有那露着的胳膊和大腿儿，一举手一投足之间的娇气劲儿，足足一妖精相呀，这哪是吴阿姨期待了近三十年的媳妇呀？从她儿子呱呱落地的那天起就一直希望有一个温文尔雅，气质不凡的女孩儿做自己的媳妇。

　　阿姨这还没寻思完，却听见一声带着鼻音的"妈"嗲进了自己的耳朵。她提起菜篮就往外面逃：我的妈呀，今天才进自己家门怎么就叫上自己妈了？这也开放过头、热情过份了吧？就她当时的一声"妈"足足让吴阿姨冷了有半月之久，不习惯了好一阵子呢。当时她就在想，自己虽不是那万恶旧社会里恶婆婆那般刁钻恶毒难以伺候，却也不能开明到容忍像个妖精似的女人做自己的儿媳妇吧？可她那七魂不见了六魄的儿子居然向吴阿姨宣战：非她不娶，否则她这辈子别想抱上孙子。儿子的恐吓让阿姨寝食不安：妖精就妖精吧，总比娶不上媳妇抱不上孙子的强呀。于是她一跺脚一咬牙就同意了这个小妖精做了自己的儿媳妇，说心里话全天下像自己这般年龄的女人都不会想做一个阻碍儿子终身幸福的恶老妈和做一个媳妇眼中的恶婆婆吧？

　　让她没有想到的是，娶个妖精当媳妇也是快乐多多，幸福多多呢。

　　吴阿姨的妖精媳妇总是在周末喜欢睡懒觉，睡懒觉我能理解，现在的年轻人哪个不愿意睡懒觉？他们平时工作不仅忙而且压力也大，好不容易到周末睡个懒觉也是人之常情，这点她还是很开明的。可是有一次居然看到儿子气喘嘘嘘地抱着妖精媳妇从房间出来，还一个劲冲着阿姨傻笑，看到妖精媳妇蜷缩在儿子的怀里"咯咯"地笑成那样儿她气得眼睛都绿了，肺也似要快爆炸了一样，吴阿姨扔下"不成体

统"四个字后就甩门而出。

　　这个可恶的家伙也太没出息了，在老婆面前简直就是一副奴才相，最可恨的就是那妖精媳妇，也太不要脸了吧？太不把这老太婆放在眼里了。本以为，她会从此恨上妖精媳妇，但这种恨也就坚持了一天。第二天清早打算出门买菜，吴阿姨的儿子居然走到她跟前，坏坏地冲着她笑，又是那副嘻皮笑脸的样子，阿姨心想准没什么好事，加上昨天的气还没消呢。可没想到儿子居然一个弯腰抱起她就往门外跑，还没等她反应过来，儿子已经冲进小区里了，小区里的那些正在锻炼身体的老太太们都像被点了穴位一样地停了下来，愣在那里个个都瞪着个大眼像看把戏一样的，妖精媳妇也跟在后面掩着嘴笑。

　　吴阿姨就这样被儿子抱着从众人眼中走过，虽然挺尴尬的，但她这是第一次被一个男人这样抱着，而且还是自己辛苦抚养了三十年的儿子，心里别提多么幸福和感动了，当年阿姨嫁给叔叔还是自己走进洞房的。吴阿姨泪眼婆娑地看着后面正在掩嘴偷笑着的儿媳妇，就知道一定是她使的"坏"。心想，妖精就是妖精，平息干戈的方式都与众不同。之后，只要看到儿子抱着媳妇从她面前走过，就再也没有第一次时"吃醋"的感觉了，而是看着幸福的小两口，心里也是被幸福洋溢和充满着。

　　妖精媳妇不爱做家务，除了成天将自己打扮得花枝招展像个妖精外，对家务根本就是一窍不通，可是她那一张嘴甜得跟抹了蜜似的，只要吴阿姨不高兴了，她总爱躺在她怀里撒个娇发个嗲，她那招可灵了，完全就是巫术，只要她一发嗲一撒娇，阿姨的魂都没有了，完全跟着她的意思走，阿姨还想难怪当初儿子死心踏地，现在也是个名符其实的"气管炎"，妖精媳妇现在在阿姨心中的地位那是相当的高。她一直以为儿子娶了老婆自己会轻松些，可哪里知道魂都被妖精媳妇勾了去，天天累得像个什么似的，还成天心里乐呵呵美滋滋的，要知道媳妇的衣服都是阿姨给洗的呢，她每天回家第一句话就是：妈妈，您辛苦了，我来帮帮您吧？阿姨都为自己的儿子辛苦了一辈子了，从来都没有听他对自己说过一个"辛苦"二字，自从妖精媳妇进了门后，她总是左一个辛苦右一个辛苦，灌得阿姨晕晕乎乎的，她就想反正都辛苦了一辈子了，不就多个儿媳妇吗？就像多了个亲闺女一般有何不好？哪有人愿意自己亲闺女成天下班还要干这干那的？所以家务活阿姨还是一直心甘情愿地做着"包干"。

还有阿姨那要命的妖精媳妇居然鼓动阿姨穿上了鲜艳的时装，要知道这东西她可是一直想穿不敢穿的呀，可那妖精媳妇就是会洞穿人的心思。有天妖精媳妇神秘地把阿姨推进房间，拿出一件浅红色的碎花衣递给她，阿姨的脸当时"唰"地就红到了脖根上。妖精媳妇让她穿上，阿姨说让她穿这个，丢人现眼的。"妈，这您就不懂了吧？爱美之心人皆有之，您看您才五十出头，正是风韵犹存的年龄呢，穿上这个还会让您显得更加年轻漂亮呢，更何况现在老太太们都兴穿这个了，您要是穿上了这个，走在大街上人家保准说您才四十出头，回头率80%那是肯定有的。"阿姨在妖精媳妇的"妖言惑众"之下，居然稀里糊涂地穿上了红花衣，现在感觉走在大街上是有些老头子不停地朝阿姨看呢，她也自信了不少。

放飞思想的翅膀，用新的思想去接受自己的子女，接受自己的媳妇，会发现两代人之间的代沟会因为自己思想的一些小小的改变而变得融洽，会让婆媳之间产生深厚的感情。

第三章 冤家宜解不宜结

做大人要做得精明点

有人以为，婆媳矛盾这种旧式大家庭的产物将逐渐退出现代人的生活，可是，事实并非如此。据河北省石家庄市妇联对1000户独生子女已婚家庭进行的调查，即使是上世纪70年代末、80年代初出生的第一代独生子女，仍有70％以上的已婚独生子女小家庭，感到婚后最不好相处的是婆媳关系。

李义珍大妈的经历比较有代表性。李大妈的儿子、媳妇结婚后自己买房子单过，不久添了个小孙女，虽然有保姆，可是老人两天不抱孙女心里就闷得慌，三天两头往儿子家跑，帮着做做饭、带带孩子。时间长了，儿媳妇老是跟儿子念叨说婆婆做的饭不对口味，喂孩子老是忘记烫碗和勺之类的话。虽然没撕破脸，但坐在一块儿看电视，两个人都觉得不自然。

李大妈想不通，我不吃你的不花你的，为什么关系还处不好？她说，别说学人家弯腰鞠躬侍候婆婆了，只要多给点尊重，多想想婆婆的难处就心满意足了。

像李大妈这样的情况在我们的生活中还是有很多的，老人做到这样确实是已经很不错了，可是婆媳关系还存在一些问题，这个时候，需要的是耐心，多一些耐心和关心，媳妇自然会有感动的一天，到时后媳妇孝顺，就跟自己又多了一个女儿一样，心情舒朗。

婆媳关系是千家万户一个最敏感的神经，下面是几个做婆婆、媳妇的现身说法：

张大妈有两个儿媳，她从未和媳妇们大声嚷嚷过，媳妇们对她也是尊敬有加。

张大妈说，要说我和媳妇们相处的诀窍，很简单，一是不掺和孩

子们的事情。二是遇到儿子媳妇（包括女儿女婿）有摩擦，只管教训儿子，从不说媳妇。越是这样媳妇反而会觉得不好意思，小夫妻之间的气很快也就消了。三是一碗水端平。大儿媳结婚后一直在家住，做家长的贴吃贴喝那是自然的了。小儿媳回来少，所以她就给小孙子买了一个保险。孩子们过十岁，无论孙子外孙，一人送一个金属相吊坠。你别小看这些小礼物，弄得不好也挺伤和气的。儿子长大了，结婚了，生活重心里全都是另外一个女人。当婆婆的，这时不要剥夺儿子对媳妇的爱。

李妈是个急脾气，儿媳却是个慢性子，起初没少闹矛盾，最后发展到双方不见面。连最疼爱的儿子也抱怨：你是不是一个人生活久了，对儿媳这个外来成员看不惯呢？

李妈开始反省自己。她爱儿子胜过自己的生命，可以包容他的一切，可对儿媳总希望她十全十美，这对她不公平呀！

李妈开始调整自己，对儿媳多一些理解和包容，尽可能用爱去抵消不愉快的情绪。有段时间儿媳工作压力较大，回到家一句话也不说。儿子告诉她：儿媳因高级职称没评上，心里很烦，现在有一个到武汉学习一个月的机会，但因孩子只有五个月大，要给孩子喂奶不得不放弃这个机会。李妈想，机会难得，而且儿媳这种争强好胜的性格自己也喜欢，一定要帮帮她。

李妈大女儿的婆家在武汉且离儿媳学习的地方只有两站路，何不住到那儿？她的想法得到亲家母的赞同。就这样，李妈带着儿媳和孙子来到武汉。后来儿媳顺利评上了职称，逢人就说：我婆婆就像亲妈一样！

小夏还没有结婚的时候从老公的言语里了解到未来婆婆是一位任劳任怨朴实能干的劳动妇女，看着他语气里流露出的崇敬，小夏不由得对守寡多年独自将夫抚养成人的婆婆心怀敬意，在心里暗暗发誓，成家后，一定要把婆婆当成亲妈一样孝敬着。

可婚后的生活远没有自己想象得那般单纯。婆婆由于把所有的精力与希望都寄托在儿子身上，她的性格难免有些孤僻与怪异。而小夏的闯入，无疑把她儿子的爱分去了一半，她的心里总对小夏有些排斥。丈夫是以孝为先的人，虽然小夏为婆婆偶尔对她表现出的厌恶深

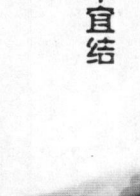

感委屈，但深爱丈夫的她只能把这份委屈深埋心底，因为她相信，一位可以为孩子无怨无悔挥洒着青春与汗水的母亲，肯定是一位通情达理的人。她只是习惯了这么多年与孩子相依为命的生活，忽然间有了另一位女子与她分享儿子的爱，她心里的失落与不平衡肯定是有的。对于同是女人的小夏来说，她表示婆婆的心思是完全可以理解的。

做个精明的婆婆媳妇其实很简单，并不是要像在事业上那样精明，而是多注意一些生活中的小细节，多注意一下与婆媳之间的关系，就能成功地做一个精明的好婆婆、好儿媳。

用欣赏的眼光看儿媳

老人在对待自己儿女的时候总是会用欣赏的眼光去看,就算自己的儿女做得不好在自己眼里也是优秀的,会对儿女们百般地体贴和呵护,媳妇也是家庭中的一员,为什么不能用欣赏和体贴去对自己的媳妇呢?

婆婆们的旧观念认为媳妇要"相夫教子",以家庭为重,要把丈夫和孩子照顾好,而职业女性却只能一边工作一边照顾家庭,达不到婆婆的要求。有些婆婆具有"多年媳妇熬成婆"那种"居高临下"的想法,认为媳妇一定要"讨好"婆婆或听从婆婆的意见,而不尊重与体谅媳妇。有的婆婆或媳妇存在狭隘的亲情观,认为母女是血缘关系就亲,婆媳是姻亲关系就疏,觉得对方是外人或宾客。婆婆以媳妇的现在比自己的过去,倚老卖老,求全责备。为一些小事对媳妇更是百般刁难或歧视。

婆媳原为陌生人,现要在同一屋檐下生活,由于性格、兴趣、爱好的差异,很难在短时间内彼此适应,因此,你对我不满、我看你不顺眼的事便常有发生。加之婆媳中间还有一个儿子(丈夫),婆婆希望儿子永远服从自己,媳妇总想丈夫百依百顺,在这种情况下产生一些矛盾也就在所难免。

然而,只要婆媳之间多一点沟通,多一点理解,多一点宽容,多一点体贴,彼此相互欣赏、赞扬,婆媳关系就好处了。有一位朋友家,婆婆总是在左邻右舍、亲朋好友前夸赞媳妇的能干和孝顺,从不说媳妇的坏话。而媳妇也整天"妈"不离口,经常在我们面前由衷地称赞婆婆的体贴和理解,婆媳关系处得非常融洽。

要搞好婆媳关系,应把感情建立在理解、尊重和体贴的基础上,

多说赞扬话，多欣赏对方的优点。即使对方的言行有欠妥之处，也要多加包涵和谅解。只要诚心诚意地赞扬和肯定对方，又何愁处不好婆媳关系呢。

长着似乎能放住两根香烟的假睫毛、能把狐狸吓一跳的蓝眼皮、好像刚刚吸过血的红嘴唇、杂技演员般妖艳的服装、套在脖子上好几圈的项链、大得几乎能把耳朵坠长的耳环、腕子上带着手镯子、一只手上戴着三四个戒指……如果面前出现这样一个儿媳，多数婆婆都要为之反感。

从欧美国家回来的少妇们却认为这种打扮无可挑剔。的确，如果和有些国家的"土人"的打扮比起来，也许还不算什么，比起日本人第一次看见登陆上来的洋人时的惊讶，也不足挂齿。

不同的时代，不同的地点，有着不同的审美观。在这个年代、这个地方被视为难看的东西，到了另一个年代和别的地方就变成"漂亮、雅致"了。

婆婆和儿媳一般在年龄上相差30岁，这30年变化急骤，有时使人在感情上和考虑问题的方法上跟不上时代的步伐。因此，儿媳认为"真漂亮"，婆婆会说"简直是土人的打扮"，这毫无办法，根本不是兴趣爱好的问题，而是审美差异的不同。

不仅如此，如果婆媳间勉为其难，硬性地使双方的爱好一致，则会招致可笑的后果。

"真不知道最近我儿媳妇怎么啦？她个矮，身材瘦小，可却赶起了时髦，穿什么长裙？难看死了，好像一条大长裙子在走来走去一样！"

"哎哟，太太，我儿媳妇也是这样！你看她那身材，横着比竖着还宽呢，还穿长裙，看起来好像没腿似的！"

这是两位婆婆的谈话。从道理上来讲，我想二位是正确的，你们的主张可谓言之有理。但不要忘记那句老话：明白是明白，就是做不来。

虽说穿长裙是时髦的，但你们的儿媳也深知她们的腿是短的，深知她们不适合穿长裙。她们之所以明知不合适还要穿，就是因为当时

流行。

对于青年女子来说，流行是讲不出道理的至高命令。至于是否适合自己，那都是次要的。

好在人能自我陶醉。旁人认为"根本不合适"，自己却能够找些理由，使自己觉得"非常合适"。这时你若对她说"你腿短，不适合穿长裙"，那会怎样呢？这就如同用刀子戳了她内心的伤疤一样，她肯定会骂你"真恨人，真冷酷！鬼老婆子，尽欺负人！"

"哎呀呀，就是踩着裙子下摆摔跟头也非得赶那个时髦！"你应该理解儿媳的女人之心，用爱护的态度去看待她。

不管婆婆如何努力，有一点还是比不上儿媳，这就是作为女人的魅力。

我所说的是作为一个女人在男人眼里的魅力。假如我面前有两位妇女，一位是具有许多优点的55岁的妇女，一位是虽不具备这些优点，但年仅25岁的妖娆女子，那我敢说，几乎所有的男人都会奔她而去。

在闹市的酒吧间和俱乐部里，虽不貌美、但年轻活泼的女大学生比曾经是大美人的四十多岁的女招待更受欢迎。由此可见，婆婆如果在这方面挑起"女人之争"，其胜负是不决自分的。

在儿媳过门之前，你是这个家中唯一的"女人"。即使还有女儿，但对你来说，她不过是个"孩子"，而不是"女人"，不构成任何问题。儿媳妇一进门，情况就大变了，"女人"变成了两个。看到你丈夫特别喜欢儿媳，你尤为强烈地感觉到这一点。你虽然自知不是对手，但还不自觉地寻衅向儿媳"宣战"。当你惨败下阵，便又恼羞成怒，把怀疑你丈夫不正派的憎恶转向儿媳。

这就如同你对天吐唾沫，结果落了自己一脸一样，搬起石头砸了自己的脚。儿媳则认为你挑起的"女人之争"可笑无聊，不屑一顾。因此，只要你不去挑衅，儿媳是不会在这一点上与你相争的，但你若蜀犬吠日，她会出于自卫，挺身迎战。所以，如果婆婆能认识到这是一场注定失败的争吵，采取超脱的态度，就不会平地起风波。

婆媳关系好了自己也会活得轻松愉快，媳妇也会像对待自己亲妈

妈一样对待自己的婆婆,这样婆婆就是多了一个闺女,又何乐而不为呢?

婆媳之间的关系也很简单,只要彼此多一份欣赏和体贴,就算再多的事情也可以微笑着和睦解决,更不会影响家庭的安定和温馨。

做个诚心好婆婆

好的婆媳之间是不是没有问题呢？不是的，而是她们能够真诚接纳、彼此包容、友好沟通。做媳妇的尊重、关心婆婆，遇事多和老人商量、沟通，而婆婆也尊重媳妇，关心体贴媳妇，把媳妇当自己女儿一样看待，彼此以诚相待，真诚相待是婆媳和谐的关键。

常听人说："婆媳之间毕竟隔层肚皮。"意思是说，媳妇不是亲生的，和婆婆之间就会有隔膜。婆婆再怎么好，也会觉得婆婆和自己的亲妈不一样。

小张刚结婚那阵子也这样认为，早早的就急于分家，想过自己的小日子。婆婆家很穷，虽然给小张盖了新房，但是院子还是半成品，院墙只砌了一半，院子也只打了一半，可能没钱了，这样还要小张承担一部分外债，分家的时候只给了小张两斤花生油，别的就更不用说了，需要什么，小张只能从娘家拿，所以小张对婆婆家就更没好印象了。

结了婚小张就得想法赚钱，不但要还外债还得想法过好自己的日子。由于忙于生意，小张两人起早贪黑，回来累得衣服都没有时间洗。一次小张准备早点回家收拾收拾，开大门就看见衣服已经晾好了，一进厨房就闻到馒头香味，原来婆婆看到媳妇忙，悄悄帮小张做好了这一切。婆婆又要看孙女，又要做家务，哪有时间帮我啊！小张心里有些感激，就把自己买的菜在去接女儿时送给婆婆，婆婆显得很高兴。

小张没时间去菜园子，婆婆就把最好的、最新鲜的菜送到小张家里，小张农田里的草婆婆会为他们清除干净。秋天收获的时候，婆婆总是先帮着把他们的收回来，然后再收自己的。到了冬天，她会推来

几车特意在山上搂的松树毛送给小张，说这个好引火。这样的婆婆，小张再怎么铁石心肠也会被她打动，她虽然穷，不能给你物质上的帮助，但是她有一颗时刻为你着想的善良的心。

后来小张在镇上买了楼，婆婆隔他们远了，不能天天来串门了，她总在每个集日，来小张那看看，来的时候她从不空手，不是捎点新鲜菜，就是拿几个她蒸好的馒头。

婆婆割阑尾的时候，住在医院里，小张每天把最有营养的、最能补身体的饭菜做好，送到病房里。婆婆总是对小张说："你那么累，我凑合着吃点就行了，不用专门给我做。"小张笑着说："等你好了，我兴许懒得给你做呢！"出了院婆妈逢人便说："幸亏我那媳妇伺候得好啊，要不然我哪能好得那么快啊！"

儿媳常生活在你身边，有许多长处你不要视而不见，应该常思量她阳光的一面，摆正儿媳在你心中的位置。婆婆不要以老自居，总想凌驾于媳妇之上，这是错误的。经常教育儿子要读懂女人心，在生活中多关爱她，细心照顾她，并且要多宽容，多理解她。我们每个人都生活在矛盾之中，儿子媳妇之间一旦有了矛盾，应该严厉地批评儿子，善意地开导媳妇，给媳妇争个理。居家过日子没什么大不了的事，婆婆不要把所有的不是都推给媳妇。儿子是自己生养的，当然有着先天血缘之爱，婆媳虽说无血缘关系，但也要诚心去培养后天的情感。

媳妇是儿子的所爱，你如果爱儿子，首先就得爱媳妇，要懂得爱屋及乌的道理，媳妇也是人家父母生养的，到你家受委屈人家父母也心疼，更不要让儿子在中间为难。婆婆要压事，不要在儿子媳妇之间挑拨是非，鸡毛蒜皮一些小事唠叨个没完，更不要到外面去讲媳妇的不是，你把媳妇丢了，捡回来的只是你无修养、无深度、狭窄的心胸。要高眼看待媳妇，尊重媳妇，多一份理解，少一份误会，多一份宽容，少一份烦脑。这样才能使你的家庭互敬互爱，和睦共处，其乐融融。

第四章 空留双亲泪沾衣

——积极看待空巢现象

我们在抚育儿女的时候,由于全身心地投入,已经失去了自我。当儿女展翅高飞之后,我们顿感茫然无措,找不到自己飞翔的方向。所以我们要学会安慰自己:再亲密的亲人都会有分离的时候,我们要勇敢地接受现实,接受生活!

积极心态看"空巢"

随着经济的发展、时代的变迁、人口的流动、观念的改变等，曾沿袭了几千年世代同堂的家庭结构逐渐被瓦解，儿女长大后远走高飞、成家另过，老年人独守"空巢"的现象也越来越多。

生活质量提高、居住条件改善、趋向自由空间和社会发展趋势等综合因素导致了越来越多"空巢"家庭的出现，如何看待这个特殊现象？ 如何解决这个社会问题？ 如何使"空巢"老人这个特殊群体能安享晚年？ 随着一系列的问题的出现，不少老年人有着自己积极的想法。

某小公园，每天都有许多老人聚集在此，他们有的下棋对弈，有的闲坐聊天，有的就只来看看而已。 一位60多岁、一口上海话的老太太说："只要经济和住房允许，我就希望和子女分开住，省心、清静。"她说，"我的饮食、作息等习惯毕竟和年轻人不大一致，住一块儿时间久了彼此都觉得不舒服。"坐在她旁边一位身形稍胖的老太太说："家里就我和老伴，逢年过节儿女回家，也挺好，如果老两口身体都不能自理了就雇个保姆，这样都有自己的空间，也很自在，生活上也比较方便，不用太多地考虑儿女们的感受。"拄着拐杖的张大爷表示："人都有老的时候，孩子小时父母有责任抚养，双亲老了孩子也应该赡养，反哺也就是这个道理，但生活在于协调安排，最重要的是思想观念，老的和小的都能为对方想想，许多事情也就好办多了。"

儿孙满堂、承欢膝下，是普天下众多百姓共同的幸福之一，也是许多空巢老人向往的生活。 而现在，老年人的思想开始有了新的变化，他们并不把空巢看成是寂寞孤独的代名词，而是用自己积极的新

思想和新观念把退休的生活安排得丰富多彩，享受着惬意的独立生活，完全感觉不到空巢的凄凉。

朋友的父母都是年届70的人了，独自住在西郊的老房里。朋友担心父母年纪大了，"空巢"独居会出意外，就想让他们搬过来同住。谁知父亲一听"空巢"两字很反感，"我们只是跟你们分开住，双方都保持自由。什么空巢不空巢的，我们还没老到需要儿女天天守在旁边侍候的地步，你们只要常来看看我们也就够了。"所以一部分低龄独居的老人对"空巢"这两个字是排斥的。

吴先生夫妻今年60多岁，问起这个问题，吴先生说，我的父母都还健在，父亲97岁，母亲93岁，他们才是老人。我们才退休不久，还有许多计划等着我们去实行。现在就把"空巢老人"的名号戴在我们头上，听着好像我们已经要躺在床上等待社会援助似的。

刚从某机关退休的老干部苏先生说，他住的那幢楼里，有好几户年龄和他相仿的老同事都是独居。虽然他们子女都有宽敞的新房，完全可以搬过去共同生活，但他们都认为，还是自己住更好，生活更自在。苏老说，一旦搬过去跟子女住，多少也要帮子女做点家务，饭菜要帮着煮、孙辈上学要接送。如果从这点来看，他倒宁愿"空巢"了，与子女分开住，反倒能充分享受退休后的美好休闲时光。

与子女分开住是许多低龄老人的自愿选择，也是他们维护自己高质量生活的选择。其实现在人口寿命普遍增高，60还年轻，70不算老，许多低龄独居老人身体健康，完全不需要别人的照顾，这时，老人觉得套上这个称号，等于莫名其妙贬低了自己的生命价值，当然会不乐意。

许多刚退休后的低龄老人，正兴致勃勃地筹划着自己的退休生活，准备焕发着人生第二个春天。但是，空巢现象依然是相当一部分人难解的题。

"空巢"是道难解的题

随着中国老龄人口的增加,"空巢"问题也成为了人们热切关心的一个重要话题。

"空巢老人",大多都是身体羸弱、无人照料、内心孤独……因此心理和身体的承受能力也在不断地降低,随时可能因为各种原因而发生意外。为此,"空巢"也成为了老人们一道难解的题,面对这片空白,老人不知道该如何抉择,不知道该如何才能让这片空白丰富多彩起来。

随着社会的发展,"空巢老人"要面临的问题不再是衣食问题,而是精神上的慰藉和心灵的交流。

有位年近七旬的陈奶奶,老伴去世后,成了彻底的"空巢老人"。前几年,由于老人中风偏瘫,子女专门请了个保姆为老人做饭,虽然生活无忧无虑,但陈奶奶还是经常感到寂寞,感觉自己的生活就是一片空白,没有向往也没有激情,每次子女回来看望她一次,她都要记入一个"子女探亲账本"。如:"12月10日上午,小女儿回来一次,第二天上午离开家,这是第28次回家探亲……"老人说:"看到账本,自己就会想起儿女们来探望自己的日子。"

"子女探亲账本"正是"空巢老人"极度渴求"精神赡养"的具体表现。对这些步入暮年的老人们来说,除了生活必须的经济条件外,钱财早已是身外之物,老人更需要的,往往就是晚辈们的关爱与照顾、两代人心灵的交流与精神的慰藉。还有些老人,他们思想还比较传统,不喜欢直接表达自己的需要。做晚辈的只有先读懂老人需要什么,才知道给老人什么。

新一代独生子女已经长大成人,他们或工作忙碌没有时间经常回

家看望父母，或成家有自己的小孩需要照顾，无暇顾及父母，还有一些是离开家乡和父母，到城市里去发展，这使得"空巢老人"感觉失去了依靠，产生了孤独凄凉的心理，不能正确去面对自己的生活，有时还会觉得自己是被抛弃了，感觉从此无依无靠。

老年人要打破传统的观念，要学会在一片空白的纸上写下一个圆满的答案，不要让"空巢"将自己从精神上就击倒了。

空巢老人可以在家养养鸟、弄弄花、下下棋，条件允许的情况下还可以找个旅行团一起出去旅游，丧偶的甚至还可以再婚，丰富多彩的答案只要自己愿意去发觉，都能填上一份完美的答卷。

50多岁的林女士说，当初女儿考上北京某重点大学的时候，她多年来紧绷的神经一下子放松了，身体却开始"造反"，一病就是大半个月。

"最明显的变化是角色换了。过去我们都围着女儿转，急女儿之所急，想女儿之所想，尤其是我这个当妈的，口号就是'一切为了女儿'。"林女士还说，"生病的这半个月是一次大休整，让夫妇俩思考了很多事。"

从那时起，丈夫老黄主动分担了一半家务活，同时夫妻俩开始"补课"，把过去想做却因为照顾女儿没有做的事补起来，比如探亲、访友，周末与朋友聚会，看望双方父母等。他们还买了一辆小轿车，节假日与老朋友一起自驾车旅游，生活好不惬意。

还有一位赵女士，儿子和女儿都不在身边，和丈夫退休后就一起开始计划他们退休后的生活，赵女士的丈夫喜欢下棋，就经常去公园里找一些同年人一起下棋，有时候还在网上下，天天乐乐呵呵的，而赵女士自己则喜欢种花养草，就在家里的阳台上摆上了花架子，种了好多自己喜欢的花，天天给花儿们浇水施肥，也是忙得不亦乐乎。赵女士还养了一条可爱的小狗，闲下来的时候就和丈夫一起出去遛遛狗，散散步，和老姐妹们一起聊天讲笑话，日子也过得非常精彩。

其实解开这道题并不需要多么轰轰烈烈，也不要把它想得太过恐怖，简简单单只要自己觉得充实快乐就可以。

让"空巢"变成"爱巢"

在中国,传统的养老模式是"小有所依,老有所靠",说的是大人抚养孩子,孩子长大后赡养老人的"反哺式"传统。这和当代中国人的生活节奏产生了明显的矛盾。据北京相关机构调查:现今中年人的生活压力是50年前的25倍,而48%的中年人没时间照顾老人。北京大学老年问题研究者陈功博指出:"社会发展越快的时候,也是老年人危机最深重的时候,他们常常是社会发展的牺牲品。"

对于这样一个严峻的问题,我们就要学会自己调节,自我找到心灵的安慰,打破"空巢"的传统观念,把"空巢"变成"爱巢"。

刘大妈丧偶多年,因为儿女都已成家,70岁的刘大妈独居已有十多年的历史。老人家最盼望的日子就是逢年过节,因为只有这时,孩子们才会回来和她团聚。一过完节,子女们又忙各自的生活去了。大部分时间,老人只能一个人过,买菜做饭是最为难的事情,老人经常一天做一顿饭,中午吃一点儿,吃剩的菜放在冰箱里,晚饭时加热后继续吃,长年累月,老人落下了胃病,吃饭和吃药一样令她难受。平日里无事可做,她经常是看一天的电视。虽然衣食无忧,但老人却感觉快乐不起来,每周末钟点工都来帮忙打扫房间,干完了活儿,老人舍不得让钟点工离开。"平日里陪我聊天的人太少了。"老人说。

现在像刘大妈这样的老人很多,一个人孤苦伶仃,没有子女在身边陪伴,也没有一个人在身边照顾,甚至没有人可以说说心里话,说说自己心里的想法。在他们的生活中缺少的不是金钱,而是一份来自亲人或者朋友之间的爱心,如果多一份爱,就能够支撑他们勇敢的生活,让他们感觉到生活中无处不在的温暖。

湖南岳阳市曾经发生一幕惨剧:一位50多岁的妇女生病动完手

术，因家中无人照顾，由儿子送到福利中心寄养。老人生活不能自理，儿女又不在身边，老人最终选择跳楼自杀的方式来宣泄内心的孤寂与绝望。

北京一位退休演员突然猝死家中，直到尸体腐烂了才被人发现。

一位80多岁的老教授陈尸家中许久才被人发现……

为什么同样的事接二连三地发生？这些老人们辛辛苦苦了一辈子，不容易，到老却落得这般境遇。

空巢老人因为缺少了别人对他们最贴近的爱，导致自己也不会爱自己了。这样只会给自己增加更多的烦恼和孤独，更加体会不到晚年生活的快乐，反而给他们带来无尽的痛苦和折磨。

怎样才能让空巢老人发现和找到身边的爱，享受到幸福，把"空巢"变成"爱巢"呢？这就要发挥老人的乐观向上的精神，保持开朗的性格。

"出门一把锁，回屋一盏灯"，这是空巢老人们形象的生活描述。子女一年或数年不回家的空巢老人，多有强烈的孤独感和寂寞感，部分甚至患有抑郁症。要把"空巢"变成"爱巢"，最核心的是无可替代的亲情。除了要求子女常回家看看，经常联络以外，老人还可以用亲情和关爱为自己筑造"爱巢"。

老庄的老伴前几年因病去世了，几年来他一直独居。他说，他的儿子挺孝顺，几次三番让他搬过去共同生活，好有个照应，但他现在还不想去，他有自己的生活天地。老庄是个太极拳高手，常年的锻炼不仅使他年过70还身手矫健，这一手太极功夫还成了他退休后创收的手段。

现在经常有太极拳活动站的学员请老庄去教学，除此之外还要参加老年大学的授课，老友间经常走动聚会，生活过得充实而滋润，他不想过早失去这些。每到周六日还会有很多孩子缠着他教他们几招太极拳，这些老庄都非常乐意去教他们，看着孩子们一张张纯净可爱的笑脸，也觉得自己年轻了不少。跟孩子们感情好了，有的放学以后还去老庄家里写作业，有不懂的老庄还给他们做一些课外辅导，闲下来的时候与孩子们一起做游戏，家里总是笑声不断，这样孩子的父母上班也不用担心孩子一个人在家里不安全。老庄开心地说："等我身体不行了，我再去投靠儿子。"

年轻人总要离开父母的视线，寻找更广阔的天地，这是一个人成长的必经阶段，面对越来越多的低龄"空巢"家庭开始出现，做父母的应认清这是一种必然，及时调整心态，提高心理承受能力。中年人也要设计好自己的生活，不要自我封闭，而应丰富充实自己的精神生活，寻找新的精神支撑。

老年人还要学会自己培养兴趣，广交朋友，丰富生活，可以冲淡"空巢"的失落感；积极投身到社会中去，关心社会，重新确立追求目标，发挥余热，看到自己的生存价值，像老庄一样积极乐观，把"空巢"变成了温馨的"爱巢"。

不做孤独的细胞

孤独其实并不可怕，我们不要把孤独看成是自己的专利产品。在人生的全过程里，谁都不可避免地要面对孤独。孤独是欺软怕硬的纸老虎，我们越害怕它，它就越欺负我们，越抓住我们不放。

孤独其实是对人心境的一种挑战。面对"空巢"，我们不妨多一分豁达心境，勇于面对之，乐于面对之，善于面对之。

随着社会发展，"四世同堂"，甚至"三世同堂"都已远离我们的生活。别说孩子在外地，就是同居一城，只要有条件，做子女的也大都想搬出去住，这就造成城市中"空巢老人"越来越多。

"空巢老人"大多是孤独寂寞的。这也许与人的本性有关——人是群体动物，都需要归属感，需要沟通与交流。小的时候读书求学，归属于学校；长大了上班养家，归属于单位；年老退休了，慢慢远离了社会，孤独也就在所难免。

然而，对那些吃穿不愁的老年人来说，"有所养"还不够，还需要"有所乐"。所以老年人要想有所乐，还要自己去找，自己去学，这样才能从根本上摆脱内心的孤单和寂寞。

辛劳了一辈子的老人们，面对着陡然冷清的生活，难免会心生"空巢感"。自己给自己过生日，会不自觉地给儿女摆放上碗筷，翻看过去的照片，甚至整天唉声叹气、感慨万千……思念、自怜和无助等复杂的情感体验促成了一种无法摆脱的孤独感。

到了老年，孤独感都会产生，只是有轻有重，这是正常的现象。"世上无难事，只怕有心人"，我们要摆脱这种"空巢"孤独感，让自己在生活中重新绽放光芒。

空巢老人普遍有一种孤独感，这种孤独感里又包含了思念、自怜和无助等复杂的情感体验。有空巢感的老年人大都心情抑郁,惆怅孤寂,行为退缩。他们中许多人深居简出,很少与社会交往。究其原因,一是对离退休后的生活变化不适应,从工作岗位上退下来后感到冷清、寂寞;二是对子女情感依赖性强,有"养儿防老"的传统思想,以致老年正需要儿女做依靠的时候,儿女却不在身边,不由得心头涌起孤苦伶仃、自悲、自怜等消极情感;三是心境抑郁,行为退缩,这些老人可能由于本身性格方面的缺陷,对生活兴趣索然,缺乏独立自主、振奋精神、重新设计晚年美好生活的信心和勇气。

为人子女要了解父母的心情,老年人随着年龄的增长和生理功能逐渐衰退,对他人帮助的依赖性越来越高,心理上也就越来越脆弱。缺乏精神慰藉对空巢老人来讲是一种更为严重的伤害,而亲情的抚慰对老年人的健康生活至关重要。因此,做子女的千万别让自己的父母感到孤独,要常回家看看,这是对处于孤独中的老人的最大安慰。

然而现在的独生子女一般都为求学或者工作早早地便离开了家,但是在子女离家前,父母就应该调整自己的生活重心和生活节奏,而不是一切围着孩子转。要注意培养自己的兴趣爱好,有条件的老人还可以参加老年大学的活动,既可以陶冶情操,使自己的生活丰富多彩,又能广交朋友,与社会交流,是开阔胸襟、排解不良情绪的最好方法。况且,子女离家并不等于斩断了与父母的关系,现在交通通讯日益发达,人们沟通感情的渠道已不再局限于面对面的交流,书信、电话、手机短信、网上聊天等一样可以传递温馨的情感。另外,夫妇之间在子女离家后,更应注意相互给予更多的关心、体贴和安慰,建立自己新的生活规律和情感支持系统,不要因子女的暂时回归而改变,以保持心态稳定。远离孤独和寂寞,为自己的生活重新开辟一片新天地。

孤独是不可避免的,早晚会来到,但孤独并不可怕,可怕的是身陷其中不能自拔。您一定要知道:要走出孤独的阴影,靠谁都不行,只有靠自己积极的行动,真心地去感受、品味生活。

解除孤独的办法很多,但关键是保持乐观,要对生活充满信心。如果您的内心充满阳光,对生活抱有年轻人般的热情,那还何愁没有快乐呢?

其实，孤独只是人的一种感受，当您的思维集中在不现实的问题上，往往就会感到孤独和无奈。比如，您总考虑身边缺少欢乐，应该有儿女陪伴，就会产生强烈的孤独感；如果您脑子里想的是现在住着宽敞的房子，有电视机、漂亮的花以及自己有众多爱好等陪伴，就会感到很充实、很快乐。

　　孤独与否、快乐与否，都由您的心境而定——多想想生活中好的一面、阳光的一面，幸福的生活就会随之而来！

"空巢"不"空心"

在家庭生命周期理论中，"空巢"期一般被看作是家庭生命周期发展的最后一个阶段。这一阶段往往意味着人生步入一个"失去期"。随着年龄的增长，老年人的生理功能逐渐衰退，他们将逐渐失去充沛的体力和精神。退休之后，老人们失去了充实的工作状态，生活突然没了重心。儿女长大后离开身边甚至出国，老人们失去了天伦之乐。与此同时，老年人还要面临丧偶后孤独生活的境况。

伴随着一系列生活境况的转变，"空巢老人"的精神状况也开始面临挑战，老年人对他人帮助的依赖性越来越高，心理上也越来越脆弱。所以老年人培养兴趣以充实生活是非常必要的。

广交朋友是老年人"空巢"不"空心"的极佳选择，老年朋友趣味相投，经常串串门、聊聊天，畅谈保健长寿心得，倾诉内心的压抑与不快，还可以在一起活动，互相帮助，更能增进感情，这样有利于放松身心。对于老人来说，忘年交更能充实身心，使老人青春焕发。

电视连续剧《激情燃烧的岁月》中有这样一个镜头：石光荣的长子参军18年不归，小儿子也住校2个月才回家一次，女儿出差去深圳一个多月了，褚琴与丈夫闹矛盾更是整天不着家，偌大个家空空如也。

这时，石光荣从外边垂头丧气地回到了家中，家里锅是空的、水壶是空的，打开第一个房间是空的，又打开第二间、第三间都是空的。他再也按捺不住自己的愤怒，将桌上的空杯子一个个扔在沙发上，大声吼道："都走！都走！都走！"这位昔日让敌人胆寒的老军人，如今面对这形同空巢的家却无可奈何了。

像石光荣这位老军人一样的老人并不是少数。看着空荡荡的家顿

时心里也跟着空了，对什么东西都觉得索然无味，提不起半点兴致。

对于孩子长大刚外出居住的家庭，老年夫妇会出现适应障碍。分离就思念，有的老人出现严重的分离焦虑。在一个孩子外出上大学的家庭中，母亲一连数月一想到孩子就食不知味、睡不合眼、坐立不安、烦从中来，想去做孩子陪读，这就是一种适应障碍。

王大爷老两口多年来一直与儿子一家生活在一起。几年前，由于工作原因，儿子一家迁居武汉，只留下正在读大学的孙女作伴。虽然与儿子媳妇团聚的时间有限，但有孙女留在身边为之忙碌，生活倒也其乐融融。

不过，自从半年前孙女大学毕业到外地工作后，老两口就像换了个人似的：王大爷原来喜欢做的木工活不再碰了，王大妈每天的晨练秧歌也不再坚持了。老人心里总感觉空落落的，也不再像以前那样打趣斗嘴了，就连做饭吃饭也开始应付起来。

短短几个月，他们就显得苍老了许多。终于有一天，王大爷经受不住孤独病倒了，幸亏王大妈及时发现，才避免了一场悲剧的发生。而让她没有想到的是，王大爷被抢救过来说的第一句话竟然是："救我干啥？岁数大了，再活着就是累赘了，没意思。"当王大爷身体状况稳定后，儿子媳妇带老两口去看了心理医生。医生告诉他们，王大爷患的是"老年空巢综合症"，属于心理疾病，主要是由于孙女去外地工作所引发。

朝夕相处的孙女的离去，使得老人的生活重心发生变化，一时之间他们不能适应而产生了心理危机。据了解，这种情况在老年人尤其是"空巢家庭"的老人中相当普遍。

时下的中青年，由于上有老父母，下有未成年的儿女，加之社会工作压力，很少有空闲的时间来陪伴老人，这让老人们感到了一种孤独和忧郁。特别是一部分单身老人，长期得不到晚辈的关爱，精神上空虚，感情得不到安慰，极易产生健康问题。老人们能忍受"空巢"，但不能忍受"空心"。像王大爷这样的老人比比皆是，在"空巢"里可以跟老伴一起度过，却不能忍受孙女离开的"空心"，一个人心空了，就没有了感情的寄托，没有了依靠，所以感觉活着也没有什么意思了。

当儿女都离开找不到感情依托的时候，老年人要学会感情的转移，可以专注于平时喜欢的一些业余活动，或者将感情转移到夫妻感情之中，俗话说"少年夫妻老来伴"，现在老了，就成了彼此感情的归宿。感情的转移完成好了，"空巢"也就不会"空心"了。

"空巢"也要不空情

有一个公益广告：过节了，年迈的父母欢欢喜喜做了一桌子菜，等儿女回家，可等到很晚，也没等到一个人影……

空巢老人的愿望其实也很简单，只需儿女一句体贴的问候，一场拉家常的聊天，抑或给母亲梳梳头，给父亲揉揉背，对老人而言都是莫大的安慰，而因为儿女们工作繁忙往往无法做到这些，甚至连常回家看看的时间也没有，老人长久的等待也是一场空，这时候很容易产生悲观消极、被抛弃的情绪。"空巢"何时才能有鸟归呢？这是空巢老人时刻挂在心上的一个问号。

已经70多岁的夏奶奶每每提到自己的五个孩子时，就会如数家珍地一一列数他们的好处：女儿今年又为家里添了什么物件，儿子又买了什么补品回来，数得清清楚楚，可见她十分满足儿女们的孝心，但是当她说完这些之后又神情黯淡，眼睛注视着远方，像是从心里开始盼望儿女的归来。儿子大学毕业后就一直在外发展的谭大妈，说到宝贝儿子的时候，眼角眉梢全是掩饰不住的笑意。每逢儿子回来看她，她都高兴得忙活起来脚不沾地，恨不得把全身解数都施展出来。但只要儿子一走，谭大妈就感觉在感情和心理上失去了支撑，觉得自己的存在对子女不再有价值，因而常常会烦躁不安、消沉抑郁。

每个老年人都应当学会调控自己的内心世界，作为独守"空巢"的老人，尤其要努力做到这一点。想要让自己的生活繁花似锦，就要先让自己的心境海阔天空！

李奶奶老伴去世早，女儿年纪轻轻也去世了，唯一的儿子去了国外，已经5年没有回来过了。

如今，她年龄大了，腿部患有静脉曲张，膝关节还长了骨刺，一

动就会疼出一身汗，她也懒得动了。 出门时间少，电视成了她的亲密伙伴，但逢年过节一个人，她难免心生孤独，不仅怀念死去的老伴，更思念远在国外的儿子。 每次，儿子打电话回家，她总要兴奋好几天，但终究要一个人承受更多的寂寞。

更多时候李奶奶爱煲电话粥，每天靠打电话解闷，给熟人打，也给社区打。 每次有人去看望她，她都高兴得不得了，拉着别人的手，不聊上一个小时，她是不会让别人走的。

杨大姐中年得子，在儿子小学时，丈夫因病去世了。 这些年，杨大姐又当妈又当爹，好不容易把儿子拉扯大，儿子很争气，大学考到北京，毕业后在一家外企工作。

儿子去北京已经9年了，每次送儿子去火车站，杨大姐就鼻子酸酸的，一掉头就哭得像个泪人。 杨大姐说，最关键的是这几年的生活感觉没了重心，很无聊。 过去儿子在家，都做儿子喜欢的菜，现在儿子不在，她就一人下下面条凑合。 家里也没人聊天，她只好看电视、听广播。 出去参加些老年活动，一听到老人们聊自己的儿子结婚了，他们抱孙子了，她心里就空荡荡的。

儿子工作忙，一年也就回来一次。 马上中秋又到了，三天假不晓得儿子能不能赶得回来，她这几天就开始数日子。 儿子说尽量回来。 杨大姐很矛盾，一方面希望他能回家和自己团聚，另一方面，又怕他跑来跑去的，耽误工作。

老人们大都可以过清贫的生活，但却不能忍受漫长的对离家的孩子的思念。

与子女共享天伦之乐是任何物质享受都不能代替的。 "找点时间，找点空闲，领着孩子，常回家看看……"还记得1998年中央电视台的春节联欢晚会，一首平常得像聊天一样的歌曲在那年晚会之后广为流传。 但是现实生活中能够做到常回家看看的又能有多少呢？ 子女们走入社会都会因为各种各样的事情而耽搁了回家的路程。 这时老人的企盼就会落空，留下的依旧还是等待。

老人们面对着这种情况要自己学着做适当的心理调试，要减少子女离家后对自己造成的生活和心理上的影响，要做到：一要未雨绸缪，正视空巢现象。 有些老年人对空巢现象心理准备不足，不愿面

第四章 空留双亲泪沾衣

对，殊不知这种心态带来的副作用会更大，只有积极正视，才能有效防止空巢带来的家庭情感危机。二要重燃激情，找回自我。空巢老年人要重新找回爱的感觉，让晚年生活充实起来。不要将全部的感情都倾注于离家的儿女们身上，天天一心就盼着儿女们归家。

老人们要学着改善自己的生活环境，让生活丰富多彩起来。孤独的空巢老人大多生活单调，缺少生活情趣。不妨多多培养自己广泛的兴趣，琴棋书画、根雕茶艺，样样积极参与……除此之外，还可以多出去走走，多参加一些集体的活动，在集体中寻找温暖。

学会排解烦恼，多和人交流。可以主动走访老朋友，结交新朋友，让愉快的推心置腹的交谈中不知不觉地把孤独感驱散，这样就不会一心只盼着空巢何时有鸟归了。

"空巢"也能有欢颜

老人空巢要实现欢颜也并非难事。首先,老人要对亲子关系有一个正确认识:无论父母还是子女都应该是独立的个体,二者不是附属关系。子女就像鸟儿一样,幼时依偎父母,羽翼丰满后自然要离巢飞去,子女的离家是成熟和独立的标志。在子女离家前,父母就应该调整自己的生活重心和生活节奏,而不是一切围着孩子转。其次,我们不要把独居视为一种无奈之举,相反,要把它当做一种积极的休闲方式、一种舒适生活的方式。

您的儿女在成婚前只是您的儿女,可当他们拥有了自己的生活后,他们成为了丈夫或妻子,更成为了爸爸或妈妈。这时,若您真的和儿女生活在一起,朝夕相处下来,那感觉也不一定是很舒服的。先不用说最难处理的"婆媳关系"问题,就连最基本的生活您也会感觉束手束脚——老夫老妻二人独处的时候,何时睡觉、何时起床、何时吃饭、何时散步以及家里的东西如何摆放,自己的存款如何使用,所有这一切,全都由您自己说了算;可当和儿女生活在一起的时候,不免会和年轻人的生活习惯发生碰撞,时间长了,您不仅会发出"家不再是自己的家"的慨叹,更会有一种寄人篱下的感觉。

独自居住的您,也可以试着假想一下自己和儿女生活在一起的情景。比较之下,您就会明白:独居也是人生一乐,子女的偶尔看望,其实是最贴心最恰当的一种情感交流方式。

每到年末,在澳大利亚留学的儿子都要回来休假,这时53岁的老张就无比高兴,因为每年只有这短暂的一个多月时间,一家三口能团圆在一起。可是,儿子回家后却忙着和同学聚会、看老师、购物,难得和父母在家吃顿饭,说说话。

老张感叹,"我们和孩子成了最熟悉的陌生人"。尽管对孩子身上哪一处有胎记、什么时候开口第一次叫爸爸妈妈还历历在目,但儿子换了几个女朋友、在国外喜欢看什么电视、遇到什么挫折、将来回国有何打算……这些问题儿子都愿意和同学朋友交流,却不愿意和父母多说。说起这些,老张一脸落寞……

　　儿女远走他乡,是没有办法的事情。他的人生属于他自己,由不得我们来操纵。作为老年人一定要明白这样一个道理:当感到孤独的时候,也正是您该感到幸福与自豪的时候,因为孩子们都已长大成人,并用自己的努力取得了一定的成绩。

　　由于文化生活单调,物质生活贫乏,许多老年人还抱有消极的养老观念。他们把自己归纳为:革命时期的"敢死队",建设时期的"突击队",老年时期的"失落族",情绪低落,跟不上时代的步伐。

　　要摆脱这种不健康的生活状态,老年人必须做到"一个中心",即以自助、自立为中心;"两个基本点",即生活得宽容一点、潇洒一点;"三乐",即自得其乐、自娱自乐、助人为乐;"四老",即有老伴、老窝、老底(经济储备)、老友。如果您这样做了,您的老年生活将会加幸福、快乐。

第五章 拨开乌云见日出

——忌讳话题勇面对

生老病死本是大自然发展的规律,不以人的意识为转移。我们要正确看待死亡,接受事实。死亡并不可怕,可怕的是不能正确地去对待它。看淡生死,感受大自然赋予的美丽,黄昏不仅有夕阳,更有我们美好的向往与信念。

莫叹黄昏已近

人们常说"夕阳无限好,只是近黄昏"。听了这句话总容易让人联想到人生的垂暮和生命的终结。进入垂暮之年的人总会面临油尽灯灭、接近死亡这一现实的问题,许多老年人面对生命之钟即将停摆的现象,总不敢正视。然而,对必然的现实采取无视或否定的态度,都不是成熟者应有的态度,老年人不仅要正视死亡,更应该把死亡与生命融合起来,从容地走完自己生命的最后一段历程。

因急性肺炎,老张住院治疗了一段时间,但出院后总感觉肺部隐痛,怀疑自己得了不治之症。尽管家人一再劝解只是普通的肺炎,静养一段时间就可痊愈,但他却认为是家人故意隐瞒病情,整日变得焦虑不安、忧心忡忡,肺部不适症状也因此越来越严重。就在老张萎靡不振时,一位多日不见的老友打开了他的心结。

那位老友患有腰椎间盘突出症,行走异常困难,可他仍坚持锻炼身体。了解了老张的顾虑后,他告诫老张:"你不能瞎猜疑,即使患了绝症,整日忧心忡忡的,病能好吗?自寻烦恼非但治不了病;相反,身体没病也会被心病拖垮。你应该向我学习,寻找生活中的乐趣。瞧我这两条腿,都快拖不动了,可是我还是喜欢到外面多走走、多活动活动、多发现生活中的美好。"

衰老感是老年人主观上觉得"自己已成为老人了"的心理状态。老年人的衰老感的产生一方面来自于自身身体状态的变化,主要是生理机能的衰退而导致的一系列生理变化。另一方面是社会环境的变化,如退休、与子女分居等。此外,在日常生活中周围的人处处将自己奉为老人也是一个原因。所以老人在这一点上应该乐观,看到事实的所在,不要悲叹黄昏已近。

越到老年，思维能力和智力在各人之间也会产生一些差异。有的老年人虽两鬓斑白已到垂暮之年，仍能保持较高的逻辑思维能力和分析判断能力；而有些老年人的思维能力则随着年龄的增长而逐渐衰退。存在于老年人之间的这种差别不仅同生理机能和健康状况的好坏有关，而且同个人的生活方式、文化素养等因素有关。有些老人对待黄昏生活采用了乐观积极的态度，而有的则是悲观消极，害怕黄昏的到来。

老年人到了暮年也难免产生记忆障碍，尤其是出现不同程度的"近记忆"衰退，即所谓的只记远事，不记近事。生活中常见一些老年人对陈年往事记忆犹新，特别是对那些曾留下深刻印象的事，可以记得很清楚，而对新近接触的事物或学习的知识却忘得快。记忆障碍往往给老年人的生活带来诸多不便，如关上了门才想到没带钥匙；老花镜架在额头上还到处找等。

垂暮之年往往对新鲜事物的认识和理解较慢，学习能力相对下降。如果新观点、新思想与老年人过去的看法相矛盾，则很难被老年人接受。如果学习的内容与老年人以往的生活经验相关，则较容易被理解和接受。如果学习的内容新颖而又陌生，那么老年人学习起来就倍感吃力。

常年累月的生活习惯和工作习惯使老年人的习惯十分稳固，老年人的个性特征是青壮年时期原有的性格的延续、加强、发展和巩固，是经过几十年的生活、学习慢慢积累而形成的特定的气质，因而也是十分稳固的。所谓"江山易改，本性难移"说的就是一个人，尤其是老年人已形成的个性是不会轻易改变的，所以老年人也不要去强求自己改变形成多年的生活习惯，这样难免会增加自己的一些自卑自怜感，更加感觉到黄昏垂暮之年的悲凉。

人是有感情的，很容易留恋过去，老人更是如此。他们往往沉缅于对往事的回忆，常常追忆过去美好的时光，继而产生"无可奈何花落去"的感叹，日久便更加觉得黄昏的凄凉。

老年人面对身体素质的每况愈下，对一些生物性衰老与健康状况的自然下降认识不够，老是担心自己年老多病，担心得癌症，顾虑中风瘫痪无人侍候等等，以致经常胡思乱想，惴惴不安，常常感叹自己已到"风烛残年",是"半截身子已进黄土"的人。

　　这些都是老年人不能正确地看待黄昏之年的到来,看到的只是"近黄昏",而没有看到黄昏之后美好的夕阳。不要只是一味地悲叹黄昏已近,而要用平和的心态去接受和对待现实。

　　老人要从心里把"夕阳无限好,只是近黄昏"乐观地理解为"最美不过夕阳红,温馨又从容。夕阳是晚开的花,夕阳是陈年的酒"。换一个角度来看,老年这个独特的阶段,只要老人理性地对待垂暮和死亡,积极地面对生活,就能够从容、安详地走过人生的这一段旅程。

适当的"阿Q"精神

现在的人都提倡"阿Q"精神，对于老年人来说，在面对垂暮和死亡有心理的恐惧时，对健康的损害是很大的。尤其是老年人在长时间的忧愁、烦闷不安会加快自身的衰老和死亡速度，而且为整个家庭投下不和谐的阴影，影响到家人的生活。由此可见，老年人要顺其自然，正确看待死亡，不可自寻烦恼，胡乱猜疑。面对垂暮和死亡不防多添加一些"阿Q"精神，为自己的暮年多增加一些生活上的乐趣。

老王是位部队离休的老干部，离休后待遇不低，住在干休所里，儿女也都事业有成。本来可以安享晚年了，可近年来，他却产生了严重的死亡恐惧。表现是时时刻刻担心自己发病万一抢救不及时，就会没有了性命。

按说老年人谁没有病？对于自己疾病的担心也是正常的。但如果为此惶惶不可终日就不正常了。老王像许多老年人一样也患心脏病多年，也有过一两次的轻微中风。但目前病情比较稳定，医生建议在家中休养和观察，可他却坚持住院，他的观点是如果在家里发了病，医生不在身边，家中也没有必要的抢救设备，而转入医院需要时间，很可能危及生命。可根据他的病情，医生认为没有必要住院，儿女们为这事也很犯愁。遵从老人的想法，即使能住院，需家人陪护，势必搞得大家都身心疲惫；如果不遵从老人意见，万一发生不测，为此会后悔一生。

无奈之下，儿女们好不容易说服了医院，让老王住进去了。可没过多久，老王就认为这家医院对自己的病情关心不够，医生护士责任心不强，进而还是担心万一发病会被他们贻误病情，还是那句话：弄不好就有生命危险。没办法，换了一家医院，但没过多久，还是一样，再换医院。几年下来，就这样干休所、医院两地折腾，老王对于死亡更加恐惧。

要积极地看待死亡。德国诗人歌德说："死亡就是自然界要保护更多生命的计谋。"从科学的角度看，死亡是赋予生命循环以有意义的连贯性，是人类作为一个整体存在所必须的事情。如果能真正理解和领悟死亡的价值，就能在一定程度上减轻甚至消除对死亡的恐惧和临终前的痛苦、悲伤和绝望。

刘大爷今年65了，但整天笑眯眯的，从他的脸上完全看不出暮年的凄凉，他看到一些老年朋友害怕面对死亡的时候，就总是很耐心地开导他们，刘大爷还经常说起一些关于自己的事情，"我5岁的时候，某个春节，在我外婆家大火盆前，手拿一捆至少有二十个比拇指还粗的大鞭炮，曾经反复犹豫是否将鞭炮扔进火盆，至今我依然记得当时自己心里的挣扎，最后老天爷没让我扔；8岁多的时候，和人玩藏猫，从十米高的木桩堆上滚下来，摔得屁滚尿流却连皮都没伤到；14岁的时候，在家用自行车钢管和钢丝自制火药枪，端在眼前上钢珠，火药枪走火只把底火引爆，吓出一身冷汗，结果只隔一天新枪被人借去玩就炸膛了，炸飞玩枪人的手指。就这些事，哪怕一次应验我现在都不会生活得这么好，但最后终未发生。"

一边说着刘大爷还一边呵呵地笑，好像是在回忆少年时代的一些美好的事情。大爷还说："现在老了，就更加不害怕死亡了，死有什么可怕的，顺其自然就好了，最重要的是要好好善待自己活着的每一天。"

是的，像刘大爷这样，凡事都看得开、放得下，在生活中多一点"阿Q"的精神，时刻保持着愉快的心情，人生没有什么解决不了的难题，恩恩怨怨、是是非非、金银钱财、子孙后代都不用记挂在心。此外，对于那些幸福、美好、快乐的往事可记挂在心，常常回忆、品味。而对那些不愉快的事情，诸多的烦恼则要看得空、抛得开，能不想则不想。只有这样，老年人才能放下垂暮和死亡带来的恐惧，保持愉快的心情，使自己的晚年生活清静中透露生机，闲逸中充满情趣，使自己沉浸在幸福、快乐的气氛之中。

生命只是一个过程

从生物学观点来看，任何一个生物，都有它发生、发展、衰老直至死亡的过程。人自然也不会例外，从婴儿、幼儿、青少年、壮年到老年，一路发展而来，死亡是自然的结局，这是我们每个人都明白的真理。所以面对死亡，老人们要坦然面对现实，不必整天提心吊胆，自寻烦恼。

平静地面对死亡，是一种痛苦的、悲伤的、无可奈何的接受，但这不是一种放弃，而是一种积极、勇敢的表现，那么，怎样才使自己从容地走完人生最后一段路呢？

要确立正确的人生观，我们并不是消极地等待死亡，而是通过生活、学习、工作和娱乐等活动，与死亡作斗争，使人生更加美丽。从心理上对死亡作好充分准备，老年人一般都能预感到自己生存的时间不多了，此时应该有计划地安排好自己剩余的时间，使生活过得充实而富有意义，从容不迫地面对死神。克服懦弱思想，生比死更有意义，任何人没有任何理由轻生，轻生是懦弱的表现，虽然有生就有死，死是不可避免的，但是不应该恐惧死亡，而应轻松愉快地生活下去，这可以使自己平静地对待死亡。还要正确对待疾病，积极的心理活动有利于提高人体的生理活动，加强人的免疫力和防御能力，帮助治愈和缓解疾病。因此，老年人在生病的时候不要有悲观心理，要积极配合医生治疗，正确对待疾病，认识到疾病并不是代表着死亡。

老年人正确地对待死亡，战胜死亡，还需要有成熟的个性，良好的适应能力，坚强的意志力和稳定的情绪等等心理品质，它们对于一个人的整个生命过程都是至关重要的。

赵阿姨刚过了60岁，有心脏病、高血压、糖尿病病史。半年前，老伴突然中风，导致左腿、左胳膊不能动弹，又引发前列腺炎复发，导致排尿困难，赵阿姨的情绪因此受到了影响，并陷入了抑郁的困境。

对于一个原本就常年患病的老人来说，老伴的突然中风给赵阿姨的打击可想而知：原来自己一直受呵护、受关注，上医院看病、晨练有老伴陪伴，而现在相濡以沫的老伴儿却躺在床上，无法动弹。儿女们虽然都很孝顺，但都有各自的工作，不能天天在身边照顾病人料理日常家务。这一切使赵阿姨的生活突然变了样，她从心底里有一种担心、恐惧，怕万一自己病倒了怎么办？怕老伴没有了怎么办？不知道以后的生活该怎么过。

经过一段时间的心理辅导，赵阿姨逐渐接受了目前的状况，心态也逐渐平和。孤独无助的心理开始减少，她开始找到自己的存在价值，并开始每天为老伴按摩、和老伴聊天、为老伴消毒导尿管儿，还认真地研究了中风老人的日常护理。经过慢慢心态调整后，她对生活的态度积极起来，不再感到自己没有希望，没有办法，不再一味抱怨，她开始积极与命运进行抗争。

一天，老伴的导尿管里开始出血，一时也与子女联系不上。在这种情况下，赵阿姨在邻居的帮助下，叫一辆出租车把老伴送到了医院，自己挂号、排队、内科、泌尿科由一楼到三楼跑了一遍，最后终于化险为夷。回家的路上，老伴伤感地流着眼泪说："你看我们多可怜，出这么大的事，就我们两个老家伙，儿女一个也不在身边，万一出点意外怎么办？"可赵阿姨却坚强地说："这说明我们还没老到什么都做不了，表明我们还是有用的，我们一辈子都在用自己的言行教育儿女，要自立，今天我们不是做了一个好榜样给他们吗？"

老年人由于生理上的衰老，不可避免地逐渐接近死亡，这是不可违抗的自然法则。然而，许多老年人不能正确地对待死亡问题，要么因恐惧而不敢正视死亡，或么心头终日笼罩着死亡阴云，其结果不仅无助于健康长寿，而且也难幸福愉快地走完生命的最后一段历程。所以说，老年人要更深入地理解生命，从而正视死亡，进而摆脱死亡恐惧。

一个乐观的、能真正理解生命，平静面对死亡的老年人，是不会

为脸上的皱纹而叹息的，皱纹固然是年老的象征，它却标志着老练、深沉和成熟。人可以活到高龄，但不可能长生不老，老年人应坦然面对这一客观存在的规律，社会总是不断前进的，所谓"长江后浪推前浪"说的就是这个道理，如果总处于一种年龄增长、生命垂暮、死亡将至的心理状态，就会加速心理及生理的衰老。

在人生的最后阶段，每位老人都无法逃避地面临着人生的终结。"回忆属于老年人"，他们常常会回首往事、评判一生。检视人生是否有意义、是否对社会和他人有所贡献？美国著名心理学家艾里克森曾经将老年阶段定义为"完善对失望"的阶段。如果老年人对自己的一生感到满意，他就会从自己的生命周期中产生完善感。相反，如果对自己的过去不满意则会感到失望，老人会通过做善事或者对过去的记忆进行"诊治"来弥补过去的时光。如果自我完善的意识能够压倒绝望感，那么人就会得到最后的力量——智慧。这种智慧使得老年人在面对死亡时，能够公正而又积极地关切生命，理解生命。既然死亡是不可避免的，那么我们就应该把更多的精力放在如何让现在活得更幸福上，平静地接受死亡这一事实。

勇敢是绚丽的曙光

死亡，是人生不可避免的自然现象，既然这是大家都知道的道理，为何在死亡面前不能勇敢地面对呢？各阶段的成人对死亡有着不同的感觉及看法：年轻人感觉死亡与他们无关，中年人渐渐关心有关死亡的事，而老年人则感觉到死亡的逼近。有些人害怕死亡，有些人却视死亡为自然。不论个人有何感受及看法，一旦面临死亡时，常常因为缺乏对死亡的了解以及心理准备，会生成极度错愕的感受而难以适应。老年人对身体健康显现过度的焦虑，表示老人对死亡逼近的恐慌。老年期对死亡的恐惧，其中之一是害怕配偶、朋友的逐一离世，这样他们会感到孤独无依；另外就是对于死亡背后未可知的害怕。当一个人濒临死亡时由于这种恐惧及矛盾往往陷入极度的痛苦，看不到生命的曙光。

64岁的孙奶奶，不"安分"在家养老，硬要"逞能"去当义工，不但时常做环保，每周还定期去医院为晚期癌症患者做按摩。在社区，无论年纪长幼，人们都亲切地称她"孙奶奶"。而孙奶奶的事迹，在社区也早已传为佳话……

初见孙奶奶，人们就被她热爱生活的态度所感染。"活着多好啊！活着就应该满足！能帮助别人心里更舒服！"孙奶奶笑呵呵地说。看着眼前这位脸上已爬满皱纹的老人，却丝毫感觉不出这是一位60多岁的老人。

社区的一对中年夫妇成功组建了一支义工队伍，而环保和帮助他人，便成了这支队伍的主要活动内容。组建最初，义工队只有5个人，"无意间地听说"让64岁的孙奶奶在家"坐不住了"。"我天天在家也没事干，这要是参加了义工队我就有事儿干了，能锻炼身体

而且还能帮助别人，我怎么能错过呢？"孙奶奶回忆起当初，仍记忆犹新。

做事一向雷厉风行的孙奶奶有了想法后，立即找到了义工队队长，申请"入队"。这个请求可让队长为难了，"您这么大的年纪了，应该被别人照顾，哪能让您照顾别人。"孙奶奶一听这话急了，"我保证不给组织添麻烦，你们就放心吧！"那段日子，孙奶奶每天都去找队长谈话，同样的话也不知说了有多少遍。终于，义工们被孙奶奶的精神感动了，再三嘱咐后，孙奶奶如愿地加入了义工队，成为了一名义工。

无疑，孙奶奶是义工队里最年长的……孙奶奶说，"病人弥留的眼神是我坚持的动力"。

虽说孙奶奶身体不是很好，但做义工却丝毫不含糊。平日里经常和义工们一起拣烟头，发环保用品。义工活动孙奶奶都没落下过，而且有时候还帮其他队员。

孙奶奶除了做环保，还主动提出要去医院的关爱病房帮助癌症患者做按摩。开始大家都不同意孙奶奶去，她上了年纪，看到这些生离死别怕她伤心，但孙奶奶执意要去。

就这样，每周二孙奶奶都会出现在关爱病房，帮病房里的癌症患者洗头、按腿、翻身，陪他们说话。"您这样接触他们，自己不会害怕吗？"听到有人这样问她，孙奶奶的表情变得有些伤感。"我开始去进义工队是为了锻炼身体，但等我到了医院看到这些癌症晚期的病人时，我就决心一定要坚持下去！虽然我也在走近死亡，但看到他们被病痛折磨时，只想着为他们减轻些痛苦。我不害怕死亡，只是舍不得而已，我想，他们更不舍吧……"这段话孙奶奶说得很慢，像在和自己对话……

对于死亡，孙奶奶看得很透彻，所以她总是把自己的生活过得很充实。看电视、散步、扭秧歌，小日子过得十分开心。"我平时要是没事了，就看节目，我就喜欢它！有时候记不住是哪个台，我就从头开始按。"

白天看电视，晚上孙奶奶会去扭秧歌，每天晚上 6 点，扭秧歌队伍里准能找到她，孙奶奶还参加过好多次社区演出！社区里没有不认

识孙奶奶的，都特别敬佩她！

　　孙奶奶很低调。一次在医院里，有个病人因为疼痛，手脚不停地颤抖，儿女们在旁边手足无措，孙奶奶看见后，主动上去帮病人按摩。后来病人在孙奶奶的帮助下缓解了许多。病人的家属很激动地对老人竖起了大拇指，还要给她钱，但被孙奶奶拒绝了，这样的事还有很多。不仅如此，过年的时候，孙奶奶竟然放弃了与家人团聚，把刚煮好的饺子送给了病房里的病人，与他们一起过年。

　　孙奶奶正因为能够勇敢地面对生命，面对死亡，所以在她的生命里升起了一道绚丽的曙光，照亮了她今后的人生。

　　许多老年人在退休之后感到无所事事，失去了生活的意义与乐趣，闲得发慌，整天担心死亡的来临，这样反而会加速衰老。因而，对满足了基本物质和情感需要的老人来说，他们还希望能够更多地通过工作发挥自己的聪明才智，体现个人价值，勇敢面对未来的人生，勇敢正视自己、面对生活，这样他们将看到生命中依旧光彩夺目的曙光。

生病不是世界末日

对很多老年人来说,"死"或与"死"相关的各种字眼,似乎成了他们最大的忌讳,而且,随着时间的推移,年龄越大越害怕死亡。于是,想尽办法远离疾病,他们认为疾病的到来就是死亡的临近。

老年人由于抵抗力下降,相对来说较易患病。患病后的老年人,正常的社会交往和外界刺激突然减少,活动能力下降,对家庭成员的依赖性增强,加之患病后治疗和康复时间相对延长,卧床时间也长一些,常使他们处在忧郁、恐惧、焦虑之中。此外,看到昔日的好友患重病或去世,老年人更是紧张、恐惧,总觉得别人的今天就是自己的明天,如若身体稍有不适,便会更加焦虑、恐惧。

58岁的老太太王阿婆,最近血压又上来了,阿娟是个孝顺的媳妇,就给老太太买了个血压计,方便老太太随时测量。然而,没想到老太太先是白天每隔两三个小时就量一次血压,接着半夜也爬起来量,最后发展成通宵不睡,每隔两三分钟就量一次,把全家人搞得疲惫不堪。最后,在心理医生的再三开导下,老太太终于说出心里话:"我好怕死,我的血压忽高忽低,是不是活不成了?"

王阿婆这样惧死心理严重的老人,年纪越大恐惧心就越强,还有不少老人在参加完朋友的追悼会或者丧偶后自己的心脑血管病、抑郁症等病情加重,甚至在他们去世不久自己就追随而去。

王阿婆的血压是有一点高,但只要稍微控制一下问题不是很大。然而由于惧死心理严重,王阿婆高度紧张,一到医院检查,血压就升得老高,一回到家放松下来,血压就下降了,因此血压总是忽高忽低,王阿婆的焦灼心理就更加严重,总是叨叨着自己"活不成了",最后发展到神经兮兮,连最喜欢看的电视也不看了,24小时没完没了地量血压，身体状态越来越差。王阿婆的媳妇哭笑不得，"买了个血压计反而害了老人，早知道就不买了。"

每个人都有生存的欲望，尤其年老体衰的老年人，他们认为自己离死神不远，如果不能积极、冷静地对待，很容易被死亡困扰，因此社会要多给老人灌输乐天知命、知足常乐的观念，不能采取回避态度。人到了老年，难免会因为身体各方面的原因而生病，但是并不代表生病就开始走向死亡。

其实生病并不可怕，可怕的是一些老年人不能正确地面对自己的病。一些老年人一点小病就开始恐慌，害怕自己一病不起。而心理的恐惧比疾病对健康损害更大。老年人长时间的忧愁、烦闷不安会加快自身的衰老，而且为整个家庭投下不和谐的阴影，影响到家人的生活。由此可见，老年人要想健康长寿，应顺其自然，正确看待死亡，不可自寻烦恼，胡乱猜疑。

古往今来，帝王将相都曾经幻想过能寻求到一种长生不老之术，或是返老还童的妙药灵丹，但事实无情地证实，这只不过是天方夜谭。这并不是说，人类对死亡就一筹莫展，老年人应该尽各种生命力量来抗衰老，延缓衰老，调节好自己，和死亡作斗争。积极的心理活动有利于强化人的免疫功能，乐观的态度、充足的信心是战胜疾病的良药。从心理上战胜死亡，并不是容易的事，这需要自身完善的个性，最重要的是要正确地对待疾病，疾病是人类的敌人，它危及人的生存，和疾病做斗争，某种意义上是和死亡作斗争。

理解"生死互渗"的原理

人到老年害怕死亡，恐惧死亡，是一种自然的心理，然而为达到对死亡的安然态度，我们必须去透视死亡，为死亡的降临做好必要的生理与心理准备。

一般而言，人在四十岁以前是很少考虑死的问题的；五十以前会偶尔想到死的问题；六七十则经常想到，八九十岁则会天天想到死亡问题。那么，通过哪些途径与方法来学会，从恐惧死亡的阴影下超脱出来呢？也就是说，如何从理性上超越生死态度上的"怕死"而获得真正的生死坦然呢？这就需要学会和理解"生死互渗"的原理。何谓"生死互渗"？从表面上看，人之"生"与"死"的确完全不同，判然两别；但深入一步去思索，则会发现，"死"并非出现于人生命的终点，处于人生过程的最末尾，而是渗透于人生的整个过程之中的。也就是说，"生"包蕴着"死"，"死"则意味着"新生"，所以，"死"也可说蕴藉着"生"，这即所谓的"生死互渗"。

人类生死的大智慧应该是：人在生的过程中有死之因素，而人之死则意味着某种新生。如果一个人真正理解了"生死互渗"的原理，真正能做到"先行到死"、"由死观生"，必然能从根本上消解对"死亡"的恐惧与害怕，珍惜生命、珍惜时光、珍惜拥有。如此智慧地去对待"生"与"死"，将使我们受用无穷。

65岁的刘老这两年经常参加朋友的追悼会，平均每一两个月就有一个老战友、老亲友与世长辞，这个月更伤感，十天里就有两位住在同一个大院的老邻居突然猝死，这让刘老的情绪一落千丈，整天郁郁寡欢，吃不好，睡不香，每天都担心自己随时会死亡，原有的冠心病迅速恶化，不得不住院治疗。

像刘老这样的老人还有谢阿姨,谢阿姨最近三年也不知怎么了,经常说全身痛,有时候痛得连床都起不了,问她具体哪里痛又说不清楚,去医院检查医生又说没问题。后来在朋友的建议下,女儿把妈妈带到了精神心理科。经过询问,才发现谢阿姨的丈夫3年前去世了,谢阿姨与丈夫的感情一直非常好,自从丈夫去世后,她看到家里的一景一物都会思念丈夫,同时觉得丈夫走了,自己可能也差不多要跟着去了,每天情绪都很低落,又因为中国妇女的性格比较内敛,她从来不把思念之情告诉儿女,因此一想丈夫就会觉得头痛,一躺下来就觉得全身都痛,甚至还觉得自己也离死亡不远了,整天担心自己不久就会永远离开所有的亲人,离开这个世界。

伴随着死亡现象的产生,人们必然会产生悲伤、不安、恐惧、痛苦、焦虑等负面情绪。"怕死"是正常的,也是必然的,老年人都要勇敢地面对这一现实。

所以,老年人参透了生死本质,就可以消解掉对死亡的恐惧,那么,就能更好地去抓住每一天,过好每一日,快快乐乐地生活,也就是人们常说的老有所乐。让每一天都有丰富的内容,而不是"死气沉沉"地熬日子,这样做就提升了生死品质,并在某种程度上"超越了死亡"。

要面子更要乐子

固执就是顽固坚持自己的意见,一般说,人到老年大部分会有这种表现。因为老年人本身都有过一段漫长的社会经历,在不同的生活方式中,积累了不少积极的和消极的经验,在各种生产活动中,总结了一些成功或失败的教训,由此产生了对客观事物的主观态度,而当这种主观态度不适应客观环境时,在旁人看来便表现为明显的固执。另外也由于老年人对环境的适应能力相对差些,所以也更容易表现为固执。

大部分的老年人在社会上和家庭中都处于受尊敬的地位,这也使有些老人在他们的言行不符合客观实际时,为了想维护自己的"尊严",而主观地强调自己言行的一贯正确性。特别是在对自己儿女的要求上,都希望自己的儿女是佼佼者,比别人有出息,这样脸上更有光彩。

老年人因为多年工作的习惯和生活体验,觉得自己年轻的时候做过一番有成就的事业,所以也希望自己的儿女能够像自己一样有所成就,甚至要比自己更加出色。他们在退休后也仍然坚持严格要求自己,吃穿节俭,不浪费,生活严肃,不放纵,生活依然是有规有矩,非常注重自己的面子,更觉得只有儿女们有成就、有出息,自己脸上就有光彩,在别人面前能抬头做人。

李大爷在单位一直是先进员工,在退休后便推荐了自己的儿女去自己工作的单位上班,想让自己的儿女在单位继续好好工作,跟他一样也能评为先进员工,这样自己的脸上有光,儿女们也有一份好的工作。可儿女去了单位以后,并没有如李大爷所期望的一样好好工作,争做先进员工,却做了不少违反规定、甚至偷盗材料的行为,最终被开除。"不务正业"的一双儿女接着将李大爷帮他们争取到的房子转手卖掉，然后将钱继续挥霍，令李大爷痛心不已，李大爷因此气出了一身的病。一向好强的他感觉儿女没有教养很没面子，不敢再和老同事们一起聊天，害怕别人说笑话，走在路上总感觉别人的眼神怪怪的，门也不出了，整天闷在屋子里。不管老伴怎么劝也没有用，李大爷害怕出门听到别人说闲话，更害怕听到同事或者好友的儿女有出息、有成就之类的话，李大爷觉得自己儿女做了不光彩的事情，自己丢不起这个脸，也没有脸面见人。

固执的行为一般总是和固执的思想密切联系的，要想克服它，主要靠改变自己的某些认识，使自己主观的看法不断适应变化了的环境。

老年人把自己所有的希望都寄托在了儿女们的身上，因此儿女们做错了事情就等于在自己脸上抹了黑，把自己和儿女们的得失成败联系在一起。假设自己朋友的儿子很有出息，觉得是一个非常优秀的青年，可有一天却发现不是这么回事，你的这一发现给朋友带来什么损伤了吗？没有！既然如此，又何苦害怕别人对你的目光和一些言语呢？儿女虽然是自己的，但当他们长大成人步入社会，人生就是属于他们自己的了，一切成败得失只与他们自己的人生有关。

爱面子的人是自尊心强的人，然而，如果过分爱面子，甚至为面子所累，实际上总是以别人的标准来要求自己，来要求自己的后辈，这样做就有点固执了。

老年人要想不为面子所累，首先要明确自己想要的是什么，并坚持自己想要的。也许很多人想要一种轻松的生活，但是为了迎合外界的标准，却不得不委屈自己去撑面子，结果受累的是自己。其实，对于我们老年人自己来讲，自己的生活感受才是最重要的，坚持走自己的路，把后辈们的生活和成败与自己分离开来，放下包袱，就会轻松很多，老年生活也会幸福快乐很多。

老贺师傅一大早去银行排队，等着办理汇款，可等了很久银行还没开门。门上写的开门时间有两个，"八点半"和"九点"。这时，另一位老人张大妈斩钉截铁地说，就是八点半开门。可结果是银行变更了开门时间，九点才开门。张大妈显得很尴尬，面子上有些挂

不住，便一个劲儿"攻击"银行变更了开门时间，不断地向工作人员发脾气，老贺安慰她也不管用。

　　换个角度想想，面子就那么重要吗？ 为了一点生活中的小事就为自己的面子而生气，值得吗？ 千万不要只顾及面子，还要想想更多自己美好的明天。 一个健康的身体，一个良好的心态，一个合理的生活方式，一个幸福美满的家庭，一次有利于别人的善举，都是可以赢得别人羡慕和赏识的，执著于别人眼里的标准，只会在生活中迷失自己，带来更多的不愉快。

这张老脸往哪搁

在现实生活中，许多老年人都很重视儿女的婚姻，特别是儿女在离婚的问题上，由于受传统观念的影响而不能接受，认为儿女离婚是一件很丢人的事，从而阻止儿女离婚，很多的悲剧也是因此而造成的。其实，老年人应该明白，儿女的婚姻不是给人看的，更不是为了面子而存在的，不幸婚姻的结束是一种解脱，婚姻的真谛是要幸福，所以父母不要干涩儿女的婚姻大事。

老刘一直是一个乐观开朗的人，退休后在家看看电视，逗逗鸟，在公园里面遛遛弯，整天乐呵呵的，逢人有说有笑，快乐得不得了。但自从女儿离婚了以后，他整个人都变了，成天闷闷不乐，不看电视了，也不逗鸟了，在家里也不出去，偶尔出去一趟，都是低着头疾步而走，生怕碰见熟人，就算碰见熟人了也不打招呼，跟过去完全是两个人。一些关心他的朋友以为他是生了病，都上门去探望，没想到老刘就是躲在屋里不出来见人。直到后来，在家人的询问下，才知道老刘是因为女儿离婚了，觉得是件很丢人的事情，不敢出去见人，这张老脸没有地方搁。

老刘有着老年人的一种自卑心理，无法正视女儿的离婚给他带来的打击。在生活中类似的事情难免会发生，这就要靠自己去调试，用正常地心态去接受。

随着年龄的增长，人体各器官的机能不断衰退，表现出体力减退，视力和听力降低，行动迟缓，牙齿脱落等，这本是正常的生理现象，但常常导致老年人产生衰老和死亡等联想，出现烦躁、焦虑、多疑、暴怒等不良情绪；不少人兴趣索然，性情固执、好生闷气、好发无名火，再遇上家庭琐碎之事不尽如愿，往往会火上加油，这些现象

得不到缓解，久而久之，这些恶性循环，不仅造成生理上的不适，而且会诱发或加重疾病，对老人健康十分不利。那么，人到暮年应怎样克服自卑心理，欢欢乐乐地度过后半生呢？

首先，要用乐观的态度对待暮年。人到暮年丝毫没有自卑的理由，只要尽力而为就会博得众人的理解与尊重。乐观地对待一切，当一切病魔向您挑战时，就要像对待敌人那样，要树立战胜疾病的信心和勇气，并以科学的态度对待它。事实证明，积极的乐观主义，犹如精神原子弹，对疾病有巨大的威摄力量。

其次，遇事无争，修养心境。人到暮年，不必和青壮年相比，遇事应避让无争，"太太平平"地安度晚年，古人说得好"大德必得其寿"，人要有高尚的道德修养，应做到：安心处世、光明磊落、性格豁达、心里宁静、性情豪爽、不与人争强斗胜、不自寻烦恼，更不要为不快之事而大动肝火，终日心平气和，宽厚待人，没有忌贤妒能的忧虑，心理始终泰然自若。

第三，丰富晚年生活。人到暮年，往往对生活爱好缺乏浓厚的兴趣，加之安排不当，就显得枯燥无味。丰富晚年生活，对老人健康长寿非常重要。应做到：日常生活要有规律，起居定时，要有良好的习惯。应根据自己的特点恰当地安排生活、工作、学习、锻炼、休息、饮食和睡眠等，且平时不宜过劳，劳逸要适度，琴、棋、书、画、烹调、缝纫、养殖栽种、工艺制作、适当运动等技艺，也是老人克服自卑心理的理想用武之地。

第六章　举案齐眉到形影相吊

——走出丧偶的阴影

天下无不散之宴席,亲朋好友总有一天要离你而去。生死各有天命,这是我们的无奈。既然明白这个道理,那么在我们孤身一人时,也要坚强地继续走下去,去感受生活的美好,带着逝者的寄托和希望,勇敢地走完最后的人生旅程。

走好丧偶这个坎

人到老年，夫妻间的伴侣作用更显得突出与重要。他们彼此相依为命，相互理解与支持，期盼共同享受幸福的晚年。然而岁月无情，某一个人突然离去，留给另一人的则是如何承担鳏寡孤独带来的生活与精神上的压力。对于丧偶这样一个"坎"，有不少老年人站在原地悲伤徘徊着，不知如何迈过去。

过去人们常说，人生的三大不幸是少年丧母、中年丧妻、晚年丧子。现在想想，这句话这会儿还真有点儿过时！如果数人生真正的悲剧，应该说是晚年丧妻，那是经过太多岁月沉积的恩爱，生离死别之时刻骨铭心的痛楚。

有一对老人，相依为命地走过了几十年的风风雨雨，好不容易熬到了退休，儿女们也独立生活各自成家，就在老两口正准备携手共度美好的晚年生活之际，老太太突然去世了，剩下了老伴吴大爷。吴大爷悲伤过度，整天抱着骨灰盒过日子，每天对着骨灰盒又哭又说。不管家人怎么劝都没有用，不吃不喝，累了就睡觉，睡醒了继续抱着骨灰盒哭。儿女们实在是没有办法，请来了吴大爷多年的世交好友崔大爷开导他。

崔大爷也是多年前丧妻，现在一个人生活，看到吴大爷这样伤心绝望的样子，崔大爷就从自己的生活开始慢慢地开导他，跟他说一些一个人生活中开心的事。这样，吴大爷也慢慢地打开自己的心结，开始和别人聊天，有时候出去散散步，后来还跟着崔大爷一起去钓鱼、喝茶……心情开朗了，人也精神了不少，虽然还是经常会想起老伴，但也没有那样伤心了。

很多老人一旦丧偶，就基本上处于与世隔绝的状态，除了子女偶

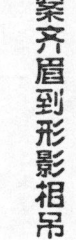

尔来看看以外，与社会的各种联系基本都断绝了，如同现代鲁滨逊，每天就连说话的机会都没有，孤独与寂寞就成了生活的主要内容，这也成了丧偶老人人生中的一个坎，很难迈过去。所以人们说：儿孙满堂，不如半路夫妻。特别是一些老年男性，由于平时多由老伴照顾，生活自理能力比较差，一旦丧偶，白天还好打发，可以与老伙伴在一块儿下棋、打牌、吹拉弹唱、神吹胡侃，晚上各归其巢，也就只有孤灯相伴。

美国心理学家研究发现，配偶死亡带给老年人的心理痛苦是最大的，遭遇丧偶的老人疾病突发率和死亡率都远远高于一般老人。所以，老人在丧偶之后，要积极地调整自己的心态，让自己及时走出丧偶的阴影和痛苦。

改变一下居住的环境，或者可以暂时去子女家中小住一段时间，一来可以让子女照顾自己一段时间，让自己在生活上没有那么无助，二来也可以避免自己睹物思人，更加伤心难过。这样还能增强自身的适应能力，为以后的独自生活做好心理准备，改变一下环境，不但能缓冲丧偶之痛，还能放松自己的心情，更快地走出丧偶这个坎。

老人要走出丧偶这个坎，还可以找一些多年的好友进行聊天，这样能分散一些对老伴的思念。老伴虽然永远离开了，但是他肯定希望自己可以好好地活着，所以还要把死者的遗愿变成丧偶者好好生活下去的动力，从而尽快走出伤痛的阴影。

老人还要培养自己运动的习惯，闲时到外面散散步、打打球。运动能最有效地分散人的注意力，还能避免丧偶后情绪抑郁。人在运动时，脑中会分泌一种生化传导物质，类似于抗抑郁的药物。因此，常运动不但可以减轻忧郁，保持好的心情，还可以增加免疫力。

心理学研究发现，一个人的社会支持系统越健全，他遇到困难和挫折时越容易走出来。很多老年人退休后，社会交往圈子缩小了，丧偶后，很容易将自己封闭起来，这是非常不利于情绪调节和身心健康的。丧偶人要拓宽一些人脉圈子，比如，老人可以报书法班、绘画班，多参加一些有益的活动。社交圈子不但可以转移注意力，还为老年人建立起新的依恋关系提供了一种可能。

形影相吊要有好心态

俗话说："少年夫妻老来伴"。在经历过几十年的沟沟坎坎和磕磕绊绊后，两个人正相携安度晚年之时，倘若一方"先走一步"，必定会给另一方在精神上造成巨大的创伤，甚至会使其丧失继续生活下去的信心与勇气。丧偶老人的精神世界，往往要经历一个剧烈悲痛的过程。

暮年丧偶，可谓老年人的一大不幸。虽然人们都明白"老夫老妻不可能同日走"的道理，但是，当相依为命数十载的老伴撒手而去的时候，生者的悲痛之情依然难以自持。

一位白发苍苍的老大姐刚刚退休，与她共同生活了36年的老伴，竟因突发心肌梗塞倒在了工作岗位上。老大姐的精神当即崩溃了，她和丈夫恩恩爱爱、感情甚笃，如今人去楼空，使她失去了继续生活下去的勇气。她原有多种慢性疾病，以前总害怕治不好，现在却企盼病情急剧恶化，好早日到另一个世界与老伴重新团聚。

丧偶后，为了自己以后的晚年生活，就一定要保持良好的心态，去适应一个人新的生活环境，消除悲痛在心灵上造成的阴影，老伴过世后的当务之急，便是进行正确的心理调适。

首先，不妨通过各种方式尽情地渲泄一番，如在亲人挚友面前嚎啕大哭一场；也可将自己的眷恋怀念之情，用诗文、书信或日记等形式写出来，以抒发胸怀并作为永久的纪念。

其次，从心理学角度来看，尽管宣泄对于维护身心健康有益，但是，无休止的悲哀必然造成人为的精神消耗。所以，过一段时间之后，要设法转移自己的注意力，可以到亲友处小住一段时间，更重要的是走出斗室，多接触外面的世界，多参加有益的文体活动。只要生

活视野开阔了，精神上的痛苦也就会随之淡化和消失。

最后，所谓"老两口到另一个世界再团聚"的企盼，只是一种良好的愿望罢了。对老伴最好的寄托和思念，应该是悟透人生的哲理，勇敢地挑起社会和家庭的重担，迎着火红的夕阳，坚强、乐观地生活下去。

不少老年人一旦丧偶，因为经不住失伴的悲痛，便很快跟着"走了"。老年人要正确对待丧偶这一现实。首先应认识到人的生、老、病、死是不可抗拒的自然规律，失去了几十年朝夕相处、休戚与共的老伴确是一件令人痛心的事情，但这又是无法避免的现实，要冷静地劝慰自己，保持一个好的心态，对老伴最好的怀念就是自己多保重身体，更好地生活下去。

丧偶老人一个人生活难免会感觉形影相吊，经常找不到生活的乐趣，这时，老年人就要学会放平心态，学会寻找快乐，学会乐观。

学会快乐很简单，人人都想快乐，境由心生，你要快乐，从现在开始觉得快乐就是了。快乐是一种积极的心态，在很多情况下，不是环境让我们不快乐，而是自己对环境的态度造成了痛苦。快乐是一种感觉，日常生活是大同小异的，区别在人的感觉。

同时，老年人还要学会乐观。因为乐观的人一定是快乐的，但偶尔的快乐并不等于乐观。乐观是一种态度，一种智慧，快乐只不过是乐观的内心感受和内在的表现而已。乐观的人能从一些事物中见到善，对事物抱有乐观和充满希望的态度。

丧偶的老人，不要只看到伴侣的离去因而悲痛欲绝，老伴或许是因为生病而离世，在病魔的折磨下痛苦不堪，现在先走一步了，也是对生命的一种解脱，因此要从多方面去看待伴侣的离世，让自己保持一个好的心态，勇敢地生活下去，这样也能让离去的老伴安心。

从"心囚"中把自己解放

老年人最大的心理创伤莫过于亲人死亡，尤其是丧偶。有些人在老伴去世不久，身体和精神便迅速衰退下来，以至一蹶不振。摆脱丧偶后的悲痛、孤寂，除接受亲友、子女的安慰外，主要来自自己的坚强，勇敢地对自己进行心理调整。

首先要坚持生活自理，使空闲时间有事可做，把思念之情寄托到兴趣上去。一般说来，丈夫先去世，妻子的适应力较强，而妻子先去世，丈夫的适应力就差。在有子孙的情况下，女性就更容易度过居丧期。因为做祖母的有做不完的家务，较少感到空寂无聊。男性就缺乏这种调整的条件，为此，丧偶男性就必须主动地去接触社会，从社会交往中获得愉快，使生命力更加旺盛。有些丧偶的老人，暂时移居子女家中，做一段时间的心理调养，也是适宜的办法。

老年人丧偶后要坚强，不仅是在生活上要坚强，在感情上也要学会坚强。人们总说的少年夫妻老来伴——不过就是个伴儿，既不浪漫，也谈不上刻骨铭心。可是几十年的相濡以沫，那些悄悄积淀下的巨大的力量，平时淹没在琐碎的生活中，只有在丧偶时才会爆发出来，给人以致命打击。夫妻俩经过生儿育女，风雨同舟，几十年来的生活旅途，已经变得十分了解和熟悉，一个眼神、一个动作都知道对方的心思。老年夫妻在感情上互相慰藉，互相依赖，相濡以沫，心心相印，亲密无间，到了谁也离不开谁的地步，一旦出现分离，感情将难以自持，这时就需要学会感情上的坚强。

很多人在丧偶后，最怕见亡人的东西，人亡物在的那种悲凉，锥心刻骨。钱阿姨在老伴去世后，每日把自己关在她和老头儿生活过的这间屋子里不出来，她身边摆满老伴儿的东西——这可急坏了儿女们。

她不指望孩子们能理解她，在这个世界上，能够理解她的也只有一个人，而那个人已经去了。 只要在这间屋子里，她就觉得老伴还在她身边，还能看到他进进出出的身影，还在与她无休无止地商量儿女们、孙子们的琐事。 这里有他的气息，有他的声音，她只有在这里才能感觉他真实地存在着。

儿女们觉得无论如何不能让母亲再这样下去了，惟一的办法就是让她离开这个熟悉的环境。 女儿想出种种招数，终于把老太太接到自己家。 那边儿子则闪电般带装修队进驻，三下五除二，把房子整个儿变了个样，想给母亲一个惊喜。

可是儿女们万万没有想到，当母亲站在这间装修得既阔气又新潮的房间面前时，没有一丝喜悦，人却陡然蔫了。 对于钱阿姨来说，惟一支撑着她还能活下去的那个环境没有了。 钱阿姨什么也没说，又一次把自己关在房里——她自杀了。 儿女们只好忙不迭地将她送进医院。

让儿女们心惊肉跳的是，对于儿女们的做法，钱阿姨一句埋怨也没有，钱阿姨开始不说话了——哀莫大于心死。 从那以后，钱阿姨也不在家里待着，而是天天到老头儿的墓地去，风雨无阻。 她一定要待在她认为离老头儿最近的地方，她有好多话要对他说，倾诉成了支撑她生活惟一的方式，谁劝也没用。

然而，风烛残年的老人根本经不住这么折腾，精神上的打击加上过度疲劳，她很快就因急性胰腺炎等多种疾病住进了医院，就这样把自己的身体也拖垮了。

很多老年人丧偶之后人变得消极，容易对自己产生一种"心囚"，"心囚"是一种心理定势，是自己给自己设限，是一个人失去坚强和快乐的最大障碍。 因为它限制了一个人的情绪思维，扼杀了一个人的快乐和勇气，也把寻找快乐和勇气的机会变成了零。 人有了心理定势，把好多可能变成了不可能，有时候本来快乐着，突然一抹阴云遮住了微笑的太阳；本来你离快乐只有一步之遥，就因为心里的暗示让你停住了脚步。 人应该时时检查自己是否陷入"心囚"，特别是丧偶后的老年人，要不断设法去突破它，坚强地、勇敢地生活着，这是给逝去的和晚辈们最大的安慰。

自责是一种心灵的伤

丧偶是一个人一生中最悲痛的事件，尤其对老年人来说更是沉重的打击。一旦遭遇老伴亡故，常会悲痛欲绝、不知所措，这种状态持续下去就会引发包括抑郁症在内的各种精神疾患，加重原有的躯体疾病，甚至导致死亡。

很多老年人在得知老伴亡故的消息后，都会表现得麻木不仁、呆若木鸡。这种麻木不仁并不意味情感淡漠，而是情感休克的表现。麻木不仁可以看做是对噩耗的排斥，也是对自己无力驾驭的强烈情感的制服。

在接受了老伴亡故的消息后，很多老年人会出现内疚、自责的心理，常常会责备自己过去有很多地方对不起老伴。这种自责、内疚的心理使老年人整天唉声叹气，愁眉不展，削弱了机体免疫功能，常诱发其他躯体疾病以致过早衰老。

与老伴洒泪告别之后，总是自责，觉得对不起逝者：为什么过去常常对他（她）发脾气？为什么没有坚持让他（她）去医院检查？甚至认为对方的死自己负有主要责任。于是生者精神恍惚，心理负担沉重，吃不下饭，睡不好觉，在言行上还会出现一系列反常现象。

我应朋友之邀前往一户人家看望一个"病人"。一进房门，看见房间里邋邋遢遢，桌子上杯盘狼藉，满屋子弥漫着呛人的烟味儿。一看此情景便知，房间的男主人心情不好，更无亲人的照料。

"我真傻，我真傻，我怎么就不知道将梅芳（他爱妻的名字）的头部放低一点呢？我真傻，我真傻……"他也不安排我们落座，就这样絮絮叨叨起来。

经进一步了解得知，男主人名叫刘国林，65岁。几个月前，他

的爱妻在家突然跌倒不能说话，连半边身子也瘫了，在医院治疗了一段时间，因治疗无效而去世。老伴跌倒在地的时候，老刘正在厨房做饭，猛见此场面，一时手足无措。他慌乱地将倒在地上的爱妻抱起来放在沙发上仰靠着，愣了一会，才想起打"120"急救。当"120"赶到后，他在帮抬中把老伴的头仰靠着，这样加快了病情的恶化。因为这样，老刘就一直责备自己，认为是他让爱妻的病恶化了，老伴的死与自己有直接的关系。

老伴已经仙逝，再怎么自责也无补于事，又何必给自己徒增烦恼呢？就算真的有自己的过错，但是事实就是这样，谁也挽不回来了，这样自责，只会再给儿女们带来痛苦，增添他们的麻烦，不是又添一个自责了吗？

齐大娘65岁，老伴去世8年了，是患癌症死的。老两口原来感情一般，争争吵吵到白头。可自从老头去世后，她对他的那份感情到了让人无法理解的程度。在老头去世的第3年，她看到电视上播出了外地一名治疗老头那种癌症的专家，还特意坐车到那位专家所在的医院去咨询。

丧偶8年来，她精神的惟一寄托是挂在墙上的老伴遗像。一日三餐她总要先在照片下的矮柜上给老头摆上一份饭，放上一双筷子，8年来一餐也没落过。她常说，老头跟我生活40年不容易，受了不少罪，总感到对不起他，一辈子也难从那种伤心和自责中走出来。

自从老伴去世，齐大娘陷入了深深的自责的负面情绪循环中，把自己的整个生活也都卷入其中，天天闷闷不乐，心事重重。

尽管丧偶是件很痛苦的事情，但是人总是会有这么一天的，因此应及时从悲痛中解脱出来，并以积极、乐观、满怀信心的态度去面对未来。要知道对老伴最好的怀念是保重身体，坚强地活下去。

老年人丧偶后要避免自责，有些老人常会责备自己过去有许多对不起老伴的地方，因而整天唉声叹气、愁眉不展。其实，人非圣贤，孰能无过？夫妻相处数十载，无论是谁总有过失和失误之处，追悔不仅无济于事，只有好好保重自己，才能对得起所有关心、尊重你的人。

老年人居丧可以采取痛哭、诉说和回忆，或用写日记的形式寄托

自己的哀思。有些老人强忍悲伤，从不失声痛哭，只能更加压抑或消沉。人在痛苦时哭泣是一种很自然的情感表现，不是软弱，而是一种很好的舒解内心忧伤的方法，老人应该把悲哀宣泄出来，同时，老人还可以说出自己的内疚感和引起内疚感的想法、事件等，这样有利于自己学会原谅自己，避免自责。

让自己忙起来可以忘记一些自责或者不愉快的事情，生活无目标和整日无所事事，人不会快乐，陷入忧虑和无聊之中，更加会想起一些以前的事，甚至想到伴侣又是悲从中来，久久不能平静。要快乐，要放下自责，就要让自己忙碌起来，在忙碌当中放松自己的心情，从而慢慢走出自责的阴影。

老年人还要学会忘记，忘记一些不快乐的事。有人说，快乐就是健康的身体和忘掉不好的记忆。学会忘记，也是一门快乐的艺术，不仅能避免自责，还能减少很多因为回忆而带来的烦恼。

一个善于忘记的人往往是一个快乐的人，因为忘记可以甩掉思想上那些不必要的包袱，思想没有所累，心灵就会轻松起来，善于忘记是一种境界。孔子说："发愤忘食，乐以忘忧，不知老之将至。"忘记就是不要用昨天的烦恼来挤压今天的快乐，也不要用今天的快乐去预支明天的忧虑，因为昨天已经过去，明天还未到来，唯有当下才是真实。一个不背着昨天的包袱行走的人才是一个快乐的行者，扔掉包袱，就要学会忘记。忘记伤痛，忘记自责，只留下美好的回忆。

忘记是一门艺术，就是要善于将认识主体与认识客体拉开距离，这是对事物的一个选择过程。通过选择，对那些不太重要的、价值不大的事情抱一种释然的态度，这样才能忘记自责和烦恼，享受内心的平静和欢乐，做一个健康乐观的独居老人。

睹物思人是把双刃剑

　　丧偶的老年人要学会转移注意力。经常看到老伴的遗物会不断强化思念之情，加重精神上的折磨。因此，不妨把某些遗物暂时收藏起来，把注意力转移到现在和未来的生活中去。

　　睹物思人是人之长情，也是人类一个共同的特点，而老人的这个特点更为突出，这是因为老人的记忆特点是以回忆往事为"优势"，眼前事物反而易被遗忘，因此老人睹物思人的行为是自然而然的。老伴已经去世，注意力就更向老伴留下的物品集中，将自己的思念、情感都投射到了这些物品上，从而产生出一种心理感觉，觉得好像是在跟老伴在交流。这种睹物思人有一定的积极作用，它可以使老人的情感得到临时的寄托，悲伤的情感得到缓冲，老人的情感能够放到一个地方，可以防止他"心死"；但睹物思人同时也是一柄"双刃剑"，老人的思想、情感如果过于集中地停留在这上面，就会使其对新生活的向往中断，停留在旧的生活里，固着其中，越陷越深。

　　夏大妈和丈夫40年前大学毕业一起留在了北京。丈夫给领导当秘书，经常出差，他们夫妻是聚少离多。好不容易等到退休了，两个人有时间在一起享受晚年的美好时光了，可没过几年，丈夫却一病不起，不久便离她而去！她心中的精神支柱一下就塌了下来。她还记得丈夫临终时眼里闪着泪花，对自己嘱咐："我觉得真的对不起你！你身体不好，我走在你前头了，不能照顾你，却把痛苦留给你。我不放心你呀，你的胃不好，一定要试试这几个方子。"原来，他在住院期间从病友和医生那里了解到3个治胃病的偏方，就记在了纸上。说完这些话，丈夫就合上了眼睛。

　　想到丈夫在病情急剧恶化的时间里还一直牵挂着她，夏大妈哭得

死去活来，一下就晕过去了。

在那以后将近半年时间，她老是生活在幻觉中，老是听到丈夫说"明天我要出差，把我的绒衣准备好"。她急急地把他的绒衣拿出来，才想起他已经不在了，顿时泪如雨下。她只有一遍又一遍摸着曾经有他体温的绒衣……在反复咀嚼痛苦的同时，她也不断自省自问：我就永远地悲痛下去，就这样打发余生吗？老伴儿临走前还语重心长地嘱托我注意身体，我得走出悲痛，按照老伴儿说的去办。

她开始到过去要好的朋友那儿走走，和几个丧偶的老姐妹们聊聊天，几个人互相开导，还一起出去锻炼身体、旅游，慢慢地还真就想开了。她还参加了老干部读书会，把自己的时间安排得满满的。她转遍了名山大川，忘情于山水之中时，顿时觉得自己太渺小了：生生死死本是人生的必然，以生与死这种必然来折磨自己实在没有必要。

丧偶是所有有婚姻的人几乎都要经历的人生过程。夏大妈的老伴去世对她的打击很大，这是因为生活中她一直身体不好，没想到老伴却走在了自己的前头。夏大妈最终能够调整好自己的心态，这与老伴有很大的关系。生活中老伴一直照顾她，在临终时还不忘给她留下治病的药方，这个药方既是治疗夏大妈生理疾病的药方，也成了夏大妈心理的"希望之方"，使她一看到这个药方就会想起老伴临终"希望她好好活下去"的嘱托。她能及时与老姐妹们沟通，"通则不痛"，使自己明白，只有治好自己的病，过好今天和明天，才是对老伴的最好回报，最终迈过了悲伤的"门槛"。

老人睹物思人实际上是面对丧偶这一打击，想让自己能够挺住的一种方式，但一味地看着老伴的遗物，反而更加悲伤，因此，老人要学会转移自己的注意力，捡起自己的爱好来，如听一会歌、看看优美的绘画、进行舒缓的体育锻炼等，在阳光不是特别强烈的时候，多出去晒晒太阳、散散步，如果儿孙能够围绕身边，或种点花草、养点鱼虫猫狗等，也可以缓解这种情绪。

所有丧偶的老年人都应该记住：要用幸福的生活来纪念曾经幸福的婚姻；不要让悲伤的情绪把曾经的幸福变成悲剧。

把忧伤从新生活中赶走

老伴过世后，原有的某些生活方式被迫改变，此刻孤独感陡然加重，这时应当重新调整生活方式，寻求新的生活方式，以减少对旧生活方式的眷恋。家庭中夫妻关系是最重要的依恋关系，一旦丧偶，这种关系就被无情地摧毁了，这时需要自己独立起来，去寻找一种适合自己的新生活，方能有效地减轻哀思。

老伴逝世后，生者在剧烈的情感波涛稍稍平息之后，会进入一个深沉的回忆和思念阶段，在头脑中经常出现老伴的身影，时而感到失去他（她）之后，自己是多么的凄凉和孤寂。所以老人需要在亲朋的关怀和帮助下，使自己领悟到"生老病死乃无法抗拒的自然规律"这个道理。从而，理智战胜了感情，身心渐渐恢复常态，以坚强的毅力面对现实，才能开始全新的生活。

63岁的罗大姐是一位性格开朗，和蔼可亲的老人，自从老伴去世以后就一个人独居在三室一厅的套房里。老伴刚去世的时候，罗大姐一个人生活非常不习惯，没有了老伴她甚至不知道日子该怎么过，无论干什么都会想起老伴，想起一起生活的情景，天天就呆呆地坐着，什么也不愿意干，连饭也不想吃，还要求儿女们搬回来跟她一起住，这样一直持续了好几个月，人也变得虚弱，没精打采。

一位丧偶多年的同事见此情景，就经常去看望罗大姐，耐心地开导她，邀请她一起出去玩，也结交了很多老年朋友，心情好了，人也开朗了不少，也慢慢地走出了丧偶的阴影，重新开始了自己新的生活。一次，那位同事再去看她，见她一人在家里，问道：女儿搬走了吗？怎不让女儿多住一段时间？她说，现在一个人生活很好，清闲，自由自在，和孩子们生活在一起，每天的例行公事：买菜、煮饭、打扫卫生，没完没了家务事，累坏我了。"她本想请一个保姆，一是照顾好自己的生活起居，家里有个人可以减少一些对老伴的思念，二是出现意外时身边有人在，心里踏实些。接着罗大姐向同事算了一笔月支付账："保姆工钱每月350元，水电费250元，生活费700元，除了这样的正常开支，1600元退休金就所剩无几了，我哪还有零花钱呢？何况三朋四友出去玩乐花钱。所以，请不了保姆，就自己照顾自己吧。"她每天午饭后去机关娱乐室打打牌，和朋友们聊聊天，晚上看看电视，现在还学会了织毛衣，有时间就给自己织，给儿女们织，忙得不亦乐乎，有时在机关工作的女儿来电问问好，聊上几句，一天就这样快乐地度过。

老年人丧偶之后难免会有一个孤独的过程，只有走过这个过程才能真正开始自己新的生活。内心孤独的人很难找到快乐。老年人丧偶之后内心悲伤，心也真正处在了孤独的状态，陷入了无边的伤感之中。走出孤独，首先要树立豁达乐观的心态，遇事要想得开、拿得起、放得下。其次要走进朋友的圈子，这样才能融进朋友的圈子。再次是要有平和的心态，孤独是因为自己关闭了心灵的窗子，只要坚定地打开心灵之窗，阳光就会照亮你的生活，孤独就会走远，就能重新开始一段自己很美好的新生活。

当了一辈子老师的邹旭已经65岁了，本来想着退休后可以好好地和老伴一起幸福地安度晚年，没想到事与愿违，一场病永远地将老伴带走了。老伴走后，邹老师深感寂寞和孤独，感到生活顿时变得索然无味，对未来没有一点激情和期望，觉得生活也没有什么意义了。一次偶然的机会，邹老师成了"银龄单身俱乐部"的4名义工之一。这份工作可以为其他老人做些事情，打发些时间，还可以结交朋友排遣寂寞，更重要的是邹老师在这个俱乐部里重新找到了生活的乐趣，她又看到了生命的意义。而现在，邹老师体会到的是"越做越年轻，越做越开心，已经离不开这份工作了"，每天早出晚归乐此不疲。

一个人只要能找到生活的支撑，能找到生活中的乐趣，能看到生命的价值和意义，就能走出忧伤的阴霾，找到自己想要的幸福人生。

夕阳红不是丢人的事

近年来，随着人们思想观念的转变，丧偶的老年人再婚率在不断增加，老年人再婚有助于身心健康和社会进步，这种观念已逐步被更多的老年人及其子女们接受。

老年人一个人生活很多时候都会感觉无依无靠，儿女们也忙于自己的事业没有时间陪着老人，所以老人再婚也是一个很好的选择。但是不少老年人觉得再婚是一件很丢人的事，不仅自己丢人，也会让儿女们很没有面子，在外面抬不起头。因此受封建思想影响和所谓"道德"的自我禁锢，阻碍了丧偶老人再婚，还有一些害怕家庭的反对。

王老太快六十岁了，这辈子也够苦的。老伴在十五年前就去世了，她用中学教师那份不高的薪水，将两个儿子抚养成人并供他们上了大学，毕业后儿子们都在深圳找到一份令人羡慕的工作。于是，她开始一个人在老家过起了形单影孤的日子。五年前，大儿子的孩子出生，王老太顺理成章地来到深圳，成了儿子不花钱的保姆。如今，五年过去了，两个孙子都在她的照看下长大了，进了幼儿园，老太太的日子又轻松了起来。后来，大儿子的单位另分了一套房子，他们一家三口搬到新房去了，王老太又开始了一个人的生活。

当妈的，就是这个命，儿女们招之即来，挥之即去。可忙碌了这么多年，王老太已经不习惯孤家寡人的生活了。一天二十四小时不知怎么打发，整天坐在屋里发呆。两个儿子还算孝顺，时常给母亲送钱送吃的，不过他们总是显得很忙，常常一两个月才能与母亲见个面。老太太一个人待在家里，常常一连几天都没人说上一句话，身体也渐渐不太舒服了。老家的表妹来深圳做客，看到她的情况后，颇为她担忧，建议她走出封闭的环境，多参加一些老年人的活动。在她的鼓励下，王老太加入了老年秧歌队。很快，她就和老伙伴们混熟了，每天有了事做，生活也有了规律。

扭了半年的秧歌后，王老太像变了个人。她终于想明白了，她应该有一个属于自己的生活。很快，她与同住一个小区的林老汉产生了感情。这林老汉的老伴虽然在两年前去世，但他的女儿就住在隔壁，平日里照顾得也更多一些。林老汉虽然比她大五岁，但身强体壮，为人热情，时常上门帮助她干一些换煤气罐之类的力气活。而她也时常做些可口的东西，与他一同分享。有时，林老汉的女儿一家外出了，她还上门帮他打扫打扫家里的卫生。

秧歌队的一位老大姐见他们两个你有情我有意，便给他们牵了个线儿，两人把话儿挑明了。于是他们决定各自回去与儿女们商量，然后选个日子把婚事办了。

刚开始还害怕儿女们不会同意，没想到儿女们都欣然同意了，还说以后自己的爸爸妈妈就有人照顾了，他们在外面也就放心了。就这样，王老太和林老汉在自己儿女的陪同下欢欢喜喜的领了结婚证，当捧着那张鲜红的结婚证时，老两口都激动得流下了眼泪。接着儿女们又为他们举行了简单的婚礼，从此他们便成了老人们眼里羡慕的一对幸福的新老夫妻。

老年人怎样从丧偶的悲剧中走出来？怎样重新找到生活的支点？老人的再婚从很大程度上能解决这个问题。丧偶的老人再婚以后生活会有很大的变化，他们不再感到孤独，觉得生活更有意义。这说明再婚可以解决老年人丧偶后在生活、情感上的痛苦与无助。

首先，一个新的老伴可以共同分享、追忆生活的往事、喜怒哀乐，这样可以排除内心的烦恼、焦虑、苦闷忧郁，使内在的情感与外界的刺激达到平衡。

其次，对于再婚老人来说，有人陪伴度日可以消除孤独。白天做些两个人都感兴趣又对社会有益的事；晚上一起听音乐、看电视；夜深人静时互相体贴、安慰。这样的生活既解决了平时在生病时没人照顾的问题，又给生活带来了乐趣。

所以，再婚对老年人来说，不仅在生活上可以互相照顾、互相扶持，而且更重要的是在精神上的互相沟通和慰藉，这样在心理上能达

到平衡，精神上也可以放松。它能使人愉快地度过幸福的晚年，享受人生的最后阶段。

老年丧偶，选择再婚，这本是一种很平常的社会现象。有的怕儿女感到脸上"不光彩"；有的怕亲戚批评对原配"不忠贞"；有的怕朋友嘲讽再婚是"不正经"……这就给某些老年丧偶者是否选择再婚，在精神上增加了一些压力，在心理上增添了一些负担。

所以老年人要正确看待丧偶后的再婚。人类社会，经过长期发展，逐渐形成了"以婚姻为基础，以家庭为单位"的格局。家庭是社会的细胞，每个社会成员，一旦进入成年，无论男人或女人，只要生理和心理健全，或早或迟总要寻找伴侣，结为夫妻，组成家庭，生儿育女，享受天伦之乐。

老年人的再婚，也是继续生活之需要。一个人，从小做儿女，长大做父母，年老做爷奶，一直过着以婚姻为纽带的家庭生活。本来，每个家庭，每对夫妻，都希望恩恩爱爱，白头偕老。但是，由于"月有阴晴圆缺，人有悲欢离合"有些夫妻不一定能"白头偕老"。这样，就不可避免会有不幸丧偶的老人，即使同女儿在一起生活，他们的内心也还会感到孤独和寂寞的。

一个老年人，尤其是丧偶老年人，他们特别需要的是：陪伴、体贴和倾诉……在这些方面，有时儿女能够做到，有时儿女很难做到。为了更好地生活，老年人丧偶后选择再婚，是完全可以理解，支持与尊重的。所以丧偶的老年人要放开自己思想的包袱，勇敢地走向再婚的殿堂，继续享受美好的晚年生活。

第七章　男大不婚，女大不嫁

——儿女迟迟不成家

从儿女们呱呱坠地那刻起，我们就一直牵着他们的小手，抚育他们长大，教导他们怎样做人。直到有一天，当他们羽翼丰满翱翔天际的时候，才发现自己的双鬓已染上了岁月斑白，额头已经刻上了时光的线条。而儿女们的婚姻大事，成了自己心中一块石头，沉沉地压在胸口。

儿女不急父母急

随着社会经济的不断发展，人们的工作压力越来越大，一些白领的私人空间和时间都已经被工作挤压得所剩无几，根本没有时间和精力考虑婚姻大事。看着儿女们一年一年地长大，做父母的自然是急在心里，特别是一些想抱孙子的老人，更是恨不得从天上掉下一个优秀的媳妇或者女婿。

大龄青年迟迟不成婚的问题，折射出我们这个转型社会的矛盾。在农业社会中，达到结婚年龄的青年人并不会在学习、事业与爱情、婚姻之间发生矛盾。他们的交友方式比较固定，因为各种人际关系比较密切，能有效解决介绍对象等问题。同时，人们对婚姻的态度更重视繁衍后代，对感情等方面的要求并不高。但现在，社会对职业的要求大大提高了，年轻人需要十多年的知识教育和职业培训以及艰苦的努力和激烈竞争，才能取得理想的职业岗位，这一切让他们错过了最佳的恋爱、婚姻生理和心理期。

没房子、没钱，结了婚会拖累事业发展，同时家庭也不会幸福。来自社会舆论和女性择偶标准高两方面的压力，也使很多适龄男性推迟了成家的计划，他们的口号是"先立业，再成家"。

此外，本来办公室恋情就不被看好，现在还有不少公司规定，如果两人是男女恋人关系，其中的一个就必须离开，种种原因导致了一批大龄青年迟迟没有成家。

孩子的终身大事是父母最关心的，特别是对于刚退休的老人来说，希望儿女都尽快成家，自己可以在家抱抱孙子，开开心心地享受晚年之乐。但事与愿违，不管自己怎么催促，儿女们就是迟迟不成家，催多了甚至连家都很少回了，这样更是让老人们看在眼里急在心

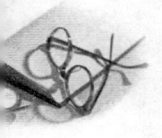

里，不过也无可奈何，自己只能天天企盼和烦恼，在家坐立不安。

张大爷的儿子今年32岁了，还是孤身一人，连个女朋友也没有，张大爷看着周围老朋友的儿女跟自己的儿女一般大，有的甚至还小好几岁，都已经结婚了，有的小孩都有好几岁了。每次坐在一起聊天的时候，看着那些朋友们脸上乐呵呵地谈论着自己的媳妇女婿如何长如何短的时候，张大爷心里就特别不是滋味，还有些朋友带着孙子在外面散步，看着那些可爱的孩子撒娇玩乐，就更别提张大爷心里有多羡慕了。

张大爷最近一直呆在家里，不出去散步也不找那些老年朋友们聊天了，他一是害怕看见别人脸上那幸福的笑容，而自己这么优秀的儿子却至今没有女朋友。二是只要一看到儿子回来他就开始询问儿子，开始做儿子的思想工作，希望能赶紧找个女朋友结婚，了却了他多年的心愿，在朋友们的面前也有面子。

张大爷在儿子面前唠叨多了，儿子开始有些不耐烦，本来工作压力就很大，回家还要面对父亲的压力，儿子便搬出去住了。张大爷还是不死心，便开始张罗自己亲自出马给儿子找女朋友了。

在一段时间里，张大爷一方面穿梭于各个公园，另一方面求助、发动所有的老朋友、老同事，利用多种方式给儿子介绍女朋友，可最终都是无功而返。

"没办法，孩子不急，我和老伴却不能不急，只能不停地奔走于各个公园里'碰'，这样做总比坐在家里被动地等下去要踏实一点！"张大爷无奈地说。

"男大当婚，女大当嫁"不仅是客观现实、社会传统，也是父母长辈的愿望之一，现在老年人的思想大多还定格在这一基础上，对于儿女们的晚婚难以接受，看到儿女们年纪差不多了就开始催促，甚至全面进攻，希望儿女们可以早点结婚成家，害怕儿女们年纪大了没有成婚会遭到一些"毫不相干的人说三道四"和"闲言碎语"。

虽然做儿女的要理解父母的担忧，但老人也要看到自己的儿女们已经长大，自己有分寸了，更不要逼着儿女们在感情上为难自己，要知道，儿女们只有找到了真正自己喜欢和喜欢自己的人，才能幸福地生活一辈子。

老年人辛苦了大半辈子，现在终于可以闲下来过自由自在的日子，不要把所有的精力都放在儿女们的婚姻大事上，毕竟儿女们已经长大，会有自己的打算，就算自己天天忧心忡忡、忙忙碌碌地为儿女们找到了对象，可到头来儿女们不中意也是白忙一场，有时处理不当还会影响与儿女们之间的感情。既然这样，我们何不放下包袱，快快乐乐地享受自己的晚年生活呢？

门当户对太过时

现在还有好多老人保留着传统的思想观念，认为儿女结婚一定要门当户对，两个人的条件要差不多才行，这样导致了儿女们迟迟不愿意成家、很难找到合适的对象的现象出现。

60岁的赵阿姨，女儿今年30岁，身高1.65米，相貌虽然不能称国色天香，但也绝对算靓丽可爱。在赵阿姨的心中，女儿论相貌、条件、学历，无一不优秀，可就是找不到合适的对象。赵阿姨的女儿从小就是个懂事的孩子，从小学到大学到读研，几乎没让赵阿姨费过什么心。但惟一不尽如人意的地方就是与外界交往太少，与她经常联系的人仅限于两三个和她年龄差不多至今也是单身的大学女同学。

在女儿大学快要毕业的时候，有一次赵阿姨还试探地问过女儿有没有男朋友。女儿对这件事很不屑，告诉赵阿姨："等考完研后再说。"赵阿姨当时也就没着急，心想孩子以学业为重是好事儿，应该支持她。可一晃研究生也读完了，女儿已近而立之年，却还是孤身一人，赵阿姨和老伴这才开始着急起来。

着急归着急，但怎么着女儿也得要找个说得过去的对象呀！论相貌、条件、学历，我女儿无一不优秀，可就是找不到合适的人选。

阿姨对女婿的基本条件是：年龄35岁以下，身高1.75米以上，体貌端正，身体健康，持有北京市区户口，学历要求与女方相当，有较高修养，从事科研、IT产业开发等技术含量较高的稳定工作。至于收入、家庭经济情况，赵阿姨要求并不太高，月收入在4000～5000元，因为女儿每月收入较高，自己与老伴每月的退休金也用不完，还可以再贴补给他们一些。对方的家庭经济情况赵阿姨更没有太多要求，她表示现在的年轻人都喜欢自己过日子，很少有愿意与老人一起过的，只要对方家里没有太重的经济负担，那么结婚以后小两口的日子是没有理由过不好的。但赵阿姨要求对方家庭情况只有一点不容商量，那就是对方家长一定要是原配夫妻。

对北京市区户口，赵阿姨这样解释："我们绝没有看不起农村和其他城市人的意思，只是考虑到女儿从小到大毕竟在较优越的环境中长大，生活方式、思维习惯已很难改变，如果与一个和自己成长环境相差较大的人结婚，将来婚姻难免会出现问题。"

对其他方面的要求，赵阿姨简单地概括说："我女儿在研究所工作，性格较内向，所以想找一个也是同类工作的。再说一点私心的话，我女儿很老实，如果找一个十分张扬且从事销售等社会活动较多工作的老公，我们就不能不担心她会被欺负、欺骗。"至于最后一点对对方家庭情况的要求为什么没有商量，赵阿姨说："因为我们看到身边老同事的孩子的亲身经历，幼时家长离异或一方丧偶，会给孩子一生带来不可挽回的影响，进而影响到孩子的婚姻。这种环境下成长的孩子思维、行为、习惯都很难与正常环境下成长的孩子相比。"

赵阿姨还有一段不愿回忆的情节，经人介绍，女儿也曾遇到过与她合得来的人，并且相处了近三个月。那是3年前的事儿，小伙子各项条件基本符合要求，只是学历是自考大专，在某合资公司从事软件开发工作，薪水丰厚。女儿和小伙子最初相识，赵阿姨和老伴就不是十分赞同。他们考虑：第一，私企工作虽暂时月薪丰厚，市场竞争激烈，工作不会十分稳定。两人结婚以后，万一他被"炒"了，以他的学历是很难再找到一份薪资相当的工作。第二，学历虽然代表不了一个人的全部，但知识永远是与修养、素质成正比。小伙子现在表面上踏实、诚恳，谁能保证以后会不会是这样呢？基于这两点，老两口便在女儿面前表现得一直不冷不热。不久，赵阿姨女儿受到影响，也时常不经意间透露出一种盛气凌人的傲慢，两人相处近三个月的时候，小伙子向赵阿姨女儿提出置疑，并表明如果赵阿姨女儿不能彻底改变态度，他将无法继续承受这段恋情。赵阿姨女儿不肯屈尊，尽管内心波涛起伏无以名状，但还是毅然结束了恋爱。赵阿姨也劝说女儿："你今年不过才26岁，还有很多更好的机会在等着你。"这件事之后，赵阿姨与老伴也曾反思，都认识到过于苛求学历的极端错误，后

来才将要求改成现在这样：有相当学历。

赵阿姨最初曾这样分析过女儿难嫁的客观原因：第一，女儿因多年钻研学业、专注事业，很大程度上减少了社会交往与活动，相对错失了很多时机；第二，因性格、家教原因，女儿长期生活在完全自我的世界中，长年沉浸和依赖于书本中，与社会现实生活相对脱节，对婚姻观念淡薄，对爱情严重缺少主动性；第三，她还是严重的唯美、理想主义者。理想与现实总会出现差距，她严重缺乏将二者有机结合统一起来的能力……抛开赵阿姨所说的女儿自身客观原因的障碍，如果下一次再次遭遇机缘，而对方偏偏又欠缺了几项要求中另一项指标，那么赵阿姨的女儿是否还要重复一次隐隐作痛的恋情呢？事后，赵阿姨是否还会再次修改女儿择偶的要求呢？如此反复几次，赵阿姨的女儿何时才会赶上通往婚姻殿堂的最后一班车呢？

其实赵阿姨最初为女儿择偶所提的要求并不能算做苛刻，但把要求过于教条化、原则化，就不能不被视为不近人情了。细想一下，同等学历的未婚男性应该很多，但按照赵阿姨的要求，从年龄上会被筛选掉一部分，从职业上又会被筛选掉一大部分，然后再从收入、家庭、性格等方面层层考核，最终剩下的未婚男性真的可说是凤毛麟角了。可即便是经过了这样的选拔，两个年轻人见面相处后就能相得益彰吗？

赵阿姨以及与赵阿姨一样的父母一片殷殷爱子之情可钦可佩，替儿女征婚牵线搭桥也无可非议，但为什么不能转变观念、解放思想、轻装上阵呢？谁能长生不老跟着子女过一辈子呢？多留给子女一些空间，即使他们暂时遭受到一定的挫折，不也是给孩子提供一次生命坚韧的历练吗？

不做鸳鸯"行刑人"

　　我们认为婚姻是儿女们的人生大事，自己有权利干涉，当然，我们干涉儿女婚姻，也得看干涉的方法。一些父母用自己的落后思想和传统观念来干涉儿女婚姻，这是错误的。我们应该跟着新时代的步伐，放下那些陈旧的思想和观点。我们只能是儿女的一个引路人，儿女们的路最终还要自己走，我们不可能照顾儿女们一辈子。早早地教育儿女们学会自理是对儿女们最有效的支持和帮助，倘若我们事事都管得太紧，反而会害了自己的儿女。父母要学会怎么去教育儿女，而不是管儿女。放开手，让儿女们去选择自己的婚姻。

　　周强是在外地打工时认识方芳的。周强在感情上是个非常专一、痴情的人，在和方芳认识之后，周强一直把方芳当成手心里的宝。从做饭，到洗衣，任何家务周强都关心着方芳，不愿方芳受一点点委屈。这对恋人真像爱情小说一样，浪漫、温馨、甜蜜、幸福、快乐。像这样的爱情，是多少人期待而向往的。

　　快过年了，周强和方芳一同回到了老家，并且互相去了对方的家里。方芳的父母一直把周强当做方芳的朋友，开始的时候非常地客气周到，周强的家人早就知道了周强和方芳的关系。由于两个人都回到了家里，也快过年了，彼此来往就少了许多，但是方芳受不了对周强的思念之苦，从正月初二到十五，几乎天天去周强家里看周强。为此，周强的家人、朋友、亲戚都知道了他们的关系。

　　可是突然有一天，周强去看方芳，方芳却提出了暂停恋爱，等她上岗之后再继续。周强为了不打扰方芳学习考试，完全答应并配合方芳，但只是要求平时能像朋友一样保持联系和问候。

　　周强就这样忍受着思念之苦。开始周强发现，每次中午、下午、

晚上给方芳打电话，发短信都要等好久才有回音，甚至发无数个短信方芳才回一次。为此周强以为方芳变了心，便去找方芳谈。但方芳每次都说她太忙而敷衍了事。又过了没几日，方芳开始不接周强的电话，也不回周强的短信，甚至无数次地在看到周强来电后关机。周强陷入的不仅仅是痛苦，为了找清楚原因，周强再次找到了方芳，方芳这一次提出了分手，原因是，她的父亲知道了，不同意。而不同意的理由是，方芳还小，不适合谈朋友。

周强为了争取这段难得的爱情，给方芳写了100多页的长信，表达了自己对方芳的爱，但是周强每次问方芳看了没，得到的答复总是方芳耍脾气地说没时间看、无聊、没意思的话语，并坚持分手。

问题到底出在哪里呢？周强来到了方芳的家，见到了方芳的父亲，展开了前所未有的艰难谈判。方芳的父亲说："你们以前的事，我不想知道，也不想问。我只希望你不要再找方芳，方芳今年23岁，还小，不适合谈朋友，而且现在在考试，你这样会影响方芳的前途。而且，婚姻大事，要父母安排作主。你们怎么就私自谈朋友？"而周强为了保护方芳，没有说出同居的事情，但说出婚姻自由，并对方芳钟情的态度。方芳的父亲严厉地批评了周强的说法，认为私自谈朋友是对父母的不忠，没有教养，是非常不懂事的表现，认为周强太小孩子想法，并认为周强这样是对他的严重不礼貌。为此，下了逐客令！

周强又与方芳谈判，方芳说："我父亲不同意，你也看到了。我是真的没办法，而且，听我父亲打听，你根本就不是一个好的男人，并不是你说的那么好。我父亲天天骂我，迫使我和你分手。我从小就没听父亲的话好好学习，我现在长大了，我必须听父亲的话，为了报答父亲，他让我怎么做我就怎么做。他让我嫁谁我就嫁谁，我一切听他安排，我不能不听我父亲的。"说着，方芳流泪了……

现在是婚姻自由的社会，像周强和方芳这样只能在小说里看到的经典爱情故事，谁忍心去阻挡呢？而方芳父亲说的话，完全是一种落后思想的表现。也正是方芳父亲对方芳的歪曲管教和错误的引导以及落后的思想观念，给方芳灌输了一个"悬崖边缘"的思想。

婚姻是自由的，父母的严重干涉，究竟是成全儿女的婚姻，还是成全自己的心愿？我们不能用自己的眼光为儿女们挑对象，因为这是对儿女们婚姻的不尊重。作为长辈，我们要做的是对儿女们的婚姻做下参考，毕竟婚姻是儿女们自己的，将来的日子也是他们自己过。一个明理的老人要看开这些，安享自己的晚年，而不是把自己的意愿强加到儿女们身上。

第七章 男大不婚，女大不嫁

年终岁末不逼婚

儿女们到了一定的年龄，老人们都盼望儿女能够早点成婚这也是人之常情，但是有的老人因为太过急切，每次儿女们打电话或者回家都会问起此事，特别对于一些在外地忙碌了一年的未婚男女来说，每到年终岁末回家探亲之时，常常会面临向父母交待终身大事的尴尬，尤其是徘徊在而立之年的大龄青年。在外面工作一般难得回家一次，到了过年才挤出一点时间回家，然而老人看到好不容易回家一趟的儿女，提到最多的却是什么时候成婚的问题，这样导致儿女回家都有所顾忌，害怕让父母失望，要想着各种法子去过父母逼婚这一关。

对于父母的逼婚，很多人开始用最现代的网上找个女友应付父母。

一个偶然的机会，张小姐在某网站的会员留言板上看到这样一则帖子：

"过年了，孤身一人回家无法向心急如焚的老爸老妈交待，想临时找个老乡女友同行，以解我燃眉之急，春节前见完本人父母即可，要求，30岁以下女士，家在××，一切费用由我解决！如果哪位美妹亦有同样窘境，我们可以互相扶持，一举两得。有意者请联系。"

该帖子的浏览人数极多，在不少大龄青年网友中产生强烈反响，有网友附帖表示愿意为同病相怜者出一把力，无需报酬，也有少数网友提出异议，认为此欺骗亲人之举实不可取。

张小姐自己也已经28岁了，远在家乡的父母一直为她的婚姻大事喋喋不休，她能够理解父母的心情，但感情的事又不能一蹴而就，特别是在外地，更不是想找什么样的就能找到什么样的。眼看着春节在即，想到回家探亲又要面临父母询问的眼神，心里不免酸酸的。

当她在网上看到这个帖子时，心里不禁感慨，现在同病相怜的人还真多，要不是父母逼得紧，又何必这样呢？张小姐当即表示，如果不介意，春节她可以作为临时女友随他见父母，但是作为条件，对方也要跟张小姐一同回一趟家。张小姐无奈地说，看上去是欺骗，实际上也是善意的，因为两代人之间怎么说还是有些代沟，有时仅靠语言是无法沟通的。

这样的事情每个做父母的肯定都不愿意发生在自己儿女身上，更不希望自己的儿女因这事欺骗自己。其实儿女也是出自一片好心，不想让父母太失望，同时也解决了回家父母的逼婚问题。

很多时候父母只是替子女瞎着急，也都知道这种事情是可遇不可求的，但没想到会给子女造成这么大的压力。孩子这么做，也是想安慰一下父母，让父母不再紧逼着自己。

对于这样的情况，老人不知道也罢，可能还会很高兴，一旦知道真相，就会很生气，会更失望，甚至对孩子找对象更没信心了。所以老年人不要看到儿女们年纪大了还没有对象就逼着一定要在什么时候找一个，这样做儿女就会很被动，觉得是一种命令，草率决定，这样也不会得到幸福，老人们要做的是：让儿女们自己顺其自然，当他们遇到自己觉得合适的自然就会结婚成家了。

林阿姨有三个儿子，老伴不幸去世，小王是家里的老大，林阿姨退休后就搬过来跟小王一起生活。每次小王带女性朋友回家，林阿姨都会仔细端详半天，有时甚至连小王朋友的女友也不放过，等人一走，林阿姨就会做一番试探和猜测，其焦急的心情可见一斑。尤其是比小王小3岁的弟弟已经结婚生子，林阿姨更是心急如焚。只要一看到小王就会唠叨两句，而且还下了死命令，春节前一定要找到女朋友带回家来过年，因此小王很苦恼，要是顶撞了林阿姨，林阿姨就会哭着在家里不吃不喝，说辛辛苦苦把儿子带这么大，这么大了连媳妇也没有。小王为了安慰妈妈，在春节来临之前，他已经与一位女同事约好，到家里来玩，陪母亲坐坐，权当是未来的儿媳，这样，林阿姨心里能得到安慰，对儿子成婚的事情放下心来，小王也不用再担心林阿姨会问他这些事，给自己也减下了不少负担。

对于这种逼婚，老人的思想也得改一改了，儿女的工作压力大，

考虑感情少，这已经越来越正常，完全可以让他们顺其自然，需要的时候，他们自然会着急的。做父母的可以关心，但万万不能给他们施加压力，甚至当成一项任务限其定期完成。只有做父母的不再催紧儿女们了，做儿女的自然也就不会用这种情况来应付父母。

相亲不需"父子兵"

在老年人的心中"男大当婚，女大当嫁"的观念已经根深蒂固。很多家长看到自己的儿女迟迟找不到合适的对象，着急之余，便自己亲自上阵去给儿女们相亲。

小黄1984年出生，漂亮温柔，有房有车，在一家效益不错的事业单位工作。可条件越好，找对象越困难。虽然小黄的年龄还算不上特别大，但父母还是非常地着急，只要没事父母就念叨着要去相亲，但每次都是父母陪着一起去，每次见面都是双方家长斗来斗去。

"每次和父母一起去相亲，结果都是无功而返。如果换作两人单独见面，说不定还能聊出点火花来。虽然找对象不像买东西，不能差不多就行，但这关乎一辈子的大事也是我们自己的感情啊，父母的思想掺杂了太多物质性的东西。"小黄无奈地说。

家长带着孩子去相亲在过去是再正常不过了，双方家长各坐一边，简直就和谈判一样，了解各自的情况，家庭背景、学历以及工作情况，只要双方家长满意，这事也就差不多成了。

现在的青年都比较独立自主，倡导恋爱自由，很大程度上已经不能接受这种父母替儿女相亲的形式了。父母要给自己的儿女找到另一半并非易事，就算是父母看上了儿女们也不一定看得上。在孩子的婚姻问题上，父母不能起决定作用，只能侧面进行参考，再给予意见，应该把自主权还给孩子。

古有花木兰代父从军，今有父母代子女相亲，真是可怜天下父母心啊！

父母觉得自己亲自去给儿女相亲，自己就有了对儿女婚姻的参与权，这样自己代替儿女去找，不仅能找到自己喜欢的，还能让儿女们

早点结婚。

现在大龄青年最大的痛苦莫过于父母对自己婚姻的热切关心了，这种关心有时无微不至，甚至对每一个交往的异性都要挖根掘底的。儿女们怕了，不领异性朋友往家里走了，父母就长吁短叹，然后说：你看你那×××，比你还小几岁，孩子都已经上幼儿园了，你怎么还让我操心呢？

从前父母的操心是干着急，而现在父母便不再在家里干等着了，开始主动出击了，急着给儿女们找一个好的对象，希望通过自己的努力，加把劲让儿女们早日成家。

绝大多数的老年人都是瞒着子女参加相亲。"我女儿很反感相亲的，但都这么大了，她不急我们能不急吗？"莫女士跟熟人闲聊，并且表示，"回去后再慢慢做工作。"

莫女士和丈夫退休后成天呆在家里研究着怎样给女儿找对象，现在女儿也老大不小了，看女儿自己也不是很积极，莫女士就跟丈夫商量准备自己去给女儿相亲，为了尊重女儿的意见，相亲之前还是跟女儿说了一下，没想到女儿不支持倒也不反对，很冷淡。最令莫女士担心的是，27岁的女儿对婚姻大事一点也不着急，前几年忙于学习，家人张罗着介绍，被她拒绝情有可原，现在工作稳定了，又整天忙着工作，那事儿好像忘记了。"你说，我们着急啊？街头才十几岁的小家伙们不学习去早恋，这该谈恋爱的却不谈，这叫个什么事啊？"莫女士焦虑地说。然而，莫女士对自己介绍的男孩女儿是否满意却没有信心。

俗话说得好：男大当婚，女大当嫁。做父母的眼看着自己长大的儿女到了谈婚论嫁的年龄了，可大龄儿女们一点也不着急，忙于自己的工作，忙于自己的学业，不善交际，个人解决婚恋问题有些困难。做父母的怎么不着急、不操心。

作为家长，操心孩子的婚事无可厚非，但是年轻人的感觉是爱情可遇不可求，因此对婚姻也很谨慎，不是情投意合不会轻易成家，老人要尊重儿女们的想法，不要一味地盲目去代替儿女相亲，不仅儿女们不满意得不到好的结果，还让自己劳累奔波，心力交瘁。

父母代子女相亲，流行也好，无奈也罢，毕竟婚姻是关乎一辈子的大事，应该慎重，父母不要将自己苛刻的择偶条件强加给子女。父母代子女相亲的出发点是好的，但这种方式短时间内不可能把握对方的内在品质和修养高低，婚姻应该由他们自己负责，走捷径和逃避都是不对的。当然，"父母包办"替儿女相亲无论结果如何，孩子的终身大事还是应该多听听孩子的意见。毕竟，感情需要男女双方共同培养，爱情需要双方共同经营。婚姻不是儿戏，父母为寻找幸福替儿女相亲，代表的还是父母本身的意愿。父母在尊重儿女选择的同时，应尽全力帮助他们寻找属于自己的幸福，这样才是明智的父母。

第七章 男大不婚，女大不嫁

奉子成婚是喜事

在老人们的眼里，奉子成婚不是光彩的事，不仅脸上无光，还会受到亲朋好友的嘲笑。因此，受传统观念的影响，在老人们的心中，奉子成婚依旧是一件难以接受的丢人的事情。但是随着社会观念的改变，如今，奉子成婚却成了见怪不怪的平常事。更有人说，肯奉子成婚，也算一种负责任的态度。所以，老人们也应该放下那些守旧的观念，从新的观念和角度去看待奉子成婚。

作为80年代出生的人，在他们的眼里奉子成婚是一件很平常也很容易接受的事，甚至还把这称为"双喜临门"。对于年轻人的这种喜悦，大多的老年人还是愁眉苦脸，虽然家里有喜事，但还是觉得拉不下这张脸，不知道该怎样去面对和接受。

琦琦和小杜在一起已经3年多了，却一直没有结婚的打算，直到琪琪突然发现自己怀孕了，两个人才商量着结婚。家里老人知道了这件事，坚决不答应他们俩结婚，原因是不能接受奉子成婚，虽然老人也渴望抱孙子，但是老人怕别人说笑话，他们对这种丢人的事情还是不能接受，更无法向亲朋好友们交代。

在小杜的百般劝说下，老人才勉强答应他们结婚，但前提是不能摆宴席，除了双方父母以外不能让任何人参加。老人的理由是奉子成婚不光彩，说出去别人会笑话，抬不起头做人。

虽然年轻的琪琪和小杜不能接受这样的观点，但最终还是答应了老人的要求。老人不肯告诉亲友自己的儿子已经结婚，也不愿意把琪琪介绍给他们的亲戚朋友。老人自己也变得很少出门了，总觉得别人都在用异样的眼光看着自己，浑身不自在，就算出去买点什么东西，也是急急地回来，等孙子出世后，老人更加不愿意出去了，虽然对自己的孙子很喜爱，却也生怕别人知道，丢了自己的脸面。

有位儿子也是奉子成婚的好心邻居知道这件事以后，就拿自己的例子劝说老人，告诉他现在的观念已经变了，现在的年轻人大多都是这样的，已经见怪不怪了。经过多次劝导，老人也经过多方面的打听，确实有好多的家庭也有这样的情况，既然邻居都这么看得开了，自己也就开始慢慢地从心里接受，开始把媳妇和孙子介绍给一些亲朋好友，天气好的时候还会抱着孙子出去散散步，晒晒太阳。老人的心结打开了，一家人在一起其乐融融。

奉子成婚本来就是一件双喜临门的事，老人不要被旧的思想禁锢住了，要学会坦然地接受，不但有了盼望以久的儿媳妇，而且还有了孙子，何乐而不为呢？

第七章 男大不婚，女大不嫁

第八章 "丁克"到我家

——望眼欲穿抱孙子

随着家庭功能观念的转变和社会竞争日益激烈,很多儿女们放弃生儿育女,这无疑对我们是一种打击。但是,我们要看到更多外在的东西,毕竟生命只赋予了我们一次,更好地看重自己的生活才是最重要的。

多年期望空欢喜

中国自古以来就有多子多福的说法，特别是对于老年人，这种思想已经深入骨髓，把后代的人丁兴旺看成是自己的福气，子孙越多，福气就越好。对年轻丁克夫妇的做法，大多数老年人是反对的，因为"不孝有三，无后为大"。

退休之后，因为空余的时间多了，老人就想着儿女能够早日为自己生一个大胖孙子，这样不光有人传宗接代了，也实现了自己多年的心愿。在老人的心中，有了后代，家庭才是完美的，养儿防老的思想始终没有改变，甚至希望自己的儿女还可以一直传承下去。

老人虽然有这样的想法，但并不代表年轻人也有这样的想法。年轻人认为结婚并不是为了传宗接代，而是为了更快乐地生活！有的人在经济的压力下，觉得生了孩子就是给自己添加没完没了的负担；有的人从小受父母的影响，对生孩子有恐惧，因为自己小的时候经常听父母说，"有了孩子，就得开始无穷无尽地'还债'，好多苦难等着呢！"

年轻人思想开放，他们认为有孩子没孩子将来老了都一样！因为到时候孩子都有自己的生活和家庭，不可能有事没事往大人那里跑，大人也不可能拴得住自己的孩子。

在年轻人眼里，即使将来养过孩子的，有孩子送终，那也要吃多少年的苦呀！比方说从 25 岁结婚开始，一直到 80 岁，开始走不动了，什么事情都做不了，这段时间中丁克家庭可以享受到几十年的快乐自由日子。而"非丁"呢？一直要苦到孩子的孩子长大，因为现在的老人很多都有小孩的，而且，现在电视里到处都在播着很多老人辛苦把孩子养大，到头来，孩子为了老人的房子把老人赶出家门的故

事！老人卧床不起，孩子从头到尾都不来看一眼！把这样的孩子养大了又有什么意思呢？更何况，将来的社会没人知道会变得怎样。还有的年轻人相信以后养老院的条件会越来越好，社会会对老人越来越重视，自己可以在那里度过余生。

有着这种的思维方式，或者觉得新鲜、追潮流，他们都愿意选择做丁克一族，喜欢自由自在的二人世界。然而这些，老年人都觉得是荒唐的，完全不能接受的。

老人们都认为父母生孩子、养孩子，这是义务，是天经地义，同时也是爱情的结晶。老年人普遍的观点就是：家庭有孩子，温馨气氛就浓；无孩子，家里摆设再好，钱再多，也会感到缺少点什么。所以养孩子虽然物质上有所负担，但是他们能带来精神上的欢乐，而儿女们却不要后代，要当丁克族，所以老年人从心理和思想上都是很难接受的。

张阿姨以前是社区里老年人活动的积极分子，但最近张阿姨愁眉不展，整个人都变得无精打采，干什么也没有心情。现在所有活动都不参加了，只是在一边闷闷地看着，有时候连看也不看了，自己一个人默默地呆着，甚至还一个人躲在角落里偷偷地擦眼泪。好心的朋友以为张阿姨生病了或者家里出了什么事，都热心地去打听，希望能够帮张阿姨度过难关，重新回到他们的队伍里来。

经过多方打听才知道，原来是张阿姨的儿子今年35岁了，好不容易前年才结了婚，张阿姨高兴极了，一心就准备着做奶奶，盼望着媳妇早日生个孙子，这样她就彻底地安心了。可是两年过去了，儿子丝毫没有要小孩的打算。张阿姨着急了，就试着问儿子和媳妇，没想到儿子和媳妇都打算不要小孩。张阿姨听了这个消息有如晴天霹雳，自己在家里呆呆地坐了一整天。后来还抱着一丝的希望去劝说儿子和媳妇，但是不管张阿姨怎么劝儿子媳妇都没有用，儿子媳妇是铁了心地不要小孩，所以张阿姨觉得自己家要后继无人，从此血脉都没有了，心里特别伤心，感觉自己对不起整个家，更对不起死去的老伴。

于是朋友们便耐心地跟张阿姨说，现在，在城市里的年轻夫妇中有很多都不想生小孩，愿意当丁克族，这种情况已经占到了城市年轻夫妻的十分之一。结婚后不想生孩子，认为生孩子会误了他们的事业

和前途。年轻人认为：有了孩子，得培养、教育，需花很多钱，要牺牲自己的时间和幸福。而现在的年轻人都要把小孩给父母带，老人跟他们培养小孩的思想不一样，两代人之间容易产生矛盾，经常会因为带小孩的事而发生家庭战争。

同一小区的薛阿姨还握着张阿姨的手说："老姐姐，我也跟你一样，盼了好几年的孙子，到头来也是一场空。媳妇当时跟我说不要小孩，我是急得一个月没有吃好饭睡好觉，你看我现在不也看开了吗？年轻人的这些事就让他们自己去决定吧，我们这把老骨头就安安分分地享受我们的美好生活吧！生个孙子还得天天为孙子操心，现在这样反而清净，还能痛痛快快地生活好几十年呢。"

张阿姨听了老朋友们的劝解，心慢慢放宽了，开始接受这个事实，又重新找回了以前那个开朗积极的自己。

老年人在对待儿女们"丁克"的问题上，一定要理智地处理，不要一味地跟儿女们闹不愉快，甚至偏见地怪到媳妇一个人的头上，这样会影响到家庭的和睦，也会伤到和儿女们之间的感情。尊重年轻人的想法，顺其自然，不要因为儿女们想要过"丁克"生活而影响到自己的晚年生活。

传宗接代 PK 丁克家庭

老人们好不容易盼到了儿女们成家，以为不久之后就能抱到孙子了，可是因为儿女们工作忙碌而迟迟没有音讯。老人开始着急，有的还开始怨恨媳妇，觉得媳妇不该把精力都放在事业上而忽略了传宗接代的重要任务。

老人要看到现在很多女性因为紧张的工作带来无限的压力，这也是年轻女性不愿意生育孩子的一个主要原因。媳妇由于能力很强，在事业上发展空间很大，所以不愿为了生孩子的事情耽搁；而儿子也工作繁忙或者经常外出，导致要孩子的问题一直没有摆上两人生活中的议事日程；再加上他们不知道要了孩子能否应付得了。其实儿女们也不是不喜欢小孩，只是因为平时很忙，竞争又激烈，根本没有精力考虑。他们认为：如果要孩子，就要对孩子负责，如果要了孩子又无法照顾好，那还不如不要。

尽管"丁克"家庭有着自身和来自社会方方面面的压力和猜测。但"丁克"一族的增多，显示中国人在爱情和婚姻中更具自主性和选择性，也将会越来越得到社会各界的理解和支持。

"丁克"生活是与中国传统不同的一种生活方式，"丁克"现象的流行说明了中国人个人选择空间的增大。

过去一提到"丁克"一族不要孩子，一些人就会认为不想要孩子的人缺乏爱心，没有责任心。因此，面对着这些"丁克"们，我们可以不赞成他们的做法，但必须也应当承认：尽管他们的选择有悖传统，尽管他们的行为与多数人迥异，但选择本身是他们正当的权力，尊重、理解和宽容他们的选择，毫无疑义是一个社会文明的标志。

大多数人对"丁克"一族都持有理解和宽容的态度。他们普遍认

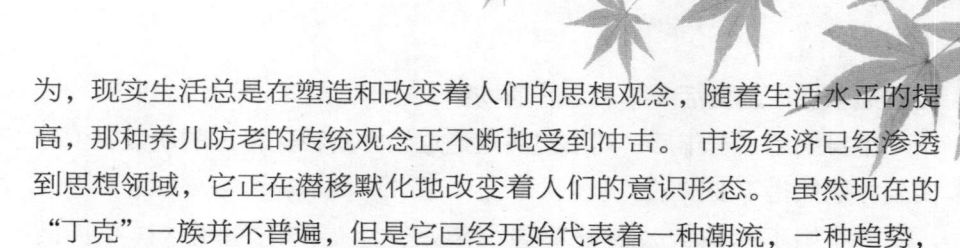

为，现实生活总是在塑造和改变着人们的思想观念，随着生活水平的提高，那种养儿防老的传统观念正不断地受到冲击。市场经济已经渗透到思想领域，它正在潜移默化地改变着人们的意识形态。虽然现在的"丁克"一族并不普遍，但是它已经开始代表着一种潮流，一种趋势，我们的社会更应该以正确的态度去对待和正视这种趋势。

32岁的刘小姐走进了一家婚介所，希望能在这里找到自己的真爱。在填写征婚登记表时，她白纸黑字地写明：不要小孩。

刘小姐是一家外企总裁助理，5年前，她和一位在国家机关里工作的小伙相爱，结婚后，由于考虑到两个人事业繁忙，两人约定要以事业为重，一辈子过二人世界。

刘小姐不打算要孩子也是不想让孩子受罪，看到每年刚毕业的大学生为找工作弄得焦头烂额，心里就发怵。社会竞争那么激烈，从小到大为学业、为工作、为社会地位奋力拼搏。在将来的社会，竞争更加激烈，只有更奋力地拼搏，才能争到自己的一席之地。自己吃的苦够多了，不想再让孩子吃这个苦。看看现在的孩子，小小年纪就没有星期六、星期天，背着书包去上这个班、那个班，这是没办法的事，如果现在不学习"十八般武艺"，将来就会被有"十八般武艺"的人挤垮！如果这样，刘小姐就能觉得生个小家伙出来是让孩子受罪。而且如果要个孩子，整天要为孩子的未来操心，不但很累，而且看着孩子整天为以后能在社会立足而学这学那，自己也心疼。不是不喜欢小孩，经济上也很宽裕，由于过惯了自由的生活，特别是当看到一些父母为了孩子忙得上火，没有一点自己的空间和自由时，就更加没有信心了。

一晃夫妻俩结婚5年了，尽管双方父母老催促要小孩，可刘小姐还是不想要。每当双休日、节假日，她和丈夫双双出入，或爬山，或游泳，坚持锻炼身体，听听音乐，或到商场购物，买上好吃的食物看望老人，感觉很好。

然而随着时间的推移，公公婆婆突然态度变得很强硬，非逼着他们赶快生一个小孩，要不然就要求她跟丈夫离婚。在种种压力下，丈夫也渐渐改变了主意，又想要孩子了。但刘小姐害怕因为生小孩而影响自己的事业，一直坚持不要。为此，夫妻两人产生了分歧，一直僵

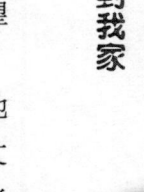

持着勉强在一起生活3年后,分道扬镳了。

单身生活了一年后,刘小姐决定通过婚介所找到自己的所爱,但首要条件依然是不要孩子。

刘小姐不幸地被公公婆婆逼得离婚,幸福的家庭就这样被拆散了。家长的压力使她离开了自己心爱的丈夫,同时让两个人都生活痛苦之中。

年轻的儿女都以事业为重,不愿意让孩子影响自己的工作。还有很多也是抱着要做"新新人类"的年轻人代表,他们有全新的婚恋观、家庭观、生育观,所以拒绝"第三者"(孩子)插足。

老人为了实现自己的愿望,想要一个孙子可以不惜牺牲儿子幸福的家庭,但是这样,老人就能真正地开心幸福吗?孙子只能代表一种血缘关系的延续,但因此付出的也远远无法计算,那又何必呢?只要儿女们真的幸福,又何必在乎他们选择怎样的生活方式呢?

"丁克"不是儿女的错

"不孝有三，无后为大"的传统观念在老年人心目中根深蒂固，所以，有老人的阻挡，"丁克家庭"很难成为全社会的生活潮流。但在夫妻文化程度都比较高的家庭里，这一观念却大有变化。从20世纪90年年代初到90代末，在中国的各大城市里，"丁克家庭"的数量正稳步上升，其成为某个特定阶层的婚姻时尚，也就在所难免。

选择丁克的年轻人是为了使自己生活得更轻松，为了更好地实现自我。老年人对自己儿女自愿不育最感痛心疾首。他们看到现在很多年轻人都选择这种方式生活而自己却无力改变现状时，不仅觉得是断了后代，更觉得是不符合道德观念。但是随着时代的发展，有一些老年人也渐渐接受了这种观念。

很多年轻人认为周围的人和父辈生活得太累了。虽然有人直言不讳地承认自己的选择是享乐主义的，但许多人将追求享乐同追求轻松作了区分。追求享乐是追求刺激，追求瞬间的快感，但追求轻松却是逃避罪恶，追求一种适意、淡泊、优雅的生活，二者是有区别的。尽管有这些差异，自愿不育者给人总的印象是摒弃了传统中国人的忍辱负重、无条件地为后代牺牲的生活模式，更看重自身的快乐，不愿以牺牲个人的幸福、快乐和轻松为代价去换取被他们称为"身外之物"的传宗接代。

过去一提到丁克一族，许多人就会很直观地认为他们不要孩子是为了"自由"，实际深入到"丁克"的内心世界，会发现他们不要孩子的原因并非那么简单。选择"丁克"家庭模式绝不是一朝一夕形成的，而是社会发展过程中伴生出来的一些特殊的思想认识下形成的，这些思想认识来自于工作、社会、家庭、自我等方面。

年轻人觉得孩子从某种意义上来说是夫妻两人之间的"第三者"。两个人的世界既轻松又浪漫，有了孩子，这一切都将不复存在了。多数年轻女性认为，有了孩子后，就永远地告别了二人世界，因此，这也成为她们"恐生"的一个原因。

很多年轻人认为生活应该这样过：赚钱、出去旅游，然后再挣钱、再出去，用文字和镜头记录每一次走出去的感受。不想出去就好好在家看看书，到健身房锻炼锻炼，或是跑遍每一个城市，哪有好吃好喝的，尝个新鲜……一个人生活在世上的时间很短暂，虽然收入不低，可一旦有了孩子，夫妻难免会为孩子的抚养问题产生一些分歧，从而影响婚姻质量。再说如果有了孩子，随之而来的就是一笔高昂的抚养费和教育费，这个沉重的经济负担必须自己去承受，甚至会负债，根本不可能像现在这样可以把所赚的钱用来尽情享受生活了。

北京的周先生和妻子结婚刚满 3 年，在父母严厉反对他们不要小孩时，他都会坚定地跟父母说："每次听到我们家对面的夫妇因为孩子的教育产生分歧而吵架时，就更加觉得和妻子不要孩子的决心是对的。不是现在负担不起孩子的费用，而是因为有孩子后，会投入很多的精力而忽视了对方，在教育孩子的问题上还存在分歧，那是一件很伤夫妻感情的事情。"为了他们的幸福，老人也只能默默地接受了现实。

还有不少女性认为孕育和生产孩子的过程太辛苦，而生完之后抚养的过程更辛苦。怀孕的过程会耽误将近十个月的时间，呕吐、烧心等等强烈的妊娠反应足以让人对生孩子望而生畏……

有位吴小姐在父母的严逼下，不得已做了母亲，直到现在，对于怀孕十个月所要忍受的煎熬还依然充满了恐惧，此外，吴小姐现在还是觉得十个月的时间就这样白白浪费了，一生中能有多少个十月呀！一想到以后有很多精力要花在小生命上就害怕，如果不是自己父母和公公婆婆一定要孩子，她是不会生的。她还担心自己的身材无法保持得像生孩子以前那么好。

在一所大学做老师的杨小姐的话代表了许多女性的心声："养孩子真是辛苦，可不像养一只小狗，不想养的时候送人就可以。有了孩子，两人都得围着孩子团团转，一切浪漫，一切幻想都归于实际。别说有时间花前月下地享受生活,就连睡个囫囵觉,抽空看个电视都成问题。等孩子上了学,你又得担心上的学校好不好,孩子的功课怎么样。好容易盼着孩子上了大学,又得担心毕业后,能不能找个好工作,找了工作又得担心干得好不好。再接下来就得操心孩子的婚姻大事。做孩子时,总不想父母干涉自己的恋爱自由,似乎这是扫除封建残余的最后一关,但做了父母又不得不干起自己父母曾经干过的事。"

在一家公司做秘书的周小姐三十二岁了还不打算生育。她说:"我为了发展,可能以后也不想要孩子了。其实我挺喜欢孩子,也希望自己生个孩子,但现在企业内部竞争激烈,如果我因为生孩子而请假,就有可能失去现在的位置。"

一位叫万涛的朋友在一家公司做销售经理,1999年结婚,婚前就和小丽达成协议不要孩子,他知道当时自己经济条件并不允许,连房子都是和别人合租的,更不可能有精力和心思养育孩子。现在他的经济条件已经很好了,但看看周围的朋友,为使孩子上好的学校,互相攀比,把自己弄得很痛苦,他们就彻底打消要孩子的念头了。确实如此,生了孩子就不能让他委屈,有了孩子的时候你不攀比都不行。难道将来别的孩子都上好学校,你能不让自己的孩子上好学校?别的孩子出国留学,你能不让自己的孩子也去?别的孩子吃好的玩好的,你能让自己的孩子在旁边干瞪眼吗?所以他和妻子商量好了,他们要把挣的钱买房子,再买辆轿车,别人能享受的,他们也要享受到,不想因为孩子影响他们的生活质量。

有一部分夫妻对婚姻的稳定性没有把握,惧怕将来会发生变故,干脆不要孩子。不是因为经济问题不要孩子,而是因为自己对婚姻对家庭没有信心。现在离婚率逐年上升,媒体上经常可以看到单亲孩子犯罪、自闭、心理残疾等等类似的报道,虽然目前的婚姻还比较稳定,但是有了孩子之后会是什么样子,不敢想象,因此为了保险起见,孩子暂时还不能要。

如果两个人的感情好,能白头偕老,已经是万幸,没必要再奢望孩子。如果不幸半途分手,为什么要将成人的失败带给孩子?因此,只结婚,不要孩子,而且永远不打算要孩子的年轻人也越来越

多。

35岁的李小姐说:"我周围的好几对朋友,结婚时像掉进了蜜罐里,突然有一天说离婚就离婚了,生下的孩子成了一个棘手的难题。我是一个责任感很强的女人,如果生个孩子,我就得对孩子负责任。但我对婚姻确实不自信,也从来不相信什么海誓山盟,感情会随时间、环境的变化而变化的。如果离婚了,会对孩子带来怎样的伤害?更何况孩子长大了,翅膀硬了,都要离开父母远走高飞……那与其这样,不如不要。"

这些年轻人的观点,传统观念影响下的老年人是很难接受的,但在这种新的潮流下,老人也要转换自己的思想,多站在年轻人的角度去思考,而不是用旧的观念去约束他们,破环那些本有的幸福生活。

强扭的"瓜"不甜

儿女一结婚，全家人的目光全聚焦于女方的肚子上。一年半载没有动静便千猜测万担心千嘱咐万叮咛的。一旦得知是自愿放弃生育，必然会引起轩然大波，众口矢之有之，大骂不肖者有之，寻死觅活者有之……来自双方家庭的压力，作为传统观念的叛逆者，"丁克"夫妇必然会遭受来自各方面的压力。有些自愿不育者屈服于此压力而被迫放弃初衷。

对此，年轻人自有见解："如今，中国社会已从传统社会向现代社会发展，女人再也不是传宗接代的生育机器。个人自主自愿是生育的必要前提，老人的心愿并不能代替一切。"

很多老年人认为，孩子不但是生命的延续，还是连结夫妻关系的纽带，是决定婚姻是否牢固的因素。一对配偶如果没有血缘亲情作为补充后备力量的爱情，则难以战胜婚姻常有的疲软与倦怠。在婚姻和感情上，孩子可以击垮一切！所以老人看到儿女们结了婚，就赶紧催促着传宗接代，用孩子套住儿女们所有的幸福。

不过，在现实中，又有多少真正能为孩子守住的婚姻和感情呢？如一对婚后嗑嗑碰碰的夫妇也认为生了孩子后家庭气氛会温馨一些，丈夫的野性也会收敛一些。但事与愿违，刚有孩子时家庭气氛才好没有多久，丈夫野性又复发，两人又开始不休止地争吵。当别人的孩子在充分享受父母的娇宠时，他们的孩子在两岁多时却学会了跪在地上流着眼泪哀求道："爸爸妈妈，你们不要吵架好不好？"他们的婚姻最后以劳燕分飞而告终。

唐小姐说："生活永远充满了未知数，所以，当生活发生改变时，我们不得不改变自己的状态。"当年，在要不要孩子的问题上，

唐小姐曾是个铁杆丁克拥护者。她一直觉得，生育是一个女人价值打折的开始，再漂亮的女人，只要生了孩子，男人对她的评价也会大跌。结婚前，唐小姐就很恐惧女人生育后那种走样的身材，松松垮垮的肚皮，有一种破败的味道。

唐小姐很在乎自由，在乎两人世界，觉得孩子会影响夫妻感情。她说，以前看过一则耸人听闻的新闻，说国外有个女人，因为觉得孩子的出生影响了夫妻的生活质量，前后杀死了5个孩子。

结婚以后，唐小姐一直很快乐。和那些为人母的朋友在一起，觉得显然比她们更有活力，唐小姐还能时常和朋友泡吧到半夜，不用担心第二天必须早起送孩子上学。

但是，唐小姐的先生是独生子，公公和婆婆从他们恋爱时就盼望着抱孙子，先生自己也非常喜欢孩子。先前说好不要孩子，是因为先生的迁就，先生老是说："等你长大了，再为我生个孩子吧。"当她第二次意外怀孕时，先生的态度发生了很大的转变，先生把她怀孕这事告诉了婆婆，婆婆立刻搬来和他们同住，天天对她关怀备至。但她仍然和先生作斗争——唐小姐已经习惯了两个人的生活，不希望孩子来打扰。终于，丈夫又一次妥协，只是希望唐小姐不要把真相告诉婆婆。那天，唐小姐的先生陪她去医院。进手术室前，她发现丈夫的眼里含着泪水。唐小姐的心开始不安，仿佛又看见了公公和婆婆那祈求和盼望的眼神。当女医生最后问唐小姐："你决定了吗？"就在这一刻，唐小姐改变了主意。

随着孩子的出生，唐小姐感受到更多的不是孩子给她带来的开心和幸福，而是无休止的麻烦和劳累，她开始觉得心烦，因此跟丈夫吵架的次数也越来越多，两个人的感情因为多次吵架而慢慢消磨，最后只有离婚。一段美好的感情因为一个孩子的降生而破坏，这不是任何人所希望的，很多年轻人在工作和生活上的压力已经不堪再负荷起一个孩子的拖累，所以在事业和孩子的双重选择里，他们选择了前者。

丁克家庭，只是家庭形式的变化，而不是家庭性质的变异。所以老年人不要把自己的思想和观念强加到儿女们的身上，抛开传统，让儿女们面对新的世界，自己也可以从多年的思想禁锢中走出来，没有负担没有压力地享受自己的美好晚年。

不是亲生亲不亲

老人在血缘的传统思想上，很难接受领养没有血缘关系的孩子，现在这个根深蒂固的偏见虽然在逐渐消失，但不少老人依然无法接受。

在某科技公司工作的林楠，夫妻双方在事业上都做出了不小的成绩，生活上也早已跨入了小康。林楠和老公之所以选择不要孩子的生活方式，是由于工作太忙没时间生孩子，根本没有精力再去抚育一个小孩子，所以就索性不要孩子了。林楠和老公对孩子的问题都特别想得开，她说他们这一代人都不会再指望孩子养老，有没有孩子都无所谓。

在紧张的工作中，夫妻两人的事业也蒸蒸日上：丈夫成为公司开发部经理，自己也被任命为副总工程师。他们的收入也有大幅度提高，生活条件早已今非昔比，令家人兴奋不已。他们不但住着一套160平方米的大房子，还买了一辆豪华轿车。有一年冬天，他们把双方的老人都接来家中过年，让他们也享受一下住大宅开私家车的好日子。老人们看着这对小夫妻的富裕生活，高兴之余却生出几多遗憾："什么都不缺了，就是缺个孩子！"

事业有成了，小家庭也应有尽有了，双方老人一再催促他们尽快生个孩子。面对来自家人的压力，林楠与老公开始商量起生孩子的问题。商量了几天，他们决定领养一个小孩。

林楠领养了一个小女孩，活泼聪明，可爱极了。可是婆婆对孩子却是不冷不热，不像别的奶奶一样疼爱孩子，经常对孩子不理不睬，心情不好的时候还会打骂孩子，因此林楠和婆婆经常因为孩子闹矛盾。

老人在公园里散步看着别人带着孙子快乐的玩着，心里很羡慕，想到自己那没有血缘关系的孙女，心里更不是滋味。 在聊天中，老人说："老姐姐真是好福气啊，有这么可爱的孙女。"朋友惊讶地说："你也不错啊，孙女人见人爱。"老人摇摇头无奈地说着领养孙女的事。 朋友听了认真地说道："你一定要看得开啊。 亲生的和养的其实都一样，就看自己怎么养了，养好了比亲生的还好。 我的孙女也是养的，现在跟我特别亲。"说完，抱起自己的小孙女，爱不释手。

随着中国的现代化，家庭血脉相承的重要性已逐渐在淡化。 孩子亲不亲最重要的不是血缘，而是细心的养育和耐心的教育，只要把他当亲生的对待，自然在孩子的心中你就是最可敬的人。

64岁的桑大爷和7岁的桑路几乎一刻也分不开。 如果桑路在门前玩耍，桑大爷做什么都有些心不在焉，过一会儿就要到门前去看看，生怕他跑到马路上玩，会被过往车辆撞上。 除去上学和玩耍的时候，桑路就像"长"在桑大爷身上一样，连睡觉都要"黏"着他。

现在，桑路整天一口一个"爷爷"、"奶奶"地叫着桑大爷和桑大妈，其实，他们之间没有任何血缘关系。 7年前的一个清晨，桑大爷的儿子办完事回家在草地上发现了一个小婴儿，寒风中，婴儿"哇哇"大哭，桑大爷的儿子不知所措，赶紧把婴儿抱回家。 儿子一直没有小孩，就决定收养这个小婴儿。

儿子儿媳工作忙，很少回来一趟，抚养小孩的担子就全落到了桑大爷和桑大妈的身上。 小桑路身上起了大片大片的红疹子，桑大爷就抱着他去医院，好不容易把红疹治好了，他又得了气管炎，断断续续治了一年，总算控制住了。 不久又发现他还患有小儿白内障，赶紧去做手术……孩子一直病病歪歪的，儿子儿媳也没有时间回来照顾，老两口就自己抱着去医院看病……孩子一天天长大，病一天天好转，时间一长，老两口渐渐离不开这个孩子了。 儿子儿媳怕老人太累要接孩子跟他们一起过，老两口坚决不同意，小桑路已经成了桑大爷和桑大妈的心头肉，离不开了，桑路自己也愿意跟着爷爷奶奶。

桑路虽然顽皮，但和同龄的孩子相比，桑路还是非常懂事的，他已经会帮着爷爷奶奶买东西了，特别是对桑大爷夫妇非常好，一看见老两口身体不舒服就坐在他们身边问这问那的。 有一回，桑大爷感冒了，桑路放学回来也不出去玩了，就围着桑大爷转，他听说生病的人要多喝水，就不停地给桑大爷倒开水，还要看着他喝掉，桑大爷心疼他只好一杯杯地喝开水。老两口年纪大了，记性不好，小桑路就养成了整天操心的习惯——晚上，他不像其他孩子一样脑袋一挨枕头就睡着了，而是常常睡着睡着突然睁开眼睛问，"门关好了没有？""外面的东西都拿回来了没有？"老两口又好笑又感动。所以，桑路再调皮，老两口也舍不得打，就是打也是手举得高高的，轻轻落到他的小屁股上。

关于孩子身世，家里一直没有隐瞒小桑路，这也没有妨碍桑路一口一个"爷爷"、"奶奶"地叫到现在。有时候，桑大爷夫妇逗他，"把你送到爸爸妈妈那里去，爷爷奶奶不要你了？""我不去，我不走了……"桑路急得哭了起来。有一次，儿子儿媳特意回来接桑路，桑路哭闹着就是不去，没有办法，就只能让桑路跟着老两口一起生活。

现在，老两口和完全没有血缘关系的孙子快快乐乐地生活在一起，桑路跟父母关系很好，但跟爷爷奶奶更亲。一家人在一起开开心心，尽情地享受着幸福生活。

老人要放下血缘关系的这种成见，用真心去接受自己的养孙，感情是可以胜过血缘的，有付出也会有回报，只有一家人快乐的生活才是最重要的。

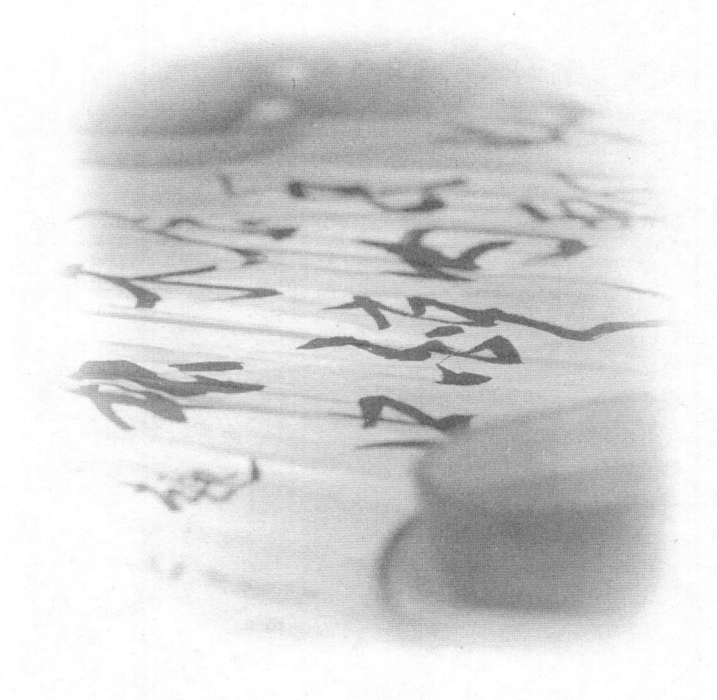

第九章 老大为了家居忙

——安逸眨眼成房奴

儿女是父母的心头肉,无论儿女大小,是否独立,父母永远都在为儿女着想,为女儿的前途打算。为儿女,父母不惜付出自己的一切,但是,当我们到了老年,当我们为儿女力不从心的时候,是不是也可以安安心心地休息一下,规划一下自己的晚年生活呢?

前方买房后方支援

很多老年人刚刚退休，就被儿女买房子的事给忙上了。人到老年，却还要为儿女的房子劳累，老年人要放下这个担子，儿女已经成年，可以让他们独立的自己解决。

面对昂贵且不断攀升的房价，在买房时，年轻一代工薪族仅靠其微薄的工薪甚至无力承担首期房款。于是，不少年轻一代工薪族无奈地向父母伸手寻求帮助。目前，越来越多的年轻人买房时向父母借钱付首期，剩余房款由自己通过银行按揭慢慢付清。

贷款买房不仅反映了年轻人的一种生活态度，也是当下不少青年人再熟悉不过的做法了，他们已然接受了超前消费的观念。但是，一些收入并不高的年轻人，却常常将获取这笔数额颇大费用的希望，寄托在父母身上……

肖影与父母的关系前所未有地紧张，因为几乎每次打电话回家，话题都要涉及房子，父母总是犹犹豫豫地把话题岔开。肖影也知道，作为工薪阶层的父母经济上并不宽裕，但是，房子是她和男友决定合买的，即使男友出一大部分，自己也要出一小部分钱进行装修。肖影不忍看着男友到处借钱，希望父母能资助一些。

博士毕业的肖影已经 28 岁，打算明年结婚，所以置房成了她和男友最紧迫而又最犯难的事。男友那边能想的办法都想了，现在重点落在她这边。而让她为难的是，父母总是支支吾吾，不说有，也不说没有，说让他们看好了房要交钱时再说。肖影和男友早就看中了一套，首付还差 4 万元，如果肖影这边能借到 4 万元，他们将拥有这套房子。如果没有这么多，只能凑合着选套位置和户型都差点儿的。

一次打电话回家，母亲接到后马上就说"找你爸有事吧"，转而

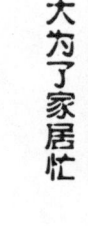

就把电话转给父亲。肖影有点儿心酸：以前总是和母亲聊得很开心，如今，自己的电话可能已经成了家里的"定时炸弹"，谁都不愿接。

终于谈好了，父亲答应明天把钱汇过来。肖影办的是工商银行的异地卡，存折在父亲那边，银行卡在肖影这边。读书的时候，父亲总是在折子上存，肖影从卡上花。

打完电话后，肖影一方面松了一口气，另一方面开始坐卧不安：是不是为难了父母？究竟能寄多少呢？能不能如愿买那套看中的房子？

恍惚了一天一夜，第二天下午5点多跑到银行，想着这个时候该到账了。看着ATM机器上显示的一连串零，肖影突然有点儿眩晕。赶忙又给家里打了一个电话，妈妈告诉她爸爸借钱还没有回来，这时肖影的眼睛湿润了，原来是自己一直在误会父母，原来爸爸妈妈一直在为自己的事情奔波。

"金窝窝，银窝窝，不如自己的狗窝窝。"这句俗语道出了许多人想有一套自己的住房的心声。说实话，虽说子女买房，做父母的支援这是天经地义的事情，但无论如何应该量力而行。如果自己经济收入和储蓄窘迫，仍不顾一切地为儿女买房，那么就会使自己的生活出现困难。一旦自己有个病痛什么的急需用钱时，就只有干瞪眼了。

的确，现在房价甚高。年轻人，参加工作时间不长，积蓄不多，如果没有父母的资助、支持，要想独自买房，几乎不可能。无奈之下，他们只好向父母求援。在此关键时刻，很多做父母的也只好咬紧牙关，解囊相助。

不过，凡事都有个度，超过了这个度就会适得其反。这不，老邓最近就遇上了烦心事。

老邓有一儿一女。前几年，女儿结婚后要买房，找老邓诉苦。老邓不仅掏光了自己多年的积蓄，还借了两万元，共"借"给女儿十万元。可最近，老邓的儿子也准备要买房结婚，又希望老邓能支援一下。老邓哪里还有钱支援，只好找女儿还钱，可女儿也拿不出那么多钱还老邓。一来二去，女儿怨父亲小气，儿子怨父亲一碗水端不平，现在老邓真是老鼠钻风箱——两头受气。

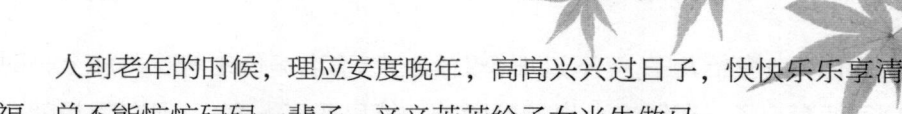

人到老年的时候，理应安度晚年，高高兴兴过日子，快快乐乐享清福，总不能忙忙碌碌一辈子，辛辛苦苦给子女当牛做马。

如果子女购买宽敞舒适的高级商品房，价值几十万元，甚至上百万，子女又没有那个能耐，也没有那个经济实力，完全依靠父母来承担，可想而知，不知猴年马月能还清买房债务，当父母的累死累活最终没有好的结果，这样又何苦呢？

与其那样，应让子女自食其力，自力更生，自我积累，根据财力，量体裁衣，愿买什么房就买什么房，多宽多大，什么标准，什么规格，让他们自己根据自己的需求和能力去定，做父母的出谋划策，也算尽了父母之责。

都说"父母想儿女，是路一样长"，为人父母总是在为孩子操劳着，担心孩子是否吃饱穿暖，担心孩子功课如何，担心孩子是否学坏，儿女长大了还要担心他们的婚姻嫁娶。老年人买房，除了炒房投资，或是换大居室外，大多还是为了儿女打算。有的老年人想起自己当初单位宿舍里的就简婚房，或是公公婆婆小叔小姑一大家子住在一起的往昔岁月，给儿女买房结婚，成了大多数父母的心愿。家底殷实的父母，会给孩子买大套的新房；条件一般的父母，也会省吃俭用地存下一笔钱，作为儿女买房的后备储蓄。真是可怜天下父母心！

谁都想有个家，哪怕只是一个不大的地方。但要想有个家，必须有房，而且是属于自己的房子。因此，成为"有房一族"，是刚工作不久的年轻人一个重要而沉甸甸的向往，也是结婚的前提条件。

儿女安家置业，购买市场商品房，好赖一套三居室住房少说也要几十万元。子女刚成家立业，积累不多，父母在条件许可的前提下，伸出援助之手，也是人之常情。

张女士的儿子去年大学刚毕业，说到结婚其实也还早。不过作为母亲，张女士老早就为儿子买婚房的事操起心来了。

房价一年年地往上涨，张女士心里琢磨着早点把房子买好，可以省了这份心。就怕过几年儿子处好对象了，要买房结婚时，房价高得无处着手，所以尽早打算也好。张女士早几年的时候，她和丈夫就有这个打算了。"当初买现在住的××花园时，就打算买两套的，一套

自己住，一套给儿子。"不过那个时候还吃不准房价走势，再加上一时间买两套房子，在经济上也是挺紧的，就只买了一套。现在想想就有点后悔了。"

后来，看着房价一个劲地往上涨，张女士心里急了，开始到处看房子，看到户型和小区环境有特别喜欢的，就赶紧叫儿子去看，最后买了一套136平方米的房子，算下来也要70几万元，着实也不便宜。"幸好还有公积金，按揭买房，首付30%，然后分15年还清。"

"有余钱放在银行里，其实还不如给孩子买房子，而且房子增值的空间大，买好了我心里也踏实。现在他还没成家，那房子我打算租出去，加上他自己也工作了，一家三口一起还贷，压力也不是特别大。"房子买了，张女士心里也踏实多了。

"现在的物价多贵啊！我们当父母的不支持一下孩子，他们怎么有能力买房子哦，孩子买房子我们当然要支持，尽到我们的最大努力吧！"陈女士是一名公务员，儿子大学毕业参加工作才两年，月工资1200元左右。

儿子和女朋友准备结婚，买房子就是第一件大事，靠他们那点工资，不知道什么时候才买得起新房子。所以，陈女士和丈夫决定给儿子买一套100平方米的住房，他们拿出20万元付首付和装修，余下的20万元办了20年按揭，由孩子们每个月从工资里扣。"我们凑的这20万是我们老两口存了半辈子的积蓄，有一部分还是借的，但是为了孩子嘛，值得！"陈女士支出这笔钱似乎特乐意。

"我们并不是不想支持孩子买房子，可这些年为了支持孩子读书、找工作，家里已是'财政赤字'，倒欠了1万多元钱，所以孩子要买房子我们是无能为力，支持不了。"刘阿姨的丈夫是一家钢铁企业的工人，她则在菜市场租了一个摊位卖菜，去年大儿子结婚买房时她们就没有支持，儿子自己贷款买了一套二手房。

如果有钱当然愿意给孩子多些支持，但是就很多工薪阶层的人来说，不仅要养孩子还要赡养老人，等孩子们成年了踏入社会了，自己的身体和金钱也消耗得差不多了，哪里还有多余的钱来给儿女们买房子呢？所以，儿女们结婚买房可以适当地支援，但是不能超出自己的能力范围，不要为难自己。

　　子女买房，作为父母给他们作参考提意见是应该的，但是对经济上的支援一定要量力而行，不要一心只想着儿女，而不考虑自己的处境。父母把孩子养大成人，供他们念书直到大学毕业找到工作，义务和责任已经尽到了，踏入社会后一切都要靠他们自己的能力。

第九章　老大为了家居忙

老大无奈成房奴

有一处自己的房子是多少人的目标与理想，在房价日益升高的今天，买房子成了很多人的头等大事，既然是头等大事了，那可马虎不得，于是乎，想房、看房、选房、买房、卖房、抢房等等众生故事便上演了，特别是好多退休的老人也加入这个行列，成为一道亮丽的风景线。 他们大多不是为自己买房，而是为了儿女奔波的。

随着房价的疯涨，"房奴"也成了时下的流行词。 但"房奴"一词一般是用来形容年轻人的，而现在也流行到了一些老年人的身上。

自打老张的儿子买了房子以后，老张就没了自己的时间，几个棋友常唠叨：老张啊，什么时候不当房奴了，和我们几个老哥下一盘。

老张的儿子大学毕业两年，自己还没有多少积蓄，但考虑到房价的上涨，将来到了结婚的时候也得买房，于是就跟老张商量着买房。 老张爱子心切，拿出了自己一辈子积攒下来的养老钱，还向亲友借了好几万才凑齐首付给儿子买了一套一百平米的房子。

房子装修的时候老张每天都要监督装修进度，时不时还要当跑腿儿买这买那。 在这当中，老张不幸擦伤了胳膊，边养伤还要边做"监工"，那道伤现在还很显眼。 房子装修完毕，出于健康考虑，儿子决定过段时间再入住。

老张只好继续天天去照看，偶尔还会在"恶劣"的环境里过夜。 自打被儿子的房子"捆"住后，老张就没了自己的时间。

为分担儿子的压力，老张去人才市场找工作，目标职位是工厂门卫、仓库保管。 好不容易才从工作岗位上退了下来，现在为了房子老张又开始上班了。 年过半百的老张也成了实实在在的"房奴"一族。

时下，买房动辄就是数十万元的支出，对普通家庭来说都难以承受。老人掏出毕生储蓄来为子女买房似乎是一件天经地义的事情。但是，也要让子女艰苦奋斗，自力更生，不能让子女们成为"啃老"一族，也不要让自己成为"老年房奴"。

老年人要多从自己的角度考虑，人到老年难免会面临着身体、疾病等多方面的不确定因素。所以，很多老年人的支出或者潜在开销都非常庞大，倘若再加上给子女买房这样的大事情，这对于老年人来说，无疑是一种巨大的经济压力和精神负担。子女当自强，老人应该正确地看待这一点！

对大多数年轻人而言，单纯靠自己工作5～7年的收入，很难支付买房的首付。因此，很多退休后的父母为了儿女们买房而成为了房奴一族。

老人替子女买房付首付，积蓄毕竟有限，不要把所有的钱都"扔"进房子里去，老人也应该自己有些"活钱"防老，虽然有病有灾子女不会不管，但靠自己还是最管用的。对于老年人来说，健康是第一步的。所以子女在买房的时候，父母可以在精神上给予鼓励与关心，在经济上要根据具体情况去具体处理。

作为父母完全没必要因为儿女们买房而四处奔波。不要只是一味地设身处地地为儿女考虑，而要让他们自己的事情自己解决，不要一味地依靠父母。父母们含辛茹苦地养育了儿女，不要再为了儿女们往后的安逸却把自己未来可能存在的各种风险全部抛开。

老年人因为年龄的特殊性，替儿女购房时一定要考虑手头的现状，不能看现在的收入不错，就可以大力投入，为儿女购置一套面积大一点，地方好一点的房子。要知道，老年人现在的收入，不能代表5年、10年后还有这么多收入。另外，按照老人一贯"水往下流"的做法，有钱就补贴儿女、甚至孙辈，所以，老年人为儿女购房，需考虑的是先预留一部分资金，以补贴自己往后的生活，作为生活基金，确保以后生活无忧。

儿女离婚房归谁

老年人给儿女买房结婚,由于房子是婚前购买,这些一旦在儿女离婚时,就碰到了财产分割的问题,这样由父母在子女婚前购买的房产,属于子女个人还是属于夫妻共同财产,着实让很多人费了一番脑筋,这也是很多老年人必须考虑的问题。

时下父母资助子女买房的情况十分普遍。年轻人购房遇到困难,父母尽其所能施以援手,本是殷殷亲情,但一定要注意不要为此赔上自己的老窝、老本。老李的前车之鉴值得大家思考。

儿子小李结婚后一时冲动付了新房的订金,静下心来一盘算才发现,仅靠自己的能力连首付都无法支付,于是找到父亲求援。爱子心切的老李和妻子拿出全部积蓄帮儿子付了首期。接着装潢又是个难题,小李本想向朋友借钱装修,但直到第二年资金也没到位,小李夫妻只好再次求助父母,希望老人能和小夫妻一同生活,把老房变卖的钱用作新房装修。眼睁睁看着儿子、儿媳束手无策,好好的房子空在那里,老两口实在于心不忍,于是卖了老房,抛了股票,提了存款,把老窝、老本都贴到了儿子的新房上。

一同迁入新居,婆媳关系融洽,确实安稳了一段日子。只要婆媳之间没矛盾,一家人住在一起也挺好,老李夫妇这么想。哪料小李突然有了外遇,直接导致了夫妻感情破裂。协议离婚时小李把房子的产权全部转让给妻子小吴。后小吴起诉要求明确产权,老人应迁出该房屋。这下老夫妻俩呆住了,一起出资买房、出钱装修,最后房子没有自己的份,老房也卖了,难道要流落街头?还好,老李保留了儿子出具的借条及部分装潢付款凭证。

经审理,法院认为,虽然在一般情况下,父母对子女结婚购房的

出资可以视为对子女及其配偶的赠与，但从房屋出资来源及占有使用情况分析，单纯赠与并不是老李夫妇的真实意思，房屋应由小吴和老李夫妇共有，最后依据可证明的出资情况判决小吴拥有60％的产权份额，老李夫妇拥有40％的产权份额。

  房屋往往是老年人辛苦一生的最后财产。我国老年人普遍有"养儿防老"的心理寄托，因此对子女少有设防，加上老年人对于房产相关的法律知识了解得不多，往往在亲情的背景下轻易地将房产赠送、转让给子女，或者默许他人取得自己房屋的所有权。当木已成舟时，一旦发生纠纷，即使诉诸法律也难以挽回。所以，老年人应有法律意识，在房产赠送或转让时，应该向相关律师咨询，至少要慎重，以免日后发生不必要的纠纷。在一些存在"利益冲突"的家庭关系中，老年人要牢牢把握好自己的住房权、财产权等权益。同时，如何使多子女家庭内部保持融洽、默契、祥和的关系，平衡子女之间的利益也是子女和老年人都不能回避的问题。

  老有所依，老有所养，这是传统的观念，而现在竞争大，儿女们只能顾上自己，老年人在疼爱孩子的同时，也要给自己留有余地，这样才能安享晚年。

再婚的房产如何分配

近年来,老年人再婚的现象逐渐增加。大多数年轻人对父母再婚表示赞成,甚至为父母的再婚积极做红娘、牵线搭桥,这是社会文明的表现,也有一部分年轻人对自己父母的再婚表示反对,主要是顾虑父母百年后的财产继承问题产生纠纷。

老年人再婚时对于自己一方名下的房产所产生的法律后果是众多再婚者及子女考虑的问题。该房产在结婚登记前属于一方财产,在结婚登记后仍然属于一方婚前个人财产。缔结婚姻关系以及婚姻关系的延续不会改变该房产的性质,如果想要改变房产的归属需要双方书面约定。但是,在该房产的所有人去世后,该房产成为遗产,那么再婚的配偶就享有继承的权利,因为配偶属于第一顺序继承人。如果要改变这种法律后果,房产所有人在生前可以立遗嘱或赠与他人。

张大妈在世时,张大爷单位分配一套2居室住房。张大妈去世3年后,张大爷再婚。后老伴已经结婚3次,有两个女儿四个男孩,并且都是农民,没有任何收入来源。

后来张大爷的子女担心以后的财产继承问题,于是与后老伴签订了一份协议(双方老人及双方子女均签字),意思是张大爷如果先去世,房子可以让后老伴住到去世,但其只有房产使用权,没有所有权。如果后老伴先去世,则房子和后老伴一家没有任何关系。后老伴一家说不是为房子,于是很痛快地签字。

婚后,后老伴就把张大爷的收入据为己有,家庭生活相当拮据。但张大爷的性格好,对此虽然有埋怨。现在张大爷和后老伴结婚已经将近十年,而张大爷单位的福利分房必须要求买下来,后老伴和他的2个女儿一改十年前的说法,坚持要房产的一半,考虑到他们一起生活了将近十年，张大爷现在的子女希望可以分到房产的2/3，在购房的时候，与后老伴的签订协议，后老伴的女儿出资1/3，张大爷的子女出资2/3，房产证下来后，即刻去办理公证。按照后老伴儿女的1/3，张大爷儿女的2/3方式继承。现在房产证下来了，后老伴和她的女儿又不办理公证了，坚持要房产的全部。因此两方的儿女闹得很厉害，最后闹上了法庭。

老年人再婚最重要的一点就是要把财产的问题解决好，要事先与儿女们协商好，这样避免以后双方发生财产纠纷，本来和和美美的一家变成了仇人，闹到最后只有到法庭才能得到解决。

像张大爷这样的情况比比皆是，房子问题的关键在于房产是张大爷的再婚婚前个人财产，还是再婚婚前和前妻的共同财产。

如果是张大爷的再婚婚前个人财产，依据继承法，由第一顺序的继承人继承，主要有他的儿女和再婚老伴。还有一个问题是，再婚老伴有子女是否成年，要是成年的话，没有抚养关系，则没有继承关系，房子则由张大爷的儿子、再婚老伴继承；要是再婚老伴有子女未成年，要由再婚老伴和张大爷共同抚养的话，则构成继父子女关系，再婚老伴的子女也有平等的继承权，也就是房子由张大爷的儿子、再婚老伴、再婚老伴的子女平分。

依据继承法，遗产继承的顺序是：第一顺序：配偶、子女、父母。

第二顺序：兄弟姐妹、祖父母、外祖父母。

继承开始后，由第一顺序继承人继承，第二顺序继承人不继承。没有第一顺序继承人继承的，由第二顺序继承人继承。

法律所说的子女，包括婚生子女、非婚生子女、养子女和有抚养关系的继子女。所说的父母，包括生父母、养父母和有抚养关系的继父母。所说的兄弟姐妹，包括同父母的兄弟姐妹、同父异母或者同母异父的兄弟姐妹、养兄弟姐妹、有抚养关系的继兄弟姐妹。

老年人买房细考虑

老年人一般都有房子，但是，因为儿女结婚，家庭房子一时困难，需将家里的大房子腾出来，重新买一套房子安度晚年。

老年人因为年龄的特殊性，在买房时要看公共设施是否安全，其设计必须符合老年人的生理和心理的需要。比如：社区设置通常便于服务和交流，加强无障碍设计、光照设计，设置防滑、防撞和设置扶手等。大部分老年人喜欢清静、清新的住房环境，老年人年纪越来越大，对居住的要求就相对要高一些，周边不能太吵，有公园、有水的住宅是老年人最合适的地方，而且还要有锻炼的场所。

人到老年，随着运动功能的退化，住在没有电梯或者楼层较高、楼梯间隔不宽的房子里，无疑会产生诸多不便，再加上现在邻里意识减弱，低层的住宅应是老年人的首选。

老年人喜欢宁静舒适，住郊外可远离城市的喧嚣和拥挤。退休后，在郊外买套房是不错的选择，因为郊外房价相对便宜，空气好，人口也不像中心城区那样稠密。再说，老年人住郊外，儿女们在时常去探望的同时，也可有机会分享郊外的阳光和绿色。郊外的房子，有的还带大花园，院子里还能种点花呀、草呀、树呀，可以怡情养性，愉悦身心。

秦大爷老两口原来住城里，前几年儿子结婚，当时没有任何置业经验的秦大爷老两口想，孩子和孙子们上班的上班、上学的上学，搬得太远不现实，所以孩子们就住原来的房子。已经退休的秦大爷老两口不用考虑上班远近的问题，又想住得宽敞些，以便于节假日孩子们来家聚会，所以就选择了郊区的房子，而且还挑了套时髦的复式。

新宅子倒是不错，可住了几年，老两口却越来越"烦"。秦大爷

老两口的新房周边交通不方便。家里的孩子们都是工薪族，没有自己的私家车，坐公交车来一趟，顺的时候一个半小时，要是赶上堵车就没谱了，往往是孩子们一大早出门，到老人这儿，恨不得吃几口中午饭就往回赶。老人进城看孩子，也是同样的累。

由于他们选的房是一期，每天从阳台望下去，脚下宛若个大工地。虽然不至于每天机器声轰鸣，但放眼望去，还是满眼的塔吊、搅拌机，看着老觉得闹心。

令秦大妈烦的是，现在买菜只能到小区里的便利店买"净菜"，价格贵不说，还不是很新鲜。"光买菜就要多花不少钱"。

更要命的是，当初选"复式"的时候没考虑到在家里还得"爬楼"，这让喜欢到露台接触大自然的秦大妈心生畏惧，因为她那骨质增生的腿总跟她过不去。另外，这大房子太大，打扫起来"工作量"很大，关键是家里人口少，老两口时常会莫名其妙地有一种"空落落"的感觉。

秦大爷老两口现在的种种不快，都与当初他们购房时在区域及户型选择上犯的错误有关。

老人购房时应当选择与子女居所较近区域或相同方位的地方，也就是说最好买同一大区域的房。在日本有一种说法叫做"一碗热汤的距离"，即老人与年轻人居所的远近以"一碗热汤端到老人家还是热的"为最佳距离。

如果老人选的房是塔楼，要注意最好避开九层和十层的房子。因为，按照现在的层高设计，九、十层的房子的高度正好处于大气中污染物的悬浮层，也就是说，这个高度空气污染是最严重的。

老人买房在经济条件允许的条件下总觉得越大越好，其实不然。太大的面积对老人而言，有时确实会有一种"空落落"的感觉。除打扫起来费时费力外，空间大了以后，家具之间的距离会拉大，一旦老人出现头晕等情况，不易就近找到扶、靠之处，容易发生意外。因此，在满足家庭需要的情况下，面积选择在 60 至 100 平方米之间就可以了。

在选择具体楼号时，最好不选靠近小区边缘或把边儿的房号。一般来讲，在小区把边儿的房子会比小区中心更"闹"一些，而小区内

的房子会静一些。再有就是，主卧室最好不要有"冷墙"，即不要有整个楼栋的外墙。因为，若有"冷墙"，则房间的保暖性能会差一些。

　　老年人买房从方便的角度来说，自然首选低层。老年人出行率高，住低层方便走动，电梯坏了也不受影响。现在还有一些住宅项目的一层附送花园，非常适合中老年人居住。从噪音问题来看，低层因为有障碍物和绿化带的过滤，噪音会比直接接收声波的高层要减少许多。另外，对老人来说，住在高层还可能面临心脏不适等身体问题。

　　很多老年人是自己掏钱买房养老，而以这种方式买房面临的最大问题就是要一次性付清房款，不能通过按揭贷款买房。考虑到养老金的支出，总价较低的房子就比较适合老年人了，即使一次性付清，剩余的资金也足够养老之用。

　　步入老年后身体健康状况大不如前，因此清净、安宁、少噪音的生活环境是老年人向往的。居住郊区可远离城市的喧嚣和拥挤，适合怡情养性，而且郊区环境比较容易亲近自然，有山有水，绿化度比市区要高，空气中的负氧离子有相当的浓度，有助于过滤空气和声音。现在不少中老年人到郊区买房，一是房价便宜，而且物业费也便宜；二是人口密度比较低，不像市区那么嘈杂。一般老年人都喜欢清静，而且老年人已经不再工作，位置偏远一些并不影响老人的生活，只要方便子女看望即可。

保护好自己的产权

老房、老本、老伴、老朋友是老年人的"四宝"。前两者是经济基础，后两者是上层建筑。经济基础决定上层建筑，经济上有所保障才能安度晚年。老年人资助儿女购房一定要量力而行，考虑仔细。即使出资也要让子女出具借条，保留好各种付款凭据，以便在法律上留有证据。

老袁已经六十多了，因为身体不好提前退休了，现在靠出租自己唯一的一套住房的租金来支付养老院的开销。租客外地姑娘秀秀时常去看望老人，给老人买衣送东西，甚至在老人生病的时候垫付医药费。时间长了，老袁对秀秀的勤劳善良产生好感，诚心认了秀秀做"干女儿"，并决定将自己唯一的住房赠送给秀秀。

老袁和秀秀签订房屋买卖合同，并通过房屋买卖的形式将产权变更给了秀秀，而实际上秀秀并未支付房价，老袁等于是白送了一套房子给"闺女"。过户后，秀秀为表明自己的诚意，也将房产证交给老袁保管。三个月后，双方又通过律师见证签订了遗赠扶养协议。协议约定，在老袁去世之前均由秀秀照顾其生活起居，养老送终，老袁同意在过世后将自己的退休工资、津贴等福利待遇以及其名下的财产遗赠给秀秀。

"患难见真情"，本是一桩"人间乐事"，谁想最后竟会走上法庭。老袁渐渐觉得房屋赠予后，秀秀对他的照顾开始不尽心了，虽然秀秀仍然继续给他支付养老院的费用，但在老袁看来，这只不过就是将租金代交为养老院费用而已。作为原告的老袁请求法院确认该房屋买卖合同无效，同时解除原被告之间的遗赠扶养关系。被告秀秀却一脸委屈，秀秀认为，自己最近忙着做生意，无法像以前那样全心全意

照顾老袁,但自己至少还是每月看望老袁一次,并且为其支付了伙食费、护理费、医药费等费用。 如果老人坚持要解除遗赠,秀秀自愿一次性给付老人经济补偿款11.5万元。

法院最后判决,原告老袁要求确认买卖合同无效的诉求不予支持;被告秀秀一次性补偿老袁人民币11.5万元。 考虑到老袁系老年人,该案诉讼费由被告秀秀负担。

老袁自愿将房屋无偿赠送给秀秀,秀秀也表示愿意接受,而房屋过户则意味着赠与合同成立且完成。 至于双方后面约定的遗赠协议,因赠与行为早已独立于遗赠扶养协议而完成生效,所以即使秀秀没有尽到照顾老人的约定义务,也不存在返还房屋之说。 如果老袁先不急于赠送房屋,而是在签订遗赠扶养协议中明确约定自己百年之后赠送房屋,那么房屋产权就不会轻易转变为她人,即便秀秀违背了遗赠扶养约定,老袁也不会出现现在这样被动的局面了。 古人常说覆水难收,老年人在赠送高额财产之前一定要三思而后行!

现在有些房屋拆迁,老年人选择了货币化安置后,个别子女用欺骗、威胁手段拿走大部分甚至全部动迁款,使老人无法购房。 一些子女狮子大开口,提出购买价格远远高于被拆迁房屋的商品房,并要老人负担所有费用,让老人走投无路。 子女在拿到货币化补偿安置的钱款后,擅自克扣老人应得的补偿费,有的甚至分文不给,还要与老人分居,老人不同意,子女便折磨老人;老人欲与子女分开居住,但子女不同意,他们意图加上老人的份额,以获得更好、更大的房屋。

面对老年人合法权益被侵占,老年人要增强自我保护意识,在动迁中要对不孝子女加以"防范"。 动迁部门在动迁时,自己应得的动迁补偿费一定要自己亲自过手,让那些不肖子女没有可乘之机。

陈老先生有一儿一女,原住房拆迁后,老人得到了人民币5万元的动迁补偿款。 儿子提出,由他来保管父亲的钱,说是帮他买房子。 可儿子并没有给老父买房子,只是把他接到自己家里。 在儿子家中,老人备受白眼,想去女儿那里,可女儿说:"你的钱都给大哥了,还来我这里干吗?"无奈之下,老人去了福利院,儿子在交了两个月的费用后,就再也没人管老人的冷暖。

周老太不慎严重骨折,已经60多岁的她整天卧床不起,行动十分不便。刚好遇上房屋拆迁，同住一房的儿子阿立和老人商量后决定，由阿立拿着周老太的房产证和身份证去办理拆迁的手续，儿子拿着拆迁款另行购买二楼住房以方便老人起居。一个偶然的机会，周老太惊讶地发现新房子的产权证上只有阿立一人的名字，老房子的产权是她自己的，怎么一拆迁，产权就落到儿子一人头上？她成了"寄宿客"。而且儿子也不像以前那样孝顺她，经常对她翻白眼，把身体不好的周老太当成了他的累赘，周老太生病躺在床上也是不理不睬，周老太很伤心，自己的房子没有了，搬出去没有地方住，不搬又实在无法忍受儿子对她的不孝。

在拆迁过程中，经常会出现家庭矛盾，特别是老年人的房产，受社会不正之风和利益驱动的影响，不少的家庭往往于老人的利益不顾，吵得不可开交。父子之间、母子之间、子女之间根本没有亲情，不讲情，不讲德，不讲法，反目成仇。

俗话说"防人之心不可无"，虽然是自家人，但是如果老人过于信任他人，而将自己的身份证、印章全部交与他人之手，则往往会出现自己产权不翼而飞的局面。

老人不要轻易地变动自己手中的房屋产权，即便自己愿意将房屋赠送给小辈，也可以通过遗嘱的方式。另外，在签订合同或者书面约定时，一定要看清约定的内容，不要随便按手印或者签名，以避免不必要的纠纷。

第九章　老大为了家居忙

第十章　警惕第二大杀手

——及早提防抑郁症

　　生活不可能总是一帆风顺,经常会在不经意间给你开上一个小小的玩笑。经过大风大浪的我们,本来是要安享晚年,安静愉快地度过垂暮之年,但是一些无法预料的事情会干涉我们的生活,使我们身心受到伤害,从而陷入不能自拔的境地。

抑郁症的基本症状

经常听到一些年轻人抱怨家中的老人最近怪怪的，不知道是谁开罪了他们，整天愁眉不展，笑容不见，寻思半天也找不出答案，心里真不是滋味。究其原因，很有可能是老人患了抑郁症。

如果老年人出现以下几种状况中的一种，那就要警惕可能是患了抑郁症了。

思维障碍。反应迟钝和注意力下降，大多表现为应答反应迟缓、思考问题困难和主动性言语减少。部分老人常回忆不愉快的往事，痛苦的联想增多，在抑郁心境下否定自己，自我评价下降，亦常出现自责和厌世观念。

认知功能减退。反应慢，注意力集中不起来，计算困难，判断能力下降等。

意志和行为障碍。轻者为积极性和主动性下降，依赖性强，遇事犹豫不决；稍重时活动减少，回避社会交往，行动缓慢，卧床时间增加；严重时处于无欲状态，日常生活完全不能自理。

严重失眠。原本睡眠良好的老人会突然变得难以入眠，有时虽入睡但醒得过早，或入睡了却又自感未入睡（即所谓的"睡眠感丧失"），而服用抗神经衰弱症的药物往往毫无效果。

便秘。原本排便正常的老人会变得难以排便，严重者可闭结一周，同时还会伴以种种消化障碍，如食欲大减甚至不思饮食，有的还出现腹胀、口臭等症状。

心血管异常。老年抑郁症患者常出现血压升高、心率变快或某些冠心病症状。

无名疼痛。部分老年抑郁症患者在出现失眠、便秘、心悸等躯体

症状的同时，还会出现诸如头痛、心痛、腰背痛、关节痛等以疼痛为主的症状。患者服止痛药无济于事，但服用抗抑郁药后，疼痛会得到缓解。

值得一提的是，这些精神症状和躯体症状可周期性发作，时重时轻，即便在同一天中，症状表现的轻重也可不同。一般来说，上午较重，而晚上较轻。随着病情的发展，特别是精神障碍也会越来越明显，具体表现为：强烈的孤独感和沮丧感，记忆力、判断力、决断力和学习能力大大下降，爱哭泣，不愿见人（即便是至爱亲朋），还可能有越来越强烈的自杀企图甚至开始实施轻生计划，最后极可能酿成灾难性后果。

老刘今年63岁，老伴已经去世多年，儿女们都在外地工作。老刘退休前为市地税局的局长，对自己风光的过去，老刘总是不能释怀。退休后，总是对别人大谈他过去的辉煌，后来总是见他谈论那本经，也就不爱听了。

遭到冷落的老刘显得很失落，情绪也变得低沉了。渐渐地，他开始厌食、失眠，经常心烦意乱。某天，他感到身体特别不适，便到医院去检查，结果被查出有高血压、冠心病。恰好在检查时听到别人议论某某得冠心病突然死去了，回家后便陷入了对死亡的恐惧中，总觉得自己不知哪一天会突然死去。因此整个人变得十分古怪起来，脑子总不由自主地想到死人，于是，便郁郁寡欢，焦虑不安，有时甚至莫名其妙地悲伤哭泣。

老年人一旦发现自己有抑郁症状，应赶快就医，因为经过系统的抗抑郁治疗后是可以得到改善的。

张医生今年60岁，一年前由市医院转业到地方医院工作。由于环境的变化，他感到这里每日病人很多，病情复杂，很难医治，再加上自己岁数大了，工作起来比较吃力。后来还因工作问题和同事发生争吵，他认为同事都不把他当回事，看不起他，还总觉得有人在领导面前打他的小报告，看到别人在一起闲聊也以为是在议论他，甚至怀疑有人要害他，以致每晚脑子老想事，不能入睡。后来，他逐渐出现头痛、头晕、心慌、身上发热、口苦舌燥、厌食、便秘等病状，不管晚上吃多少安眠药也睡不着。身体和精神状况的异常，使张医生自认为

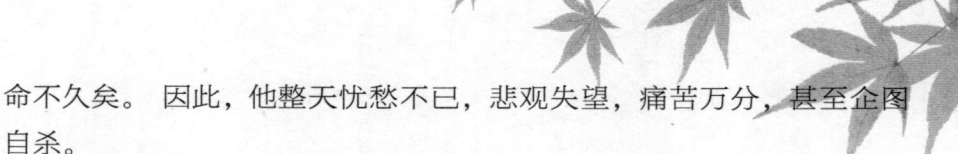

命不久矣。因此，他整天忧愁不已，悲观失望，痛苦万分，甚至企图自杀。

尽管张医生从医数十年，救治了不少患者，但却无法解除自己的痛苦，还闹得全家不安宁。

老年抑郁症患者发病时出现原因不明且持续两周以上的情绪低落和沮丧，心情一落千丈，直至坠入谷底，其中最典型的是对生活、工作和以前的业余爱好均不感兴趣。

老年抑郁症患者大多性格内向，发病前就不爱交际，在发病后得不到家人、同事、朋友的理解或遭到误解，也可能难以摆脱抑郁阴影，不利于病人的康复。反过来说，和睦、温暖的家庭和"交际圈"本身就是一剂良药，有助于患者度过灰色的抑郁期。

老年人一定要警惕老年抑郁症，放开自己的心情，不要为小事芥蒂或者耿耿于怀，保持开心乐观的心态，只有从心理到身体都健康了，才能真正度过一个美好的晚年。

抑郁症产生的"土壤"

人进入老年期后，健康状况逐年衰退，还往往不可避免地会遇到一些矛盾。如：离退休后，会产生失落感；子女离开另组家庭，感到寂寞；陪伴自己多年的老伴突然离世，难以接受等。本来，随着年龄的增长，性格已在逐渐变化，如多愁、狭隘、再加上上述矛盾，老人情绪受到刺激，容易出现抑郁症。

抑郁、悲哀是一种强大的生理能量，悲哀时体内会产生一系列生理变化，破坏心理平衡，神经系统对各器官的调节功能降低，这时候身体抵抗力差，就很容易生病。为此，老年人要重视精神健康，培养乐观情绪，提高抗逆能力；要正确认识生老病死是自然规律，以积极的态度去适应；要知足常乐，淡泊以求宁静；要扩大生活圈子，多交朋友，自我宣泄郁闷，求得心理平衡，以防止抑郁症。

生活中，老年性抑郁症很常见，因为人到老年，生理功能、心理承受能力和社会适应能力都明显下降，这时候，生活中的一些不顺心的事极易诱发老年性抑郁症。

唐大爷老伴去世多年了，儿女们也都不在身边，退休后一直一个人生活。唐大爷虽然65岁了，但看上去也就60岁的样子，天天早上起来坚持跑步，就是下雨天也坚持在家里的跑步机上跑，去老年大学学画画，找朋友们下棋聊天，赏花逗鸟，有时候还帮社区做一些慈善活动，天天忙得不亦乐乎。

在外地工作的儿女们怕唐大爷一个人在家里无聊，生活不好，好几次要求唐大爷去跟他们一起生活，但唐大爷都拒绝了。他说现在一个人生活很自在也很快乐，还能找到他自己想要做的事情。

后来，唐大爷还迷上了钓鱼，每天哼着小调和几个喜欢钓鱼的老

伙伴一起出去，到黄昏才依依不舍的回来，经常还要大谈他的钓鱼经验，谈吐幽默风趣，还不时地发出一阵阵爽朗的笑声。当别的老人问他为什么这么快活时，唐大爷说：笑一笑，百年少，为自己活着，当然要快活。

在唐大爷身上，我们可以看到快乐的影子，快乐的真谛，快乐就是要好好地活着，不去为世事所累。快活是抑郁症的天敌，那么，产生抑郁症的主要原因有哪些呢？

1、家庭成员发生改变。以前全家欢聚一堂，可以尽享天伦。如果有子女离开或者与子女分居生活，即使三代同居，由于白天子女上班，孙辈上学，家里就只剩下孤独的老人。如果再遇上丧偶，老年朋友经受不住这些变化、打击，便会抑郁成疾。

2、触景生情。尽管许多老年朋友都知道人固有一死，但真的面临同辈人相继离开这个世界时，便会联想到自己在这个世界上的时间屈指可数了，抑郁情绪油然而生。时间长了，也会抑郁寡欢。

3、家庭角色改变。以前是自己照顾子女和老人，现在换成自己被子女照顾，每遇头痛脑热的，子女还需要请假陪伴自己去看病，于是老人会觉得自己是子女的负担、累赘。子女如果不关心他们，老人们更会感到痛苦，抑郁寡欢，最终成疾。

4、失落心理。离退休前，有的老年朋友曾经担任一定的领导工作，回家以后，由于失去以前拥有的地位、权力，在心理上会有失落感，如一时疏散不了，淤积在心里，时间长了也会形成"心病"。

另外，疾病缠身、衰老、经济拮据等负面因素对老年人的影响，也可能造成抑郁心境，导致老年性抑郁症的产生。

预防老年性抑郁症，老年人要注意多与同伴或者子女交流，让自己远离抑郁心境。多参加各种社会活动，做到老有所为，老有所乐，保持愉悦的心情、宽阔的胸怀就能远离老年性抑郁症的困扰。

别生活在"历史"中

每个人都有回忆,适度的回忆其实是一种正常的状态。比如结婚以后,很多人都可能想起自己没结婚的时候多么自由。但如果长期处于恋旧或是怀念过去的心态,过度沉溺在对过去的回忆中,有时会造成心情的失落,如焦虑、抑郁、苦闷、孤独等,就是异常的表现了。老年人如果频繁回忆过去,容易使自己更孤僻,更难融入社会生活中。此外,频繁"想当年"还可能造成老年人的身体更快地衰退,也更容易影响身体健康,如引发高血压、抑郁等身心疾病。

对老年人来说,保持积极乐观的心态是应对"回归心理"的最好方法。用向上的态度对待生活,接受现实,不要成为时代的落伍者。

65岁的吴大爷从小居住在老城区的四合院里,谁家有什么事,只要是他能帮得上忙的,他都会积极地去给人家提供帮助,当然如果他家里有什么事,邻居们也都会来帮忙,邻里关系特别好。

最近,市政府为了改善市民们的居住条件,出台新文件,要把这片老房子拆了,盖上新房子,要求在这住的居民都搬到开发区的新房子里,街坊邻居早就想搬到新房子里了,所以都积极地响应政府的号召,高高兴兴地开始搬迁了,看着邻居们都陆续地搬出去,吴大爷的心情开始低落了。老邻居们与他道别,他禁不住流下眼泪,一句话也说不出来。

搬进新居后,吴大爷再也不出门了,人也没有了精神,面无表情,完全变了一个人。从不贪床的他,不爱起床了,每天早上都要睡到十点多。对自己的老伴也是不爱搭理,最疼的小孙子也不怎么关注了,有时候小孙子叫他,他也是胡乱答应一声。

全家人都沉浸在搬进新家的快乐之中,每天看着宽敞的房子,崭

新的家具，高兴得合不拢嘴，独有他每天看着新房子唉声叹气，而且还经常说"活着真的很没有意思啊"之类的话语。

搬进新居，家里人还以为他也会高兴呢？没想到他却如此难过。大家都劝他：搬到新的地方，还会有新邻居，大家还会和以前一样的，有时间还是可以和原来的老邻居聚一聚的，应该高兴地开始新生活。可是不管家里人怎么说，吴大爷还是经常唉声叹气，自言自语，行动也变得越来越缓慢。

家里人觉得很奇怪，但他们知道吴大爷身体上没有什么病，可能是心里难以接受这一变化，如是就把心理医生请到了家里。经医生诊断，吴大爷是由于不愿意离开自己的老邻居们而产生的这种抑郁心理，如果这种心理状态不及时治疗的话就会引发抑郁症，导致更为严重的后果。

面对日新月异的变化，老年人首先要做的是以宽容的心态正视现实，既要宽容别人，也要宽容自己，做到"知足常乐"。其次，当碰到不如意的事情时，不要自我压抑，而应该采取疏导的方法，寻找一种恰当的方式使自己的消极情绪得到发泄。一方面，遇到事情如果能变换角度想问题，就是自我解脱的一个好办法；另一方面，找一个可以信任的亲人、朋友，向其倾诉自己的苦衷，把烦恼一吐为快，同时也可以听一听朋友的劝导和安慰。这样做使郁闷的心情得到宣泄，有助于平和你不安的心境、重获心理上的平衡。如果条件允许，不妨暂时离开平时的生活环境外出旅游，让身心融入大自然的怀抱。千万别把自己闷在屋里，要强迫自己找到排解的方式，当伤心、焦虑、生气的时候，最好能转移注意力，尽量多做户外活动，因为户外不仅可以呼吸到新鲜空气，而且还可以通过活动来调节植物神经，达到心情愉悦的目的。

所以说，老年人要接受现实，从自己的"历史"中走出来，要正确面对角色转换，安排好自己的生活，生活必须要过得丰富多彩。老年人要积极适应社会，只有不断调整自己的想法，以积极的心态去适应社会，才能缓解内心冲突，才能让抑郁症远离自己。

"养心"远离抑郁症

老年人要远离抑郁症，还得从"养心"开始做起，只要把心养好了，心态调适好了，抑郁症也就自然不会向你靠近。这里所谓养心，自然不是指保护好心脏，而是指调控好你的心态，包括思想、感情、情绪、意念等等。人的心态需要保持平和，犹如人的体温必须保持正常一样。

一个人的情绪对健康的影响是极大的。所谓情绪，就是人思想感情的流露，是大脑皮层兴奋、抑制过程所处的一种状态。中医习惯把这种精神因素分为"七情"，即喜、怒、忧、思、悲、恐、惊。《内经》提出："怒伤肝，喜伤心，思伤脾，忧伤肺，恐伤肾。"七情不可为过，过激就会损伤脏器，有害于身体。老年人的情绪应当稳定、饱满、乐观，情绪波动，喜怒无常，心情忧郁，感情脆弱，都有损于健康。

情绪与疾病的发生发展关系也极为密切。不良的情绪，恶劣的精神刺激，可使神经系统的功能紊乱，指挥失灵，造成其他器官机能调节发生障碍，导致一系列病患。有许多疾病，如精神病、高血压、冠心病、脑血管疾病、胃及十二指肠溃疡、甲状腺机能亢进症，甚至于癌症等，都与精神因素有关，特别是疑虑、恐惧、悲伤、愤怒等坏的情绪更易诱发疾病。

老年抑郁症是老年人常见的一种精神疾病，以情绪低落、兴趣缺乏、活动减少为主要表现，发病于60岁以上。

如果平常是一个性格开朗的人，突然变得回避人群、懒言少语，常常独自哭泣，甚至说自己犯了大罪对不起众人，而所说的罪责在旁人看来都是些鸡毛蒜皮的小事或陈年旧事，这就是抑郁症的前期表现。但是，部分老年人的抑郁表现不典型，容易被忽视而错过治疗时机。

老年人要远离抑郁症，不仅要及时防范和治疗，而且要注意"养心"，只有把心养好了，才能真正地从根本上远离抑郁症，开开心心地度过自己的晚年。

邓大妈今年64岁了，当了一辈子的医生，可以说是为医学事业奉献了自己的一切，得到病人、领导和同事们的好评与尊重。

邓大妈最招人喜欢的就是她开朗的性格和散发出来的青春的活力。退休后这种性格依旧没有改变，每天她穿着新潮时尚的服装，与以前的同事，邻居交谈、聊天。还经常去医院和那些没有家属陪伴的病人聊天，她的笑容感染着病房里的每一个人，病人心情好了，病也很快地好了起来。

邓大妈还义务当上了"月老"给年轻人牵红线，有时候还要"调皮"地戏弄一下小年轻人，然后自己在一旁偷着乐。邓大妈开心了就唱一曲，高兴了就跳一支舞，经常拉着老伴与她一起踢毽子、跳绳，要是赢了老伴便高兴得像个小孩手舞足蹈，输了就耍赖，硬是要老伴再跟她玩一回，有时候弄得老伴哭笑不得。

每到周六日孙子来的时候，邓大妈就和孙子一起坐在地上玩游戏，和孙子一起堆积木、玩玩具……她吃得好睡得香，身体硬朗，思维敏捷，很多人都觉得她不像60多岁的人。很多的老同事都羡慕她充满活力的身段和纯洁的童心。

老年抑郁症患者大部分由生活上的不如意事件或者心理上的一些变化而引发的，如果缺乏及时、有效的治疗，容易导致抑郁症慢性化。

生活中能使人动心的东西太多了。但凡能让你动心的无不与自己的名利得失密切相关，许多人心难静、气难顺、神难凝，均与此有着千丝万缕的联系。老年人学会养心，应注意以下几点：

1. 心胸要开阔，做到乐观、豁达，通事不慌，安然处之，学会在各种不同环境下处理问题的方法。

2. 遇事不怒，对任何事情都采取分析态度，先理出头绪来，再慢慢解决。

3. 对生活琐事要淡漠，保持怡然自得。

4. 要自得其乐，助人为乐，知足常乐。尽量多做力所能及的事，多做工作往往能抛弃烦恼，使精神变得愉快，情绪保持稳定。

假痴呆下的真抑郁

老年朋友同年轻人一样面临许多不顺心的事。比如，儿子下岗，再就业面临困难，遇上拆迁，得张罗换地而居等等。

退休在家的张师傅整天愁眉苦脸，长吁短叹，吃不好，睡不香，以前爱说爱笑的张师傅不见了。接着，发展到经常一个人坐在角落里发呆，进食也需要人提醒。后来，连平常买菜、扫地、洗澡等事也做不了。

家人以为他患了老年性痴呆症，立即将他送到精神病医院治疗。精神病医院的医生为他做了全面的检查后，给他服用了优克片（一种新型的抗抑郁症药物）。两周以后，张师傅病去体愈。原来，张师傅患的不是老年性痴呆症，而是老年性抑郁症。

现实生活中，我们要把老年性抑郁症与老年性痴呆症鉴别开来，不要把老年性抑郁症当成老年性痴呆症，延误老年性抑郁症病人的治疗，给病人带来不必要的痛苦。

老年人面临突然出现的重大精神刺激，在一段时间内发生情绪抑郁乃是正常现象，并不是病态。只有出现持久的抑郁症状，并且向严重程度发展时，才应考虑是否得了抑郁症。另外，人到老年，会罹患老年痴呆症，而有些老年期抑郁症患者，当病情发展到严重阶段时，病人的思维和动作都会受到抑制（尤其是思维抑制），此时会出现类似老年性痴呆症的临床表现。所以，对这类病人，尤其要注意鉴别"假痴呆真抑郁"情况的存在，以免贻误病情，贻误治疗，影响康复。那么，如何区别老年期抑郁症和老年性痴呆症呢？以下五点，可供参考：

1. 老年抑郁症起病较快，发展迅速；而老年性痴呆则起病缓慢发

展也缓慢。

2. 老年期抑郁症的抑郁症状持续较久；老年性痴呆症患者的情绪变化多，不稳定，变幻莫测，犹如幼童。

3. 老年期抑郁症患者的智能障碍为暂时性的、部分性的，每次检查的结果均不相同；而老年性痴呆患者的智能损害是全面性的，而且呈进行性的恶化。

4. 老年期抑郁症患者并无中枢神经系统的症状，脑CT检查也无阳性发现；老年性痴呆病人的情况就不是这样了，他们可有中枢神经系统的症状、体征。不少病人还有高血压、动脉硬化或"小中风"的病史，脑CT检查可发现有不同程度的脑萎缩或（和）脑梗塞的表现。

5. 用了抗抑郁药物后，老年期抑郁症病人会病去体愈，恢复病前谈笑风生、谈吐自如的神态；而对于老年性痴呆症患者来讲，抗抑郁药物就不起任何作用了。当然，有部分老年性痴呆症患者，在病程的早期，也可出现抑郁症状，颇像"老年期抑郁症"，到了病程的中、晚期，才露出老年性痴呆的"庐山真面目"。对此尤需警惕。

老年人抑郁症是老年期常见的病症，是一种功能性精神疾病。为了便于与老年痴呆症相区分，要真确的认识老年人抑郁症的病人的具体表现。老年人行动迟缓或减少，常退居屋角或整天躺在床上，平时不愿讲话，家人唤之，病人常常只以轻声细语相答。平日生活显得懒散，不愿洗澡更衣。病人的情绪低落，郁郁寡欢，面容憔悴，感到活着无趣，度日如年。当病情严重时，还可能会出现消极的自杀行为。

赵大爷今年66岁，以前身体非常好，天天与社区里的老年朋友们一起下棋聊天，谈笑风生，日子过得非常开心。可是最近也不知道赵大爷是怎么了，不爱说话了，也不经常出来找人下棋了，一个人呆在家里，为了点小事就和儿女们发脾气，老伴不叫他就不起床，对老伴也是爱理不理的。儿女们以为赵大爷心里不舒服，过一阵子就好了，就没有太在意赵大爷的变化。

随着时间的推移，赵大爷身体不如以前了，天天面容憔悴，无精打采，记忆力也没有以前好了，经常自己的东西都想不起来放在哪里，老伴提醒好几次也记不住，行动也变得缓慢，开始儿女们以为赵大爷得的是老年人痴呆症，就去咨询了一些有关老年人痴呆症的情况，也买了一些治疗老年人痴呆症的药物给赵大爷服用，但是病情并没有好转，反而越来越严重了。后来经过医生的全面检查，才发现赵大爷得的根本不是老年人痴呆症，而是严重的抑郁症，要是再晚治疗就会导致严重的后果。

讳疾忌医乃大忌

现在老年人患抑郁症也很普遍，但老年人对患抑郁症有较强的心理排斥，许多老年人把抑郁症误认为是"精神分裂症"的前兆，或是痴呆的表现，甚至有的把患抑郁症看作是自己的道德问题，把抑郁和觉悟低、品行差混为一谈，所以极力否认自己患有抑郁症，生怕一生的声誉被否认，所以他们会千方百计地拒绝医学干预和社会支持。

他们总认为能够通过自己的努力来改善不良状态，其实问题的严重性已经远远超出了个人的调适能力。因此让老人认识抑郁症的疾病性质，解除老年人对于抑郁症的种种误解和顾虑，让他们同意接受治疗这是首先第一步。

老年人对于接受治疗的认识往往也有许多曲解。有的怀疑抗抑郁药物的副作用会把身体搞糟；有的认为药物有依赖性，用药治疗会导致药瘾；有的认为抗抑郁治疗与其他疾病的治疗会有冲突；还有的不相信心理治疗有疗效，以为心理治疗就是规劝和聊天，不管用。其实这些顾虑都是不科学的，许多临床研究提示，与心理健康者相比，心情抑郁的癌症、心脏病、中风、糖尿病、肾病患者的存活率要低得多，同时抑郁症也会严重干扰机体的免疫功能，从而直接影响疾病的康复。患有躯体疾病的老人应该认识到抑郁症可能是他们最具有灾难性的杀手。

老年人抑郁症患者如果没得到积极关注和有效治疗，他们往往会陷入到自杀的危险之中。一项权威调查表明：老年自杀者中，70%在自杀前一个月内与医生有过接触，39%在死亡前一周内因病看过医生，但令人遗憾的是，他们的抑郁症并未得到识别、诊断及治疗。所以老人的心理疾病应与身体疾病一样应当被充分地重视。与年轻人相比，老年患者较少谈论自杀，而是采取行动。所以千万不要等到发现老年抑郁症患者到了出现自杀的地步才开始诊治。

总之，老年人要清晰地认识到抑郁也是病，需要去治疗。对于老年人患抑郁症除了非药物方法外，抗抑郁药是主要的治疗手段，这能改善60~80%患者的抑郁病态。

吴老太这几个月来，总觉得身体不舒服，心慌气短，胸口发闷，疲乏无力，食欲减退，体重减轻。全家都担心吴老太得什么病了，陪吴老太多次到各大医院检查，也没查出什么问题。最后，精神科大夫诊断为抑郁症，需要及时治疗，要不然会产生严重的后果。

就在家人要陪吴老太到精神科去接受治疗的时候，吴老太说什么也不去，她说自己身体上没有什么毛病，就不用去看医生了。而且她还担心这种病是见不了人的，要是别人知道她得了这种病会看不起她……一想到这些，吴老太就害怕，所以她一直坚决不去看医生，家人跟她说多了，她还大骂家人，说儿女不孝顺，自己没有病非说她有病，想骗她到医院里去受罪。

老年人要正视自己的病症，抑郁症只是疾病中的一种，不要抵触就医，一旦发现自己患了抑郁症，就要积极地配合医生进行治疗，这样才能很快地恢复健康，不被疾病困扰，使身心免受损害。

抑郁症要是不经过科学的彻底治疗，往往会越拖越严重，并反复发作，大大影响晚年生活质量。

各国对老年人抑郁症病因的研究，取得了共识：引发抑郁症的根本原因是患者脑部分泌的失衡；抑郁症虽属"疑难病症"，但也绝非不治之症。目前，每年都有10余种疗效明显的新药推向市场，一般服用后抑郁症状能减轻或消除。此外，药物治疗如再辅以心理治疗，效果往往更好。

老年抑郁症极易复发，因而症状的消失并不意味着终结治疗。患者在临床症状完全消失后仍继续服药一年，并坚持定期复诊。此外，多参加健身、文娱活动，多交朋友，尽量使晚年生活丰富多样，并学会排解烦恼，也可对防止症状复发起积极作用。

第十一章 心理健康晴雨表

——预防和发现心理疾病

对"健康"二字，人们很容易认为没有疾病就是健康。健康不但是没有身体缺陷和疾病的生理正常状态，还要有良好的心理状态和社会适应能力，即身体健康、心理健康和对社会的适应能力。所以我们在注重身体健康的同时，还要寻求心理健康的科学对策。

不能忽视的心理疾病

造成老年心理障碍的原因主要有：离退休后的不适感；失去亲人的丧失感；受到各种挫折时的自卑感；不被重视和理解时的沮丧感；病症袭来时的死亡临近感等。

由于很多精神疾病与心理障碍患者和家属不愿找精神专科医生，而是首先就诊于普通综合医院，因而容易造成漏诊或误诊。漏诊和误诊使许多患者因不能及时有效地治疗而影响了身体健康和生活质量，有 1/3 的老年人因此还诱发了心脑血管病和其他老年病。

要降低老年心理疾病，最基本的就是要提高老年人的生活质量，这不但需要社会的关注与政府的支持，还需要每个家庭和老年人自己的努力。

某社区的赵女士正为家里两位老人每况愈下的精神状态而烦恼。

赵女士的父母几年前从老家搬来与她同住，为了"住得近又分得开"，赵女士在自己住的小区里为父母单独买了房子。按说来北京已好几年了，老人早已习惯了这里的生活，而且老两口都有退休金，身体不错，子女也都已独立，事业有成，应该开开心心安享晚年才是。可是赵女士却发现，两位老人越来越孤僻了，每天除了在家看电视，很少外出与人交流，母亲性格本来内向也就罢了，原本热情开朗的老父亲变得整天抑郁寡欢或者无来由地焦虑不安、心神不定。"家里什么都好，可我就是忍不住地烦躁，干什么都没兴趣，觉得活着特别没意思。"老父亲苦着脸跟女儿说过好几遍这样的话。

和赵女士有着同样烦恼的，还有李老师。李老师的父亲 60 多岁，退休之前一直担任国家干部，身体也向来不错。可是最近，他总是把正在上班的李老师叫回家，让他带自己去医院看病，说是怀疑自

己心脏不好。可等检查了一遍下来，医生告诉老人，他的心脏很正常，并没有任何问题。没过几天，老人又怀疑自己的颈椎和大脑有问题，说自己总是胸闷、头晕。李老师没有办法，只好又带着老人去医院检查，而检查结果还是一切正常。面对证明自己健康的化验单，李老师的父亲却十分不满，硬是说医院检查得不对，自己说不定是得了什么不治之症，弄得李老师又无奈又担心。最后，还是医院的医生悄悄告诉李老师，他的父亲可能是得了心理上的疾病，应该多给他一些心理上的慰藉。

听了医生的话，李老师这才想起，父亲自从退休后，生活的重心一下由事业变成了家庭琐事，不但广泛的社会联系骤然减少，就连门也很少出。而且当了一辈子领导的父亲也不愿同小区里其他老人来往，长此以往，很少与他人交流的父亲便把注意力全部集中在自己的身体上，过分地关注自身健康反而影响了他的心理健康，最终导致孤独和抑郁。

当今社会老年人口越来越多，老年人的心理活动及心理疾病越来越复杂，对于老年人心理疾病的关心应该是社会各方面共同关注的话题。总结起来，老年人的心理疾病主要有以下几种。

1、不满心理。老年人离开了工作，离开了社会，眼里看到的、耳里听到的以及心里想到的往往是消极的一面，这样对周围人群甚至对自己产生了许多不满情绪，总认为别人干得不如自己，或自己怎么也不如别人。

2、失落心理。有些老年人从失去工作的那一时刻开始就产生了失落感，总认为自己现在已经失去了过去的一切，整天精神不振，心烦意乱。

3、孤独心理。当老年人离开往日的环境走进家门的时候，往往就是一些老年人心理孤独的开始，往日的同事不在身边，家里的成员又不能常常陪伴。

4、恐惧心理。当他们失去了往日生活的时候，总是害怕自己会被别人否认，得不到别人的尊重，或者自己身体不好怎么办、自己有困难怎么办……这些问题往往困绕着他们，使他们从内心感到害怕。

5、怀旧心理。有的老年人总是生活在过去的岁月里不能自拔，

怀念友人、怀念旧情、怀念故土等。过于怀旧就会把自己和现实生活拉大距离，使自己的现实生活进入空虚世界。

6、黄昏心理。因为丧偶、子女离家工作、自身年老体弱或罹患疾病，感到生活失去乐趣，对未来丧失信心，甚至对生活前景感到悲观等，对任何人和事都怀有一种消极、否定的灰色心理。

7、无价值感。对退休后的无所事事不能适应，认为自己成了家庭和社会的累赘，失去存在的价值，对自己评价过低。

8、不安全感。有些老年人对外界社会反感，有偏见，从而封闭自己，很少与人接触，同时，也产生孤独无助的感觉，变得恐惧外面的世界。

有专家预测，再过 20 年，全球十大疾病中排行第三位的心理疾病，将上升到第二位。在这越来越庞大的心理疾病群体中，老年心理疾病处于被忽视、被误解的境地，主动就医的老年人寥寥无几。

老年人的病态心理不仅是多数疾病的根源和帮凶，而且还会使他们在罹患疾病时丧失战而胜之的信心，令疾病慢性化、复杂化，使致残、致死率增加。

有鉴于此，老年人自身有必要设法调整心理状态，保持情绪乐观，尽可能地参与那些兴趣、阅历相同、爱好相似的老人聚在一起互相表演、互相欣赏、互相感染，尽量去接触新鲜信息，力求达到心理健康。老年人要以健康的生活和行为方式，将疾病和衰老拒之门外，为明天的幸福生活打下良好的基础。

挖出心理疾病的"根"

人到老年，机体各部分，包括大脑在内，都会随着年龄增长而逐渐老化，功能减退，如视力模糊、两耳失聪、行动不便、皮肤多皱、毛发变白或脱落、代谢下降、免疫功能低下等，这是老人正常生理方面的改变。伴随着生理改变的同时，也会发生一些心理方面的改变。

情绪改变：有些老人变得多疑善感，容易激动，可为小事大发脾气，对周围事物总感到看不惯、不称心；有的还固执己见，自以为是，倚老卖老；有的变得郁郁寡欢、苦闷压抑、情绪低落，或是显得淡漠无情，凡事无动于衷。

智力改变：记忆力常有减退，以近时记忆较明显，如昨天吃的什么菜，几天前有谁来看望过自己都会想不起来，东西放下就忘，经常要寻找钥匙、眼镜、钢笔等小物件，见到熟人一下子想不起名字，自己也感到精力和脑力不足，对空间概念和抽象理解、分析和概括的能力都减退，计算能力也会缓慢迟钝，容易出错，新的知识难以吸收。

性格改变：有的老人显得啰嗦，说话多重复，过于小心谨慎，唯恐出错；有些变得不修边幅，生活懒散，不注意个人卫生；有的变得幼稚，喜与孩子们在一起，贪吃零食；有的变得自私、贪婪，好占小便宜。

心理有疾病并不可怕，只要能够及时发现，采取正确的治疗方法，老年人便可以回到正常状态，继续自己的开心生活。

唐老太的儿女因为工作太忙，没有太多的时间来陪她，因此，唐老太老感觉是儿女们不要她了，总觉得她老了没有价值了要将她抛弃。常常一个人在家里伤心地哭泣，人也变得不爱出门，平时爱打扮的唐老太现在也整天不修边幅，连自己的生活起居也没有了规律，常

常一天只吃一顿饭，饿了就用零食代替，精神恍惚。儿女们来看她也不像以前那样高兴，总是爱理不理的，有时候还要把他们赶出家门，大骂他们是不孝子。

儿女们都很郁闷，不知道究竟是哪里得罪了唐老太。最后经过咨询，才知道唐老太是在心理上有了疾病，需要及时治疗，儿女们把唐老太送到医院，病情很快就有了好转，唐老太又恢复了以前的精神面貌。

我国六十岁以上的老年人占总人口的11.3%，就是说老年人在社会之中占了很大的比重，老年人问题是不可小视的，除了他们的衣食住行，很多老人还存在着心理问题。老人们心理问题的产生主要有以下原因：

1、怕封闭。老人对社会的认知度会随着年龄的增长而退化，老人不愿接受新事物。事实证明，越封闭的老人衰老得越快，越认为自己与这个社会不协调，因而让老人从封闭的环境中走出来会更有利于老年人的健康。如果老年人也能像年轻人那样热衷于上网、旅游，那么老人就会身心愉悦，减少疾病的发生。

2、怕赋闲。人在年轻时，经常希望老年时会衣食无忧，不用再劳作。但是真正老了闲下来就会发现，精神无以寄托，每天打不起精神来，因而老了就更应该有点事做，哪怕帮人送送报、收收水电费，都可以让他们的生活充实一些，减少心理疾病的发生。

3、怕孤单。老人最怕的就是孤单，没人陪。但当今社会年轻人都在外边打拼，很少有时间陪陪父母，这时老人应该走出来，多参加一些集体活动，多结交一些自己的朋友，找几个能说心里话的人，乐观向上的情绪会让老人受益匪浅。

4、怕变故。老年人年龄越大，心理承受能力越小，最受不了生活中的变故，哪怕只是小小的失意，这些足以让老人茶饭不思地想好几天。因而一旦遇有变故，家人就要给予老人更多的关注和心理开解。

5、怕疾病。人老体弱，一些疾病经常会侵袭老年人的身体，患了疾病的老年人心里会变得越发脆弱，对生活失去信心，这种坏的心情极易引起疾病的恶化，如此反复，对老年人的健康极为不利。这样

的老人，需要经常看心理医生，对其进行心理疏导，这样才有利于保持乐观的情绪，从而战胜疾病。

老年人对社会适应能力差，社会活动退缩，对本身价值认可降低，心理落差造成他们对社会新事物接受困难，老人会变得顽固，难以沟通。这时老年人要学会自觉接受一些新生事物，多锻炼自己，多参加一些集体活动。

现在社会也很关注老年人，像老年大学、适合老年人的体育运动都吸引许多老年人参加，在集体的活动中可以获得乐趣，身心也得到了锻炼。老人们也要用心与儿女们多说些心里话，让他们主动接受社会，适应社会，在积极走入社会中寻找快乐。

做自己的心理医生

老年人的心理健康是由许多因素决定的。大致说来有四个方面：

1、生理因素。人到老年大脑和其它生理机能开始退化。如果此时能有效延缓大脑衰老，这对于人的心理健康无疑有很大帮助。如果大脑衰老过快或者个人不能很好地调适自己，有可能导致心理上失常。

2、环境因素。人的心理健康与否，与环境有直接的关系。如果生活在一个良好和谐的环境里，人的心理健康就有一个外部的良好环境。如果生活在一个经常受到恶性刺激的环境里，有可能产生不良心理，甚至心理变态。

3、生活因素。有意义的活动，良好的生活习惯有益于人的心理健康，若参与一些不良活动，如赌博、酗酒等就会损害人的心理健康。

4、文化因素。一个人有较高的文化素养，他会对人生有一个正确态度，能正确处理人生道路上遇到的一切挫折和不幸，而不会因意外情况的发生而导致心理失常。

老年人要保持心理健康，不可能全部依靠他人的帮助，只有自己积极投入其中，才能轻松彻底地战胜亚健康心理，回归正常。老年人要拒绝心理疾病，做到健康长寿，就要对自己负责，多做心理保健。

拒绝心理疾病，首先要"动"，也就是多运动。"生命在于运动。"实践证明，运动可以延缓衰老。生物学家的研究已经证明人的肌体遵循"用进废退"的原理，古人也早就提出"不动则衰"，日本一位研究老人问题的专家指出"君欲延年寿，动中度晚年"。因此，老年人要注意加强身体的适度锻炼，循序渐进，持之以恒。俗话说，

"饭后百步走,活到九十九",也就是这个道理。

拒绝心理疾病,要做到"仁",也就是心地善良,待人宽厚。"仁者寿"为无数长寿老人的实践所证实。在生活中可以看到,长寿老人几乎个个慈祥善良。美国心理学家研究表明,同情与帮助他人,也有利于自身的心理健康。人常说:"心底无私天地宽"、"善有善报,恶有恶报",就是说,对人宽厚、帮助别人,不仅有益于别人,也有利于自身。

拒绝心理疾病,要做到"智",也就是勤于学习,科学用脑,尤其要善于用科学的知识指导养生保健。老年人步入第二人生,最主要的心理准备就是重新学习,丰富精神生活,延缓大脑衰老。"树老怕空,人老怕松"。要"活到老,学到老"。进入老年需要学习的东西很多,如老年自我保健,老年社会学、老年心理学、家政学等。同时还要了解国内外大事,了解社会变更,学习新知识,更新观念,紧跟时代的步伐。

拒绝心理疾病,要做到"乐",也就是保持乐观情绪,保持好奇心,时刻保持积极向上的心理状态。只要老年人都能乐观豁达,与时俱进,保持积极向上的人生态度,那么生活质量和人生价值将具有更大的社会意义。一种美好的心情,比十副良药更能解决生理的疲惫和痛苦。快乐与豁达是一种宝贵的资源,不仅要会享用,更要善于发掘。

影响老年人心理健康的还有一个杀手就是烦恼。人有烦恼是正常的,而且有烦恼并不可怕,最可怕的是不能化解,烦恼一旦不能化解,就会潜移默化地转化成心理疾病,所以,如何化解烦恼,对于老年人来讲,可能是关乎健康的大事。化解烦恼其实也不是件很难的事情,只要我们以平常心来看待问题,烦恼自然离我们远去,下面我们就学几招化解烦恼的小技巧。

化解烦恼第一式——离开现场。俗话说得好:眼不见为净。如果老年人身处烦恼之现场,最好的办法是先离开一下,可以到附近的社区公园走走,也可以到大商场或超市逛逛,或者干脆去看一场电影,如果有喜剧片更佳。

化解烦恼第二式——自我劝慰。"算了,算了",不断地自我劝慰;"不去管它了,此事到此了结,不再计较",可以在心中反复地这样安慰自己,我们甚至还可以来点儿阿Q精神,自言自语:"吃亏就是便宜"、"人吃点亏就是行善积德,我一定会长命百岁的"……

化解烦恼第三式——迅速遗忘。如果对伤心烦恼之事耿耿于怀,一定会伤身害体。因此,必须以最快的速度、用最短的时间,把这些烦恼事从脑海里驱逐出去,并且学会忘掉它,就像此事没有发生过一样。

化解烦恼第四式——学会宣泄。在所有的"气愤"之中,最伤人的是"生闷气",即把气愤和烦恼都结在心中。科学家认为,"生闷气"有强烈的致癌作用。为此,一定要找一位最贴心的亲人或朋友,把心头之气吐露出去。必要时还可以在不直接伤害对方的情况下,"大骂几声",以解心头之恨,使怒气顿时消失。

化解烦恼第五式——寻找快乐。在完成上述四项工作后,去钓钓鱼、下下棋、唱唱歌、跳跳舞、与朋友聊聊天,甚至浇浇花、写写字、看看书报,做一样平时十分喜欢做的事,寻找快乐,将一颗郁结的心舒展开来,恢复良好的心态。

远离迷信的泥潭

有些老年人受时代的影响，依然放不下在心里已经扎根的迷信思想，还有些老年人退休后听到别人说些迷信的东西，也开始信了起来，并一发不可收拾。

迷信是封建文化的残余，是与我们的社会主义精神文明建设背道而驰的。老年人要用科学的世界观武装自己的头脑，自觉抵制一切落后、腐朽思想的侵蚀，不论出于好奇，还是觉得好玩，都不要参加任何形式的迷信活动。

烧香求神不可信，"神"、"鬼"是封建统治者为了吓唬人民，让人民俯首贴耳地听从他们摆布而胡乱设想出来的。世界上根本不存在"鬼"、"神"之类的东西，烧香求神实际上是在自欺欺人。

有些老年人喜欢让人看手相、指纹，那些江湖"大师"通过手的骨骼、形态、纹络来判断人的过去、未来、情性品德、事业成败等都是不符合科学道理的。指纹是一种生理组织现象，它同人体其他器官组织一样，是在母体内胎儿发育过程中自然形成的，它与人的命运、事业成败没有任何因果关系。

老年人不要迷信算命。一个人的命运是和国家、民族的命运密切相联的，而理想的实现则要经过自己艰苦的奋斗。"宝剑锋从磨砺出，梅花香自苦寒来"，世界上根本没有什么命中注定的事情，算命先生怎能算出人的命运呢？老年人可要提高警惕，不要被算命先生骗人的把戏所蒙蔽。

生病了不要请巫婆。巫婆、仙姑自称能请神附体、明察百姓灾祸根由，而且会求来"仙药"为人治病。其实，这些巫婆、仙姑大多没有医疗卫生知识，常常是装神弄鬼地折腾一番后，把假药卖给病人，

从中骗取钱财。所以有了病要相信科学，去医院请医生治疗，让巫婆看病，只能会使病情加重，甚至贻误治疗的最佳时间。

60岁的张爷爷有一个6岁的孙子，孩子聪明伶俐，讨人喜欢，可就是总感冒，每次都要住院好几天。每当看着孙子难受的样子张爷爷就特别心疼，可又没有什么办法。

有一天，乡下老家的人来看望张爷爷，张爷爷就和亲戚说起孙子经常生病的事。老家的亲戚说："是不是没有给菩萨烧香，菩萨怪罪啊？"张爷爷一听觉得也是，自己家从来都没有拜过菩萨，于是在老家亲戚的帮助下，在老家找了一个所谓的能通神明的"明眼"给孙子作法事。抛开烧香拜佛不说，还给了"明眼"两千块钱的香火钱。可是事后孙子还是感冒。张爷爷坚持认为只要再找那个"明眼"做一场法事就好了，于是还要去找，家人和邻居都说他迷信，希望他好好冷静冷静，要相信科学，张爷爷不但不听，还和家人吵架。

不少骗子还利用老人这种迷信心理进行行骗。

王阿姨在自己家小区附近遛弯儿，在花园入口处见到一个"急得团团转"的中年妇女。平时特别热心助人的王阿姨主动上前询问，中年妇女说她带着孩子上街买东西，一不留神，小孩不见了。看着急得满头大汗的中年妇女，王阿姨自告奋勇说："我熟悉这里的地形，我和你一起找吧！"中年妇女连声道谢。她们到处打听，找了几个小时也没见到孩子，后来，问到一名妇女时，妇女表示自己没有看见，但有一名算命先生算得挺准的。两人找到算命先生的住处，按照"先生"的指引，二人果然找到了小孩。看到这么神，王阿姨便提出给自己也算一卦，结果一算吓一跳，算命先生把王阿姨的家庭情况"描述"得分毫不差！还说最近她儿子开车会出大事情。此时的王阿姨对算命先生已是佩服得五体投地，听到这，她忙问有什么办法可以解脱。算命先生说，办法就是王阿姨把她家里的存款全部提出来，送到他这里做场法事就过去了。钱只是为了表示心诚，做完法事，就会原数奉还。

随后，丢失孩子的那个妇女就陪王阿姨去拿钱，再"护送"到算命先生住处做法事。回到家后，王阿姨才发现十万元巨款已被调包，再回头找人时，骗子们早已人去房空。王阿姨当场就气倒在地，起不

来了。

老年人群文化程度普遍偏低，接触信息少，看待事情还是老观念，迷信使某些老年人极易对不可知的所谓的鬼神怀有惧怕和盲从的心理，而骗子们也正是抓住了这种心理，才使众多老年人在不知不觉中上当受骗。

老年人要用自己的眼睛看清楚迷信的本质，牢固树立科学的世界观和积极向上的人生观，提高分辨鲜花和毒草的能力，对一切腐朽落后的东西要坚决地进行斗争。

不听信和传播迷信谣言。当发生旱涝虫害和疫病流行的时候，巫鬼、神汉就利用人们对自然现象不理解和对灾害、疾病、死亡的恐惧心理，制造各种迷信谣言，扰乱人心。迷信谣言一经传播，就会对社会产生严重危害。所以对迷信谣言，一要不信谣不传谣，二要报告有关部门，及时加以制止。

老年朋友们，一定要相信科学，相信唯物主义，不要让迷信扰乱了自己的心志和家庭的和睦幸福，使自己陷入泥潭之中而不能自拔。

嫉妒是一种病态

　　嫉妒，通常是弱者所具有的一种心理。由于老年人在社会生活中处于弱者的地位，因此有些老人也容易产生各种嫉妒的心理。

　　有些老年人由于生理上和心理上的日益衰老，感到自己从此不能再与青壮年相比。一种夕阳西下、"处处不如人"的惶恐不安的心理油然而生，容易使他们或者对青壮年的"年龄尚少"发生嫉妒；或者对同龄老年人及青壮年人在"智力"、"体力"方面超过自己有所嫉妒；或者对同性别的老年人和青壮年人在"仪表美"方面的优越天赋有所嫉妒；或者对儿子与媳妇、女儿与女婿所流露的过分"亲昵"有所嫉妒；或者对其他家庭在政治、经济收入、生活条件、子女成才等方面的明显优势产生嫉妒。

　　同时，由于嫉妒是一种态度方面的消极因素，持有这种嫉妒心理的老年人，往往也不肯服老，不让幼贤，论资排辈，技术保守，不愿"青出于蓝而胜于蓝"，不愿别人胜过自己。这种异常的心理，既不利于社会的安定，家庭的团结，也无益于老年人本身的身心健康。老年人应该从积极的角度来认识老、病、衰这一人生的自然规律，用科学的态度来正确对待别人，也正确地估量自己。

　　刘阿姨最近不知道是怎么了，常和她最喜爱的小狗怄气。62岁的刘阿姨总是满脸的怒容，情绪也变得很不稳定，电视也不看了，晚上也不出去散步了，也不去找邻居们聊天了。最为明显的是，她对自己的小狗再也不上心了，更让老伴觉得奇怪的是她居然要把小狗弄到市场上去卖了。

　　由于心情不好，刘阿姨每天都是寝食难安，人也好像一下子老了好几岁。老伴觉得肯定事出有因，于是便去邻居家打听。原来前几

天刘阿姨去邻居家串门，邻居张老太的女儿送给张老太一只特别可爱特别名贵的蝴蝶犬，一看那狗刘阿姨的情绪立刻一落千丈，再也看不上自己的小狗了，心里特别不是滋味。老伴一听就知道刘阿姨是嫉妒心理。于是找来了心理医生对老伴进行开导。

从心理学角度分析，嫉妒是一种病态心理。当看到别人在某些方面高于自己（有时候仅是一种似乎的感觉）时，于是产生一种由羡慕转为恼怒、忌恨的情感状态。

嫉妒的范围是很广的，包括嫉人、嫉事、嫉物。手段也多种多样，有的挖空心思采用流言蜚语进行恶意中伤，有的付诸于手段卑劣的行动。报纸上曾经刊载过这么一则消息：有个老人嫉妒人家的孙子长得好，竟然将那小孩掐死扔进井里。当然，这是极端嫉妒者的典型。

根据嫉妒发生的速度与强度，可分为两种，一种同激情相联系的嫉妒，称之为"激性嫉妒"。这种嫉妒带有强烈的激情性质，来势凶猛，发展迅速，难于控制。另一种与心境相联系，被称为"心境嫉妒"。该嫉妒缓慢而持续，对人体的影响不如前一种明显，但可改变人的性格，主要表现为郁郁寡欢，忧心忡忡，产生孤独情绪，乃至积忿成疾。

现代精神免疫学研究揭示，脑和人体免疫系统有着密切的联系。嫉妒导致的大脑皮层功能紊乱，可引起人体内免疫系统的胸腺、脾、淋巴腺和骨髓的功能下降，造成人体免疫细胞与免疫球蛋白的生成减少，因而使机体抵抗力大大降低。

嫉妒的危害，我国的传统医学早就有过论述，《黄帝内经》明确指出："嫉火中烧，可令人神不守舍，精力耗损，神气涣失，肾气闭塞，郁滞凝结，外邪入侵，精血不足，肾衰阳失，疾病滋生。"

嫉妒破坏友谊、损害团结，给他人带来损失和痛苦，既贻害自己的心灵又殃及自己的身体健康。因此，老年人必须坚决彻底地与嫉妒心理告别。莫让它伤害他人、损害社会、损害自己的家庭幸福、贻害自己的身心健康。

第十二章　黄昏也要甜蜜蜜

——老年夫妻的情感生活

　　人都是感性的,不论是年轻还是年老,都离不开感情的滋养。尤其是退休后的老年人,儿女独立离家,生活的重点发生了新的变化,在家庭中,除了生活琐事,夫妻之间的感情变成了垂暮年华的心灵寄托。

老感情仍然需要升温

老年人退居到第二线，空闲的时间也变多，在夫妻感情方面，可能会因为刚刚闲下来而有些不适应，所以，老年夫妻的感情也需要保持和升温。

老年夫妻感情的保持和升温，就是要做到：思想上，夫妻平等、互相尊重、互相谅解；生活上，要互相关心，互相照顾；精神上，要为老伴排忧解难；经济上，要互相商量，民主理财。重温甜蜜往事，加深夫妻感情。充实晚年生活，增强爱情活力。老年人应该冲破离退休后生活的单调乏味，不妨共同学习一门知识，共同参加一项活动、共同培养一种兴趣爱好。同时，应当积极支持老伴的正当爱好，也就等于支持家庭的和睦；维护老伴的正当爱好，也如维护夫妻间的爱情一样。

周大伯正在楼上和几位老太太打牌，周大妈忽然怒气冲冲地破门而入，当着牌桌上的几个老太太吼道："你们别想拆散我们的家庭，我们夫妻几十年，感情不是一天两天了。"在场的几个老太太你望我，我望你，不知自己究竟做错了什么事。这几个人在一起打牌不是一两天，年纪最小的也近六十岁，而且老伴都健在，谁会想到去拆散谁的家庭呢？这场牌就这么不欢而散。

回到家，周大伯和老伴大吵一场，他委屈地说："你真是无事生非，当着那么多人丢我的面子，我究竟做错了什么事？我不打牌闲在家里，你催我出去玩，怕我闷，现在又这样说……"周大妈说："你可以去打牌，可你为什么每天都是约那几个老婆婆打？那个姓丁的每天上门叫你，你就像猫见了鱼似的，这其中难道就没有什么吗？我早就看不顺眼了，只是忍着，没想到，你一天不见她就心里慌了？"周

大妈说着，淌出了伤心的眼泪。

从此，家中失去了和谐。二老谁也不理睬谁，周大伯害怕刺伤老伴的感情，再也不去打牌，周大妈则对老伴平时的举动多了一份"关心"。

严格说来，这对老年夫妻感情上的矛盾冲突，丈夫是没有错误的，妻子胸中的怒火也并不是她对丈夫失去了爱，而是普遍存在于老年夫妻之中的一种感情脆弱现象，一种不太健康的心理。

为什么两个人在一起恩恩爱爱生活了几十年，顶住了人生的种种磨难，到了安度晚年时会潜滋暗长出这种奇怪的心理呢？

在那些上了年纪的夫妇之间，如果爱还真正存在，它会比年轻的夫妇更厚重，就像沉淀了几十年的老酒，芳香醇正，韵味十足，然而，正因为如此，他们感情的琴弦也极脆弱。我们冷静下来分析老年夫妻间感情脆弱这一问题可以看出：首先，中国的夫妻关系，从古至今，人们崇尚的始终是相敬如宾、白头偕老。大家仍然希望在婚姻上划一个圆满的句号。所以，夫妻双方对周围的一切表现都非常敏感，并且导致行为上的失态。这既是对爱的追求，也是对自己信奉的婚姻观念的维护。

其次，老年夫妻在儿女们成家立业离开身边后，虽然情系子孙，但更多是集中于自己的老伴。他们希望自己的这种感情从对方那里获取回报，所以老年夫妻很在意老伴对自己的态度。周围稍有风吹草动，脆弱的心态便承受不了。

再者，上了年纪的人，无论男女，最害怕的莫过于寂寞。这种寂寞有时会转化为羡慕，有时也会转化为嫉妒，最终产生感情上的矛盾冲突。

老年夫妻感情脆弱的原因是多方面的，想克服它，首先，应重视双方的感情交流，不要上了年纪就忽视去创造色彩斑斓的生活内容和生活方式。在生活中，应多关心对方、体贴对方、多在一起参加一些社会活动，这样不仅能保持夫妻间的感情，还能使彼此的感情得到升温。

花前月下觅青春

　　花前月下卿卿我我、阶下道上携手缱绻，这些并非是年轻人的专利。中老年夫妻每日抽出一定的时间，走出户外，忘情地徜徉在天地间，这对于中老年人的身心健康是大有裨益的。这不仅可以促进夫妻间的感情，还能使家庭更加的融洽。

　　老李夫妇均六十有余，但不管是在"烟柳风丝拂岸斜"的春风里，还是在"霜叶红于二月花"的秋日里，时常可以见到他俩并肩拉手地漫步在林荫道上，留笑语于花丛中，引来很多人的目光。其中有赞赏、敬慕、惊奇，当然也少不了旧传统的眼光。

　　由于生理和心理上的原因，老年夫妻更应加强感情的沟通。年轻的时候，往往受各自的公事、私事、家事的限制，缺少足够的时间和空间来进行情感上的交流。现在都退休了，避开尘世纷扰，走出家门，就有了真正属于夫妻两人的空间，这是夫妻间交换意见、消除误会、减少隔阂、增进感情的良好机会。

　　婚后长期务实而平淡的日子，极易被外来情感激起危险的涟漪。夫妻间经常进行一些室外活动，或散步谈心，或闲庭憩坐，体现出一种高雅的和谐，外来情感就会被淡化而不易介入。

　　老年夫妻创造和投入到室外情爱的意境时，往往会勾起夫妻双方对热恋时的美好回忆和神往。经常回味往日的恩爱情思，不但可以增进夫妻感情，还能使双方心理年龄年轻化，重新焕发出美妙的青春。

　　杨大妈比杨大爷早退休两年，提前适应了闲居的日子，所以当杨大爷退下来时，杨大妈就成了他退休适应期的导师。

　　几年前杨大爷在职时，对家里的柴米油盐从不过问，每天早上要杨大妈帮他挤好牙膏、打好洗脸水、做好饭，他才起床。中午和晚上

也是杨大爷读报、看电视，杨大妈忙前忙后。自从杨大爷退休后，这种情况有所改变，两人每天早早起床外出晨练，杨大妈给杨大爷买了十几盆花又买了几只鸟。杨大爷对这鸟儿发了几天呆，什么也没说就拿去送人了。杨大爷不养鸟却对养花表现出极大兴致，自己还出去买了几本关于养花的书回来，一本正经端坐案前，带上老花镜，仔细阅读起来。但杨大妈养花的水平委实不高，一个月后花儿从生机勃勃变得无精打采。

一天，当杨大爷捧着书坐在花前冥思苦想时，杨大妈气喘呼呼地从外面回来，身后跟着一老农："老头子，我把花匠请来了！"半年后，杨大爷逐渐习惯了闲居生活，对杨大妈也越发依恋，不论杨大妈上街买菜，在家做饭，还是出去跳老年迪斯科，舞太极剑，杨大爷都陪着，后来干脆参与进去，杨大妈在队伍里舞剑，杨大爷就在身后模仿。看着杨大爷笨拙的样子，大家都笑，杨大爷也不恼，和大家一起笑。

情人节那天，杨大妈正要收拾吃饭，忽然有人敲门，开门一看，是位漂亮小姐手捧玫瑰站在门前，说有人委托花店送给杨太太的，祝杨太太身体健康，生活幸福。杨大妈说："哪位杨太太？搞错了吧？"漂亮小姐说："就是送给您的。"杨大妈说："给我的？不会吧？"拿过花，从里面取出卡片，见上面写着："老伴儿，送你一束玫瑰，弥补40年的关爱，节日快乐！"杨大妈一数，8枝，奇怪的是，杨大爷这样的老保守，怎么会做出这样浪漫的事，又怎么知道8枝玫瑰代表弥补呢？一会儿，杨大爷哼着小曲儿喜滋滋地回来了，杨大妈脸红了，就一个劲地说："这老不正经，得花多少钱啊？"杨大爷只是呵呵地笑。傍晚老两口出去散步，缓缓走在夕阳的余晖里，全身笼罩着金色的光，他们成了晚霞中一道美丽的风景。

老年人常有趋向孤僻的特点和趋向沉默不语的性格改变，夫妻间在生活中发生磕磕碰碰是常事，产生不快和摩擦也在所难免。在家中肆意地争吵，甚至摔杯砸碗，可在室外，双方都会本能地控制，这样既避免了无效、无谓、伤感情的争执，又能有效地达成共识，增进互相间的理解。

老年人做些花前月下浪漫的事，有益于身体健康。生活应当有张

有弛，劳累一天后，两个人牵手信步，或小道，或广场，或花园，融入林林总总的人流中，注意力顿时就会从一天的劳累中解脱出来，顿感神清气爽，心情舒畅，疲劳感即消。对于患有高血压、冠心病、糖尿病等老年人，散步本身就是一项很重要的健身养生之道。

老年夫妻千万莫忽视了花前月下，每天最好安排一定时间，走出家门，到花前去寻觅青春，到月下共话未来。

感情充电不可少

夫妻感情并不一定会随着婚龄的增加而加深,尽管我国大多数老年夫妻关系较好,但也有相当一部分的老年夫妻感情不太融洽。只有夫妻俩共同努力,不断进行调整,经常为感情充电,才能使双方关系融洽、恩爱如初。

人到老年,生理、心理会发生一系列变化,如出现忧虑不安、待人冷淡、情绪烦躁、容易发火等。特别是女性,表现更为明显。能宽容大度,体贴对方,自然会相安无事。相反,遇到事情大惊小怪,怀疑老伴"变心",甚至采取一些火上加油的做法,促使老伴的反感越来越强烈,双方的感情裂缝自然也就越来越宽。

在人生旅途中,人的感情会发生多次再分配。有的祖父母,将新添的孙子视作心肝宝贝,把感情迅速转移到第三代身上。倘若老伴对此不理解,也会产生失落感,影响夫妻关系。另外,老人退休后,夫妻呆在一起的时间多了,接触的频率自然增加了。人与人之间交往的时间多了,既有助于相互了解,也容易产生矛盾。

老年人要尊重与理解真正深厚而坚实的爱情,尊重对方的劳动、人格,理解对方的爱好和事业。人总是希望得到别人的赏识和支持,包括老伴的赞赏和支持。如果老伴在这些方面百般挑剔,甚至嘲讽,就容易损伤对方感情。

于大爷60岁了,老伴于太太和他同龄,更为巧合的是老两口同一天生日,老两口都觉得他们的缘分是天注定的。于大爷年轻的时候英俊潇洒,现在还依旧风度翩翩。他最喜欢的就是老伴不管何时何地,遇到什么事都能保持乐观的态度,在人生几十年的风风雨雨中给了自己莫大的鼓励和支持,使自己一再走出了人生的低谷和多灾多难的岁月。

老伴从年轻的时候就喜欢唱歌,有着令人羡慕的"金嗓子",退休后老伴还和那些有着共同爱好的朋友们一起组织了一个老年俱乐部,每天都高兴得不得了,时常能听到老伴美丽动人的歌声。可是老伴最近不再唱歌了,整天唠叨个不停,经常是对一个问题唠叨半天,而且还老是看不惯于大爷,总是挑于大爷的不是,然后就是揪住不放,情绪变得非常不好。两个人经常拌嘴闹矛盾,这令于大爷很郁闷。

老年夫妻共同生活了几十年,现在携手步入人生的最后一站,夫妻关系应该很稳定了。但是,老年期的到来意味着老年人要面对新的人生,不可避免的也会出现一些新的矛盾,需要双方互相适应,否则老年生活不会幸福。

那么老年夫妻在步入老年期后为什么会出现一些矛盾呢?面对心理、生理和生活事件上的矛盾应该如何处理或是持一种什么样的态度呢?

俗话说:少年夫妻老来伴。可见,在生活上的互相照顾、互相关心对老年夫妻来说非常重要。人到老年,子女们不在身边,只有老伴朝夕相处,这样往往会产生一种难以名状的空虚感。而老年夫妻间相互照顾和关心能消除空虚,增进感情。尤其是老年人体弱多病,这时夫妻间更应互相关心和照顾对方。

老年夫妻间应多一点商量与关怀,少一些别扭与争吵。爱情的基础是感情,但如今,经济也是老年夫妻关系的重要内容。感情虽然深厚,但毕竟失去了年轻时的浪漫,而往往更注重生活琐事。因此,老年夫妻要在经济上互相商量,合理安排,民主理财。千万不可瞒着老伴私设"小金库",这样往往容易造成误会。

夫妻共同生活了几十年,都有甜蜜的过去。正是这些美好的记忆,才激励夫妻携手同行,走过风风雨雨的几十年。对他们来说,那些甜蜜的往事,就像生命一样宝贵,一样值得珍惜,值得经常加以重温。那么,有哪些甜蜜的往事可经常回味呢?不妨顺着爱情的足迹,列举如下:第一次见面的情景;第一次去对方家做客的情景;结婚时的盛况及双方当时的心情;孩子出生时双方的神情;双方共渡难

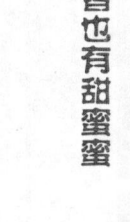

关的情况……沿着爱情的足迹重温旧情，这样必然会增加夫妻间的新鲜感。

感情是需要经常交流的，而感情交流的过程，实际上就是感情深化的过程。老年夫妻生活如果只是一起吃饭、睡觉，缺乏感情和心理上的沟通，就会导致矛盾和心理隔阂。相反，如果经常和老伴谈谈见闻、感想，聊聊天，可以增加相互信任，融洽夫妻感情。

有些人总认为年轻夫妻才有说不完的"悄悄话"，老年夫妻不需要这样的温情和体贴。其实，从某种意义上来讲，由于已经迈入暮年，老年人更需要夫妻间的温情和体贴。老年夫妻可根据自己特有的文化背景、性格修养、风俗习惯，创造自己独特的感情交流方式。夫妻之间的情感交流可以是直接的，也可以是间接的；可以是精神方面的，也可以是物质方面的；可以是语言方面的，也可以是行动上的。如老伴做家务累了，你可以倒上一杯饮料，以示慰问，千万不能视而不见。老伴为你做了一件事，也一定要表示感谢，千万不能认为理所当然，因为老年夫妻之间的感情也是需要不断充电的。

让感情登上相互理解的高度

电视剧《激情燃烧的岁月》中有一段非常精彩的剧情：石光荣感到自己年龄大了，该是结婚成家的时候了，于是，他相中了文工团演员褚琴。学生出身、在城市中长大的褚琴像所有少女一样向往爱情，自然拒绝了强制命令下的婚姻。石光荣从未有攻不下敌人阵地的历史，这次，他像攻打敌人阵地一样，发起对褚琴的婚姻攻势。最后婚是结了，但直到石光荣生病前，俩人之间一直是吵吵闹闹，没有停过。

像石光荣、褚琴夫妇这样的老年夫妇还真是不少，不少老年人的婚姻不是建立在爱情的基础上，而是父母安排、组织介绍、形势所迫或其他情况所促成。一位老人说她当年与丈夫结婚是因为对方出身好；另一位说他当年与妻结婚前一天连妻子长相都不知道，完全是由父母安排的；还有一位与褚琴有相似的命运，只与对方跳了一次舞就与对方结了婚。当然，这些不同学历、出身、家庭背景的夫妇们为了孩子、家庭的安宁、家族的利益等种种原因也在一起歪七扭八地过了大半辈子，拿他们自己的话来说是没什么爱情可言，只是在一起搭伙过日子，他们在生活习惯、风俗影响下也不准备离婚。这些是在情感相对保守年代下的产物。

老夫妻俩的角色可以是恋人，即两人间有爱情；也可以是朋友，即两人间虽无爱情可言，却也可互相帮助，互相依靠；也可是冤家对头，即吵吵闹闹、日子过得没滋没味。一般来说，老年夫妻最好是恋人加朋友，有爱情又能相互帮助、依靠；至少应是朋友，在生活、心理给对方帮助。

当夫妻之间发生矛盾或冲突时，夫妻各自都会被当时的情绪所左

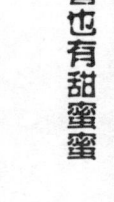

右，处于异常激动的心理状态。此时此刻，夫妻双方都会自觉或不自觉地朝坏的方面想，头脑中冒出来的几乎都是对方的不足之处，这就容易加深对对方的不满和厌恨。此时，夫妻更要冷静和自制，尽量去抑制不满的情绪，多想对方的优点和好处，寻找对方可爱的地方，想想当初自己为什么和他（她）相爱，那些可爱之处是否还存在，并选择适当时机，平心静气地沟通思想，缓解夫妻间的紧张关系。当夫妻情绪稳定下来后，再寻找引起冲突的原因，并坦诚地交换意见，或者以实际行动默默地向对方致歉，以实际行动表示自己的爱，这样，夫妻的感情会更上一层楼。

故大妈今年62岁，军人出身，家务活不会干，饭也不会做。怎么说故大妈也算不上贤妻良母，家务活从来都是老伴的事，但老伴从来都没有抱怨过。故大妈在职的时候是教导员，现在老了，脾气还是不减当年，有时候生气发火，老伴也不和她计较。

故大妈退休之后在区老年活动中心当了主任，区里只要有有关老年人的事，她都管，经常是忙得饭都顾不上吃，老伴也跑前跑后给她帮忙，故大妈高兴得不得了。老两口把生活安排得充实又精彩，他们一起学太极拳，一起跑步，还一起上老年大学，哪还有时间去郁闷、去拌嘴、去心烦？

在充实的生活中，老两口的感情更浓、更和谐了。当然这是与彼此之间的支持和谅解分不开的。

石光荣夫妇在长期的生活和磨练中，从冤家到朋友，最后达到恋人加朋友的夫妻生活最高境界。老年夫妻的感情经历也会不断变化、成长、成熟，愿天下老年朋友都能像石光荣夫妇俩在剧终时说的那样："如果有下辈子，俩人还要在一块！"

黄昏中的"未婚同居"

"出门一把锁,回屋一盏灯",是许多单身老人的真实生活写照。找个老伴,相携走完人生,是一些老人的美好憧憬。然而,因为各种潜在因素,很多单身老人不敢轻言再婚。于是,一部分害怕孤独、渴盼幸福的老人便选择了未婚同居。

选择同居而不领结婚证的老人,要么年轻时因种种原因没能和真正相爱的人走到一起,暮年能相伴相依便是大幸,他们的感情已无所谓一纸婚约;要么是曾经遭遇过婚姻挫折,一生起落沉浮,晚年找伴儿图个心灵慰藉,婚姻凭证便成了多余。还有的就是儿女们的阻挠,儿女们担心父母再婚会有财产流失。所以,很多独居的老年人即便是找到了真心相伴的伴侣,也只能选择同居,不能真真正正地结婚生活,有的甚至是偷偷地来往。

汪大妈属于第一类人。62岁的她经营着一家茶楼,帮她打理生意的还有一位与她年龄相仿的老人。"他就是我的初恋,想不到时隔40年我们才真正走到一起。"提及往事,汪大妈似乎难抑悲伤,声音哽咽。汪大妈的婚姻有点传奇。她和大她一岁的原大爷本是青梅竹马的一对,可就在他们谈婚论嫁时,"文革"开始了。汪大妈的父亲因为"过激言论"进了监狱,倔强的汪大妈带着逃避的情绪主动要求"下放"农村,内心的自卑使她努力"忘掉了"原大爷,两人的爱情自然无疾而终。回城后,汪大妈因错过了最佳婚龄,匆忙嫁人,由于与丈夫缺乏感情基础,尽管两人生育了一双儿女,但生活并不幸福。

再次遇到原大爷是在40年后。这时的汪大妈因下海经商多年,已是百万富婆,有汽车有豪宅,但生活依然不幸福,连缺乏感情的老伴也去世了。孩子又各忙各的事业,她一个人守着空荡荡的大房子孤苦

伶仃。

　　一个偶然的机会，汪大妈得到了原大爷的消息，他就在离她不远的一座城市工作，已经退休。再次见面，他们激动得紧紧相拥。当年，原大爷也是迫于压力，把对汪大妈的爱深埋在心底，随调动工作的父母去了另一座城市。在那里，他结婚生子，但因为与妻子性格不合，他生活得非常压抑。接到汪大妈电话的时候，原大爷的妻子刚因病去世一年多。

　　有情人暮年牵手，他们都十分珍惜这苦涩而又甜蜜的缘分。现在他们已经同居半年了，看得出来，两人都很幸福。"我们是老来伴，相亲相爱是最重要的，领不领证无所谓。况且周围相识的人也认为我们早该是夫妻了，谁会在意我们办没办手续？儿女们都有自己的家庭，他们更理解我们的选择，希望我们充分享受晚年的快乐。"说这番话的时候，汪大妈的眼神里透着快意。

　　对于许多丧偶的老人来说，想要老有所"伴"并不是一件容易的事情，因为子女往往对老人无伴的孤独缺乏理解，或把老人正当的再婚要求理解为"老不正经"，为了面子坚决反对老人再婚；或怕老人的财产"外流"，以断绝往来和不赡养相威胁。但不管怎样说，老人未婚同居总有点别扭，这样做也有点违反传统道德，除了邻里之间会说闲话，将来还有很多问题要面对。一旦"老伴"过世，很可能被对方子女"扫地出门"。

　　很多老人再婚出现的"父子反目"、"母女成仇"闹剧一幕幕上演，因此不少老人被逼上了"未婚同居"之路。

　　张大爷是西安市某事业单位的离休干部，老伴于4年前去世。张大爷的三个孩子有两个在外地，他与在西安的小儿子住在一起。2004年夏，小儿子结婚，媳妇嫌120平方米的房子不够大，整天给他爷俩脸色看。心疼儿子的张大爷感到自己多余，常常白天把自己"闷"在公园里，晚上吃完饭就不再出房间。就在张大爷郁郁寡欢之时，有人为他介绍了一个老伴。

　　老太太姓刘，65岁，10年前与丈夫离异。早就办了病退的刘老太收入很低，但法院判给她一套二室一厅的房子。两位老人情投意合，意欲登记结婚，相伴终老，可张大爷的儿子怕父亲的收入和存款

"移主",刘老太的女儿也怕母亲的房产出现"意外",双方都极力反对,两位老人最终不得不选择未婚同居。

如果说子女因担心父母财产安全反对老人再婚还情有可原的话,那么进行了婚前财产公证的老人应该可以名正言顺地结婚了吧? 其实不然。

家住成都市武侯区55岁的刘大妈与丈夫育有一子二女,丈夫生前事业有成,去世后留下了一大笔财产。后经人介绍,刘大妈找了个新老伴,为了打消子女的顾虑,婚前她就和新老伴到有关部门做了财产公证:婚前财产仍由刘大妈的儿女继承。可儿女们仍反对她再婚,他们认为公证了也不保险,亲友们也觉得这个新老伴是"冲着钱来的"。为了家庭和睦,无奈的刘大妈只好选择了未婚同居这条"中间路线"。对于这种选择,刘大妈心里不太舒服,可儿女们都表示满意,他们觉得反正同居不受法律保护,因此这个家庭的新成员也不会给他们造成什么"威胁"。

但这样的"美好姻缘"毕竟只有极少数老年人才能得到,对大多数老年人来说,从"未婚同居"走向"再婚"的道路仍异常艰难。尽管如此,老人们还是应该尽力争取自己的幸福权利,因为再婚是光明正大的事,老人要解放思想,自己给自己打气撑腰,不必在子女面前羞于启齿。

再次走进婚姻殿堂

爱情与婚姻是人类永恒的话题，进入人生夕阳的老年人同样需要情感的慰藉、爱情的滋润。

少年夫妻老来伴，伴侣和婚姻对老年人有着更加非比寻常的意义。老年人独身生活并非冷了铺个电热毯、闷了养个宠物那么简单，老年独身通常会给他们的心理、精神、生活造成一定的压力和负担。

有研究表明，不同婚姻状况对老年人的身心健康有较大影响，有配偶的老年人在户居、供养和照料上都表现出更强的独立性，因为配偶之间的互助可以减轻对子女的依赖。老年人再婚即可在生活上相互照顾、相互鼓励，使精神得到慰藉，也能促进心理健康发展，堪称提高生存意义的"特效药"。

年老有"伴"是一个人晚年幸福的保障。白头偕老是人们的追求，遗憾的是总会有些人过早地失去老伴，过上孤独、寂寞的晚年生活。

林老师的老伴于七年前不幸因病去世，当时她48岁。由于是学校里的教学骨干，所以悲伤之余，她将全部精力都投入了工作，学生成了她的精神寄托。如今，林老师已经退休，回到家里，形影相吊，一种孤独寂寞之感便时常袭上心来。两个子女都成家在外，有些心里话无人可诉，唯有对着老伴的遗像喃喃自语。特别是在患病卧床之时，更觉空落无助，只能一个人硬撑着。她并非没有想过重新成个家，但思前想后，左顾右盼，感觉是一个字：难！

独居的老人承受着孤独的煎熬，他们也同样渴望爱的滋润，希望能有个人牵手走完生命的最后历程。但目前的现实是，老年人再婚障碍重重。

人老了，身边需要有个伴，儿女再孝顺，也无法取代"老伴"的地位和作用。很多单身老人即使衣食无忧，也终日不快，主要原因就是身边缺了个相依为命的伴，于是再婚就成了许多丧偶老人挥之不去的心病。

老人丧偶后，虽然儿女孝顺，在吃穿上面照顾得很好，衣食无忧，但却缺少沟通，甚至平时连个说说话、逗逗嘴、散散步的人都没有，他们也只有把自己的喜怒哀乐深埋在心底。老人们想再婚的目的主要是相互倾吐寂寞，生活中相互帮助，摆脱孤独，解决失去老伴后在生活、情感上的痛苦与无助。

老人最怕孤独，从心理学角度看，老年人"独身"有害无益。如果有勇气再次点燃爱情之火，对老年人身心健康有着非常重要的意义。

有关部门对100余名65岁以上的丧偶老年人，进行了为期10年的追踪调查，结果发现，重新结婚者心情舒畅、疾病减少，有效地延缓了衰老。而没有再婚，一直孤身生活的老人，心情抑郁，发病率与死亡率都远远高于同龄的再婚老人。现代医学证明，婚姻的满足感可以帮助老人增强对生活的信心。健康长寿的老人经常是成双成对的，不幸丧偶的老人，慎重地再婚是有益于老人健康的。

由于受封建传统观念的影响，社会上特别是老一辈人思想还比较守旧，认为再婚是对死者不忠，有些人总认为老年人再婚是"老不正经"，不大光彩，老年人老成持重的特点使得老人做事总是前怕狼后怕虎，过多地注重外界对自己行为的看法。这些由老年人自己而设置的心理障碍，严重地影响了重新安排自己生活的决心。

独身老人首先应冲破封建礼教的束缚，勇于向旧习俗挑战，坚决打破这种对自己和对人性的折磨和束缚。其次要正视自己再婚的正当心理需求，面对现实，告别失去的昨天，走向美好再婚的明天。最后，要大胆地追求黄昏恋。老人也有爱人之心，更有被人爱之欲。因此，要大胆地追求属于自己的那方"爱的天地"。

现在有些老年人把再婚当做找保姆，不能平等待人，有的一味贪图对方的社会地位和经济条件，有的认为"只要身体好、能一起聊天就行"，还有的自觉或不自觉地怀念对比以前的婚姻，缺乏包容心。

退休高工刘某，4年前妻子病故。后与同一单位的另一位高工何某结合。婚后刚3个月，老两口便为对方照顾不周的事"扯皮"，刘某总想何某像前妻一样精心伺候他，而何某想要老伴能照顾呵护她，半年不到两人便"分道扬镳"了。

婚姻是以感情为基础的，而老人再婚却往往忽视这最重要的基础，结果草率结合，匆匆分手。

随着人们生活水平的提高，不少家庭的经济较为宽裕。家庭财产的增多使遗产继承成为社会的热点问题。在传统思维中，母亲早逝，父亲留下的遗产应该完全由儿女继承，但再婚妻子也有继承权已白纸黑字写进了法律条文。父亲的再婚无疑会使子女对遗产的继承大打折扣。对这一点，不少人在感情和利益上接受不了，于是就干涉父亲的再婚。老人的财产越多，子女就越是横加干涉。

孑然一身好几年的李大爷前年结识了王阿姨，双方感觉不错决定结婚。可是一直很孝顺的子女们却表示强烈反对：60多岁父亲的再婚让他们感觉面子上过不去，50多岁的后妈则让他们心存欲分家产的怀疑。李大爷以为随着时间的推移和感情的不断沟通，也许情况会有所改善，所以毅然举行了没有子女参加的婚礼。

婚后，为了缓和与子女们的关系，李大爷多次请子女们回家吃饭，子女视他如"陌路"；他给子女们写信以求子女们的谅解，也无人理睬。儿女们长久的"冷战"，尤其孙辈们的"远离"让渴望"天伦之乐"的他背负了极大的压力，与老伴的关系也日趋紧张，一年之后他"忍痛割爱"，再婚终以离婚作结。

子女是老人再婚的一道"大坎"。单身老人往往是失去了老伴，但有成年的子女，他们既想有个完整的家，却又怕伤了子女的心，断了两代人的情，因此只能犹豫彷徨。

人到老年不但需要物质上的帮助、生活上的照料，更需要精神上的安慰。如今老年人的子女都成家立业了，天天在工作、家务、小孩的圈子里打转，忽视了老年人。特别是一些孤寡老人，平时与子女几乎没有什么精神上的交流，又没有老伴的谈心，他们心里感受不到亲人的温暖，精神上异常孤单。而解决老人孤独之苦的办法就是再婚找个老伴。因此老年人不必自我压抑、遮遮掩掩，大可理直气壮地追求晚年的幸福生活。

此外，老年人也要加强自己的法制观念，懂得如何运用法律手段来维护自己的婚姻权利，扫除再婚障碍。

天意怜幽草，人间重晚晴。老人再婚，能够使自己走出孤独，安度晚年，共享幸福。所以老年人要鼓起勇气携手自己心爱的伴侣一起走进幸福美满的婚姻殿堂。

第十二章 黄昏也有甜蜜蜜

第十三章　快乐才是最重要的

——把握健康的秘诀

　　精神紧张、压抑、心理矛盾、冲突、犹豫、忧伤等都是导致心身疾病的主要原因。随着我国物质文化生活水平的逐步提高，老年人寿命逐步增加，如何提高老年人的心理保健水平，使老年人在身心愉快的状况下安度晚年，已成为老年人最为关心的话题。

摆脱疑病恐病的困扰

疑病与恐病，严重地影响着老年人的身心健康。

疑病症是疑病性神经官能症的简称，是以患者一心想着自己的身体健康，担心某些器官患有其想象的难以治愈的疾病为特征的病症。

老年疑病症就是以怀疑自己患病为主要特征的一种神经性的人格障碍。老年疑病症如果不能得到及时缓解和治疗，在心理上就有可能从怀疑自己有病发展为对疾病的恐惧，甚至是对死亡的恐惧，即所谓的"老年恐惧症"，这对老年人的身心健康将会产生更严重的不利后果。

疑病的特点是：患者长时间地相信自己某些地方有病，求医时对病情的诉说不厌其详，甚至喋喋不休，从病因、首发症状、部位、就医经过，均一一介绍，深怕自己说漏一些信息，惟恐医生疏忽大意。患者对自身的变化特别敏感和警觉，哪怕是一些微不足道的细小变化，也显得特别关注，并且会不自觉地加以夸大和曲解，形成患有严重疾病的证据。患者常常感到烦恼、忧虑甚至恐慌，其严重程度与实际情况极不相符，他们对自己的病症极为焦虑，别人劝得越多，疑病就越重。即便客观的身体检查的结果证实患者没有病变，患者仍然不能相信，医生的再三解释和保证不能使其消除疑虑，甚至有些患者会认为医生对他们有故意欺骗和隐瞒的行为。

陈大妈，60岁，退休教师，丧偶多年。一年前，独生儿子搬出去单住，陈大妈更觉孤单，尤其担心身体不适没人照顾。正因为如此，陈大妈非常关注自己的身体，稍有不适，便去图书馆翻阅书刊对照检查一番，而且还爱对号入座。最近，她发现自己心脏跳动加剧，不时好像有心绞痛，在医院检查的时候，心电图没有发现任何问题。医生

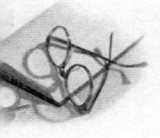

劝她放宽心，她却认为自己是严重的心脏病，竟和医生吵了起来……

对于老年疑病症的防治，心理调节是最重要的，过度关注自己的身体是疑病者的共同特征。有这种倾向的老年人首先要设法转移自己的注意力，可以使自己专注于某一项工作，或者热衷于某一种业余爱好，或者多交一些朋友，倾诉情感。

其次，疑病的痛苦发生在老年，时常回忆过往的不愉快往往构成了疑病的根源。因此，老年人应该多回忆过往的愉快往事，回味当时的幸福体验，多设想今后美好的生活，不要让过去的痛苦和不幸笼罩自己，要努力纠正自身性格的缺陷，保持乐观、开朗、自信的心态，这样有利于老年人克服疑病症。

63岁的赵大爷，总是感觉心口难受，到医院检查了结果都很正常。第二天，赵大爷得知一位朋友因心脏病复发抢救无效死亡了，所以，内心的恐惧排山倒海地向赵大爷袭来。他害怕自己也会得心脏病而死亡，因为他之前从来没有听说朋友有心脏病。朋友的去世确实让赵大爷很伤心，但这完全比不上他内心对心脏病的恐惧。他的情绪变得很低落，积极的生活态度也没有了。整天把自己锁在屋子里写东西，经常唉声叹气、寝食难安。他不敢到公园散步，不敢替老伴上街买菜，不敢和邻居们一起练剑，更不敢到郊外的小河里钓鱼了，因为他怕自己突发心脏病死在公园里、大街上、小河边。每到晚上就更睡不着了，害怕睡着了就再也醒不过来。他甚至对自己养的那条狗也不上心了，白天什么事也不做，有时候就坐在沙发上发愣，有时还自言自语"我很健康，我没有心脏病……"。

赵大爷的反常行为让家人很担心，老伴一再劝他不要自己吓自己，可这根本不管用，相反地，赵大爷的病情还越来越严重了。

老年人当看到别人生病、致残或死亡后而怀疑自己也身患某病，整天忧心忡忡，坐立不安，食不甘味，惶惶然而不可终日。

恐病产生的原因有很多，主要归结为以下几种：

身体衰老：老年人的生理机能开始走下坡路，如渐渐出现白发，面部出现皱纹，食欲开始下降，动则心悸气喘，尤其是体力劳动能力明显下降等，这都会使中老年人感到自己"暮之将至"，产生"悲秋

感"，从而怀疑自己生病。

触景生情：老年人大多阅历丰富，见多识广，故看到同龄人生病、致残或死亡，大多会"推人及己"和进行不恰当的"移情"，进入"角色"，以致悲从中来，首先在精神上把自己打倒，在心理上把自己置于"病人"的不利地位。

敏感多疑：老年人大多尝遍人间冷暖，饱经沧桑，故对自己身体不适大多过于敏感，对他人谈论疾病敏感多疑，对号入座，以致对自己无病疑"有病"，小病疑"大病"，大病疑"绝症"，从而产生莫名的心理恐惧。

心情不佳：有些因工作不顺利、子女不孝或不在身边、经济拮据等原因心情不佳的中老年人，看到同龄人生病、致残或死亡后，很有可能堵气地想干脆和他们一起生病、致残或死亡算了。这样，由环境影响心理，心理影响行为，不知不觉中，自己也就仿佛真的成了"病人"了。

由此可见，"恐病症"是一种不正常的精神心理状态，这种状态，对患者精神、心理和生理均有不同程度的不良影响。要对付"恐病症"，大家可从以下几方面着手。

情绪乐观：乐观的情绪可以使人的生理机能处于最佳状态，增强机体抵抗力，协调机体反应性，有利于预防疾病。一旦真的不幸患上疾病，也比较容易治愈。故老年人应摒弃恐病心理，培养豁达、乐观的情绪，不疑病，不恐病，首先从精神和心理上拒疾病于千里之外。

心理防御：不良的精神心理状态是"恐病症"产生的心理基础。心理状态正常者不疑病，不恐病，生了病也不害怕；而心理状态不正常者则无病疑"病"，小病疑"大病"，大病疑"绝症"，处处从坏处着想，成为疾病的奴隶。由此可见，心理调节非常重要，它相当于一堵"防火墙"，可使人免于"恐病症"的侵袭。

相信医生：关于自己有病还是无病，小病还是大病，大病还是绝症，最有权威的无疑是医生。故"恐病症"患者一旦怀疑自己有病，切不可盲目"自我诊断"，"自我药疗"；不可自作聪明地找科普报刊甚至医学专业书籍"自我印证"——因为未经过医学专业训练的患者

无法驾御复杂的医学专业知识；也不要去求神问卦，而应该找信得过的医生，由医生帮你解决难题。

　　人毕竟是血肉之躯，终会有患病的时候。我们要"在思想上貌视疾病，在战术上重视疾病"，积极配合医生的治疗，把疾病治愈。

"与病共舞"需好心态

有些老年人生病后,考虑到自己的病情,会产生无价值感、自卑感和孤独感;有些老年病人担心生病后会给子女带来麻烦,会产生一种内疚感;有的老人因子女不孝,担心年老病重后无人照顾,有一种被遗弃感;还有的老年人由于体弱多病,常常受到死亡的威胁,产生一定的恐惧感。

子女除了要从精神和生活等方面关心、照顾老年人外,老年人自己也要善待生命,要面对现实学会"与病共舞"。

1、别理它。 心理因素与心理状态对人的身心健康影响极大,人一旦感染疾病,千万不要总是把它挂在心上,每时每刻都去琢磨它,让"我有病了"成为思想包袱,这样极容易摧垮自己的精神防线,加重病情。 特别是那些患了严重疾病和顽症的人,更要树立顽强的信念,用积极乐观的态度去对待病情。

2、关心它。 人一旦患了疾病,从精神来讲"别理它",为的是减轻思想负担,而从另一方面的实际生活来讲,又要注意它,关心它,不能对自己的病情"麻木不仁",从而导致病情恶化。

3、征服它。 生病后一定要及时就诊,不要擅自使用各种药物,一定要遵照医嘱服药。 同时,还要有意识地加强身体锻炼,增强体魄,提高自身的防疫和抗病能力,以此战胜病情。

老年人要想健康长寿,应顺其自然,正确看待死亡,不可自寻烦恼,胡乱猜疑。

因急性肺炎,老张住院治疗了一段时间,但出院后总感觉肺部隐痛,怀疑自己得了不治之症。 尽管家人一再劝解只是普通的肺炎,静养一段时间就可痊愈,但他却认为是家人故意隐瞒病情,整日变得焦

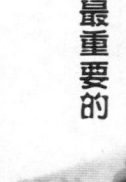

虑不安、忧心忡忡，肺部不适症状也因此越来越严重。就在老张萎靡不振时，一位多日不见的老友打开了他的心结。

那位老友患有腰椎间盘突出症，行走异常困难，可他仍坚持锻炼身体。了解了老张的顾虑后，他告诫老张："你不能瞎猜疑，即使患了绝症，整日忧心忡忡的，病能好吗？自寻烦恼非但治不了病，相反，身体没病也会被心病拖垮。你应该向我学习，寻找生活中的乐趣。瞧我这两条腿，都快拖不动了，可是我还是喜欢到外面多走走、多活动活动、多发现生活中的美好。"

其实，心理的恐惧往往对健康损害更大。尤其是老年人，长时间的忧愁、烦闷不安会加快自身的衰老速度，而且会为整个家庭投下不和谐的阴影，影响到家人的生活。

带病健康生存是一种适合老年人的新观念。带病生存的主张是：健康也好，多病或残疾也罢，每一种状态下都不能放弃积极的努力。

我们应该拥有一种坚定的信念，在这种信念的支撑下，使我们的生存状况变得好起来。

人生过半，生命中拥有了很多体验，生命智慧的高层次使人们逐渐看淡了身外之物，甚至到了可以放弃的时候，而拥有健康的身体，是这个年龄段的人内心最在乎、最看重的。

生命终结，虽不可预期，但也不外乎几种情况：不幸英年早逝，壮志未酬，是人生最遗憾的一种结局；因病猝然而亡，生命在未预知的情况下于某一瞬间划上了句号，也是憾事一桩。对于大多数人来说，从强壮到衰老是一个必须经历的过程，不管人们是否乐意接受这一过程，光阴荏苒，衰老和病痛都将悄然而至，如影随形地跟随着我们，成为我们后半生的另类"伴侣"。

对于我们老年人而言，带病生存是一个普遍现象，活着就要体会生命中各种喜怒哀乐。我们有过令人羡慕的青春，有过精力旺盛的中年，在人生的深秋和严冬，我们都会体味到病痛和衰老的苦恼，很显然，它是一种不完美、不如意、不被欢迎的生命状态。

若是因为身体状况不佳搅乱了自己的心情，需要从两个方面着手解决：一方面是请教医生，合理用药，尽可能地控制住病情，病情平稳是调整心情的前提；另一方面是正视和接受自身的健康状态，因为身体的老化和疾病的困扰是不以人们的意志为转移的。我们面对疾病的正确态度是面对客观不回避，接受而不为之过于烦恼。在这样一个前提下，我们才有可能去寻找内心相对的安宁，才有可能做一个有着积极生活心态的老年人。

虽然疾病和身体健康是对立的两个概念，但与一个人是否持有一种积极的生活态度并不对立。也就是说，身体不太健康的老人和身体健康的老人一样，都有选择积极生活态度的权利，都可以成为精神健康的老人。在羡慕别人的健康之外，我们能为自己做些什么，如果我们能为自己争取到一份好心情的话，不是也能赢得别人的羡慕吗？

第十三章 快乐才是最重要的

过节要做好心理调试

节假日的来临往往会导致不少人心理活动异常，尤其是老年人严重者将会引发生理疾病、损害身心健康。

逢年过节，老年人一定要保持心情稳定，切忌情绪激动。节日期间，儿孙们从千里归来，欢聚一堂，向老人争相献礼与祝福，通宵达旦地畅谈在外的酸甜苦辣以及生活工作中的苦恼与喜悦。老年人应以平静的心态对待，正所谓世理通达，心气和平，切忌大喜大悲，以免酿成大祸。

过节期间，老年人应保持愉悦的心态，从以下几个方面拒绝节假日对健康的负面影响。

1、保持生活有规律，切忌疲劳过度。节日期间，亲朋老友来访，忙于接待应酬，长时间谈笑风生，破坏了平时有规律的生活，对身心健康十分不利，甚至造成极度疲劳有损健康。

2、饮食节制。节日期间，儿孙亲朋，围坐桌前，推杯换盏，争相祝福，生猛海鲜，各地风味，觥筹交错，老年人应节制饮食，切忌贪食，更忌过量饮酒。

3、拒绝疾病入侵。气候变幻莫测，随儿孙探亲和出游应尽量减免，以电话祝福为宜，确实不可推脱时，也应注意气候变化，随时加减衣物。注意饮水和休息，切忌外感风寒和疲劳过度。

4、娱乐有节。节日期间，亲朋好友，难免围聚娱乐，观灯看戏，老年人应适可而止，切忌娱乐无度。

5、慎用药品、补品，谨遵医嘱，切忌滥用。节日期间，儿孙们从千里之外，给老人带回药品、补品，应慎而用之，必要时应请教医生，在医生的指导下服用。

6、过节老年人不宜过度疲劳。准备饭菜、采购物品、操持子孙穿戴、收拾美化房间和整理室外环境，迎来送往接待客人等，常被搞得筋疲力尽。如果患有慢性疾病，遭此折腾极易发生意外。因此，老年人不妨只当"指挥官"或干脆当个"配角"以保证有足够的休息。

逢年过节，保持平和的心态很重要，过喜过悲都易引发各种意想不到的事情，不要让喜庆的节假日蒙上一层不和谐的阴影。

梁伯和梁婆婆一直是老两口独住，他们的一子一女都在美国定居，远隔重洋，和儿女一起过年成为一种奢望。每年到过年的时候，老两口就看着自己空荡荡的房子唉声叹气，总是羡慕别人家一家开开心心的团聚。但今年，子女两家都准备"冲破重重困难"，回来与他们团聚，所以梁伯与梁婆婆每天都笑容满脸。

还有一个月的时间过年，老两口就开始准备了，储备了好多儿女们喜欢的东西，没事老两口就去市场上转，看看还缺什么。梁婆婆说："儿子喜欢吃台山粽，女儿和孙子喜欢吃家乡咸水角，我已经备好材料，包他们吃个够！"再辛苦，梁婆婆心里也甜。看到邻居朋友也乐呵呵地说自己的儿女要回来过年，高兴得不得了。但是，乐极生悲，因为过多的劳累和极度的兴奋，梁伯的心脏病发作了，幸亏抢救及时才逃过一劫。

7、不为钱物费心神。现在，生活水平都有不同程度的提高，有些人家就像天天在过节。基于此，老年人对节日期间的物质享受不必看得太重，应将精神享受放在第一位。

8、树新风，消除代沟。老年人对我国的传统节日，往往在心中牢记一些旧的风俗习惯和意识（拜神祭祖等）。如今时代变迁，老年人要做破旧俗立新风的带头人，给节日赋予新意。你如果头脑中旧的习俗装得太多，就容易与青年人的爱好相违，处理不好会使家庭不和睦。老年人也要与时俱进，这样才能在思想上消除与青年人之间的代沟，保持良好的心境，有利身体健康。

9、勿忘休息。老年人通常都有自己多年形成的生活规律，在节日期间难免会受到一定的影响和干扰，但总不能干扰休息和睡眠。老年人切不可和年轻人一样守夜熬更。

10、不要讳疾忌医。有些老年人在节日期间患病,不愿去医院,生怕给子女们添麻烦,总想过完节后再说,这是不可取的。老年人患病理应及早诊治、检查,以免贻误最佳治疗良机。有些人认为过节期间治病吃药不吉利,显然是违背了科学。若患有慢性疾病,在节日期间要继续治疗,切不可擅自停药或要求离院,以免病情加重,给日后治疗带来不必要的困难和麻烦。

综上所述,老年人应以平和的心态对待春节,排除一切干扰和形式主义。因为,老年人过节只有以保健养生为先,才会拥有健康,才有幸福可言。

给自己做个保健

老年人要保持身心健康,舒心地度过晚年的每一天,就要做好从心理到身体的保健。心理健康对人体的健康是至关重要的,老年人要安度晚年必须注意心理保健。老年人的自我心理保健可以从以下几方面开始:

1、保持积极的生活态度。有位心理学家说过,感觉是一种主观东西,而生活就是一种感觉。人以什么样的态度感觉它、对待它,它就以什么样的姿势回报你,只要你热情、积极、乐观、进取,你的生活就将充满阳光。

2、确立生存意义。人贵有自知之明,老年人也一样。孔子自称:"吾十有五而志于学,三十而立、四十不惑、五十知天命、六十而耳顺、七十而从心所欲,不逾矩。"反映了孔子随着年龄的增长,活到老,学到老,使得自己的精神境界不断发展的过程,从不惑、知天命、耳顺一直到从心所欲,老年人应客观地意识岁月不饶人,不能逞强,也不应把自己贬得一无是处。虽然社会和家庭不再是靠老年人来支撑,但也不是老年人已经没有用了。让老年人发挥余热,老年人不仅应老有所养,也要老有所乐、老有所学、老有所为。

3、适度脑体运动。"发展体育运动,增强人民体质。"老年人参加各种体育运动能增强自己的体质,克服或延缓增龄所带来的各器官功能的衰退。当然运动也不能像年轻人那样去进行剧烈的运动,而是应根据自己的体质和兴趣,有选择地、有规律地进行运动。运动不仅指体力运动,也指脑力运动。跑步、打球、爬山、太极拳等是体力运动,下棋、打牌等则是脑力运动,适当进行脑力运动能延缓大脑功能的衰退,能有效地延缓记忆力、思维能力和精力等高级心理功能的

减退。

4、维持良好的人际关系。 许多影视作品中老顽童的形象，相信大家是不陌生的。 确实，拥有一颗天真烂漫的童心，保持朴素纯真的感情，对维持老人的健康、延缓衰老是非常重要的。 老年人要和晚辈和睦相处，不倚老卖老、以老压小，乐于接受现在的被领导地位是关键所在。

5、知足常乐。 老年人在人生长河中已走过很长的一条人生道路，故考虑问题时要豁达，不能要求太高，因为超越客观的种种目的，以及与各方面相攀比的计较心态，或者明知达不到的愿望而硬要满足，这些都将使自己失望、苦恼以及失去生活信心。

6、经常保持微笑。 笑已成为衡量身体健康的另一种有效的指示器。 长寿学家胡夫兰说："在所有使身体和精神激动的因素中笑是最健康的，它有利于消化、循环和新陈代谢，因而激活了所有器官的生命力。"我国有句谚语"生气催人老，笑笑变年少"。 莎士比亚说得好"如果你在一天之中，没有笑一笑，那你这一天就算白活了"。

7、摆脱依赖心理。 依赖心理是一种消极心理。 对于老年人来讲容易出现依赖心理的原因是由于衰老、机体的功能减退、活动能力受到限制、应急反应所造成。 一旦生活上、家庭上遇到困难，对未来失去信心，便会感到生活乏味，缺乏安全感。 本来把生活、养老、健康的希望寄托给家庭、社会和医疗，但一旦失去各方面的支持，精神便受到打击，会变得情绪消沉，健康状况每况愈下，有的由于这种依赖心理的破坏而产生忧郁症等精神障碍。

8、要有海纳百川之胸怀。 由于长期的社会变迁，生活磨练，复杂的家庭关系，不好的健康状况等，可以导致老年人的一些性格发生变化。 特别是在缺乏关心，得不到尊重，失去劳动的能力，或无事可做，得不到家庭的温暖时，这些都会影响老年人的心情，导致性格变异。 所以老年人本身要加强性格修养，要培养心胸宽阔的心境，要有自我控制能力，要有涵养，尽量体谅别人，不要苛求别人，尊重别人而不斤斤计较，主动建立良好的人际关系。 心宽量大，使自己始终处于良好的心理环境之中。

古人说"忧则伤身，乐则长寿"，可见老年人应该常使自己保持愉快，经验就是要自得其乐，知足常乐。老年人要客观地对待和了解事物发展规律。特别在社会体制改变，新旧体制交替过程中，老年人的经济及社会地位发生的变化，使一些老人产生心理不平衡，滋生苦恼、不安和抑郁情绪，从而影响健康。所以老年人不能将期望超过现实，而要面对现实、迎接现实、研究现实，采取主动的行动去适应新的变化。老年人每天给自己做做心理和身体保健，确保自己在充实和快乐中度过幸福的每一天。

第十二章 快乐才是最重要的

做个快乐老人

人在各年龄阶段的快乐是不一样的，老年人快乐是指身体的健康，经济有安全感，被社会接受，不感到寂寞，觉得自己还有用，有信仰，感到满足。

有研究指出，人们在玩笑和娱乐中也有快乐感，朋友的聚会或家人的团聚可以得到快乐以调剂生活。其实真正的快乐是在人从事有建设性、有意义的活动中取得成绩增强了信心，获得了自我满足时产生的。

一个人参加了有意义的社会活动或为社会、为他人作出了某些贡献，他就会获得满足、荣誉感，感到生活充实，就会有积极、振奋的精神。如果不能满足人类的需要和个人的需要，就会产生消极的情绪。个人的需要是随着年龄的增长而变化的。一般来说，青年人重理想，中年人重事业，老年人重社会的尊重，即社会和家人对他的一生成就的认可。因此，老人要得到真正的快乐，就要从事一些力所能及的有益的活动。

卓大爷今年66岁了，患有糖尿病，但从不把这病放在心上。卓大爷中等身材，圆圆的面孔，鼻子上架着一副金丝眼镜。他喜欢戴一顶儿童式的遮阳帽，这个打扮，确有几分"返老还童"的味道。卓大爷说话轻言细语，脸上总是挂着微笑，讨人喜欢。

卓大爷的身体"还可以"，每天一大早起来就要到公园兜一个大圈，总的行程大约五千米左右。他的这个步行运动，不论酷暑寒冬，除了大风大雨"暂停"之外，一般小风小雨撑着雨伞照样进行。

卓大爷还有一项读英语的活动，每天清晨7点左右，卓大爷就和另外两位老人不约而同地来到公园的石凳上并排坐下，其中一位老工人顾师傅朗读《新概念英语》的课文，并且边读边用中文解释。卓大爷坐在旁边仔细地听，他在聆听顾师傅朗读、解释的过程中，有时还主动纠正顾师傅的发音和解释中的不当之处。卓大爷谦虚地说他是来学习新概念和新观念的。实际上在几位读英语的老人当中，他担任了辅导老师的角色。

卓大爷的爱好也是丰富多彩的。他喜欢种花，喜欢摄影，喜欢唱京戏……生活得很充实。

老人要快乐，就要调整自己的认识与态度。快乐的老人善于适应困境，能在黑暗中寻求光明。北京通州区一位快乐长寿的老人，他家曾遭火灾，财产被烧光，他幽默地说："财产能去，也能来。"广西有一位心胸开阔的老人，曾因全部财产被盗，一夜之间变成无家可归的人。她说："有人就有财。"还唱山歌来安慰自己。这些乐观的人的共同特点，就是想得开，对生活充满信心。

21世纪银发一族最明显的特点是：心理年龄要比生理年龄年轻得多，就生理年龄而言，他们的确已步入老年，但无论从外表还是内心，他们都与"老朽"毫不搭界。他们不服老，不喜欢年轻人称自己为爷爷、奶奶，甚至在公交车上还常常婉言谢绝年轻人的让座。能体现他们年轻心态的种种表现包括：热衷于交朋结友和集体活动，爱好娱乐和体育活动，努力学习新的技艺、运动和外语。通过尝试某项以前从未经历过的全新事业，全心全意地投身于各种公益事业，在社会上找到了自己的位置，扮演着适合自己的人生角色，继续体现自身价值。

60岁的年龄，30岁的心灵，谁说老人就不能有追求，就不能过得精彩？就目前我国老年人的状态而言，他们可称为"六十仍在浪尖上"。

某市老干部大学向社会公开招生，在10天左右的时间里，每天都有上千人将报名处围得水泄不通，一些人甚至在凌晨3时就前来排队。几千个招生名额与上万名老年人的需求形成明显的差别，报上名的兴高采烈，没报上名的灰心丧气。像刘大妈就属于后者，她说："工作时没时间学习，退休后又忙着带孙子，现在我的小孙子刚上幼儿园，终于有了自己的时间，打算去学点东西，却又报不上名。"当

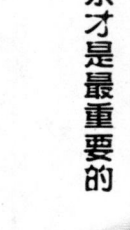

别人问她为什么不去街道或社区的学习班报名时，刘大妈很严肃地说："这是市老干部大学，各方面都正规，老师也好，牌子硬。"很多老年人认为，"在学到新知识的同时，心态也变得年轻了，知识面更宽了，视野也开阔了，真是一举多得。"

一身休闲装打扮的纪大爷，看上去比实际年龄65岁年轻多了，嗓门洪亮、笑声爽朗的他说，"因为过着退而不休的生活，身体素质和精神状态都比同龄人强多了。"纪大爷在某渔业集团工作了30多年，不久前退休。经过半年筹备，退休后的纪大爷开了家货运代理公司，居然还有了一笔不小的收入。"我现在的生活几乎与退休前一样，每天正常上下班，日子过得很充实。只要身体允许，我就坚持不'退休'。"纪大爷如是说。

尽管平均寿命增长了，退休年龄却和从前一样。因此，人们退休后还有15年甚至更长的空闲时间。现在老人生活观念变了，退休后并不在家闲着，他们常常寻找一个新职业，既充实生活，又能继续挣钱。有人把退休后的退而不休的生活叫"第二人生"。

退而不休的老年人，一部分主要集中于工程技术、医生、教育、会计等专业领域，由于他们具有专业技术和责任心，不占用企业的编制名额，因此在寻找工作时往往比年轻人更容易。

而另一部分退而不休的老人则是发挥自己的特长，从事"免费"的工作。高大妈就是其中的一个。2004年高大妈从中学退休，社区同志找到了她，希望她担任即将成立的社区合唱队的老师，有着音乐功底的高大妈毫不犹豫地答应了。如今，合唱队成员已发展到60人，高大妈在歌唱事业中找到退休后的快乐。

有一些老人，他们退休后不坐享优越的生活，而是走出家门，做些力所能及的事，其中做义工是他们生活中的重要内容之一。值得一提的是，他们不仅自己主动加入义工队伍，还积极动员子女、朋友等周围的人成为义工。65岁的刘大妈，眼睛动过手术，视线已模糊不清。她说看不见不要紧，只要还有一双灵巧的手，仍然可以到市慈善总会做义工。动手术前，老人可以独自从家里到慈善总会去，但手术后她必须依靠子女带路了。有趣的是，四个孩子在她的"熏陶"下，竟也成了义工。

在每次市慈善总会义工分会组织的活动里，都会看到这样一大家子，60多岁的老两口领着儿子、儿媳、孙女、女儿、女婿、亲家等八口人。5岁的小孙女不懂什么叫义工，老人就耐心地解释："义工就是义务劳动，用爱心去帮助、感染周围的人。"

王大爷退休后一直义务为社区出宣传板报。街道成立义工站后，闲不住的他第一个报了名。由于义工的服务时间一般安排在周末，因此在这个全家团聚的日子里，王老经常缺席。孩子们不乐意了，"埋怨"道："爸，咱们好不容易全家人聚在一起，您怎么'扔'下我们去劳动呢？"儿子的一句话似乎提醒了他，"干脆你们也加入义工吧，周末咱全家总动员参加义务劳动，这不也是一家团聚吗？多有意义啊。"在老人的鼓动下，王大爷一家八口都成了义工，成为名副其实的"义工家庭"。

有人说，幸福的标准，不是看得到多少爱，而是付出多少爱，在你帮助他人的同时，自己内心的满足感是无法比拟的。老人能深知这幸福的真谛，年轻人是否也明白其中的道理呢？

第十三章 快乐才是最重要的

第十四章 时尚养老新观念

——让我们一起住进老年公寓

时代的观念在不停地转变,生活质量也在不断地攀升,追求优质的生活和愉快的生活方式是老年人最为关心的。我们虽然跟不上时尚的脚步,但我们应该找到最为贴切和适合自己的生活方式。

外国老人的养老观念

中国人自古就有"养儿防老"的观念,让子女养老送终似乎是约定俗成的规矩,也是老人幸福的标志。现在时代变了,老人的思想开放了,养老方式也在不断变化。各国老人不同的养老方式,体现了养老观念的改变。现在我们来看看各国老人的养老方式和观念。

日本老人:我很老,可我还工作。日本是世界上人口平均寿命最长的国家。随着人口高龄化进程的加快,日本政府一直在完善社会保障体系,早在上世纪50年代末便开始通过立法来解决养老问题。此外,日本政府还鼓励老人"再就业"或"发挥余热","高龄雇佣保险法"特别加强了对大量雇佣高龄者的企业进行奖励的制度,对工资低于60岁退休时工资的高龄受雇者给予一定的补助。另外,日本政府还采取鼓励延长企业职工退休年龄等措施,引导老年人由"老有所养"转变为"老有所为"。

加拿大老人:我健身,我快乐。在加拿大,笑得最开心的是老人,穿得最漂亮、最绅士的是老人,最受社会尊敬和爱护的还是老人。加拿大老人大都喜欢"以静为乐",到图书馆去看书,或修剪、浇灌自家庭院的花草,或到咖啡馆坐坐,享受那里的清雅与安静。老年人平时还有一个最大的爱好就是健身。加拿大土地辽阔,首都渥太华就是一座花园城市,到处提供了让人们跑步、骑车、健身的专用道。而冬天,冰雪覆盖的加拿大,人们则更热衷于室内冰球、室外滑雪、溜冰等运动。

土耳其老人:喜欢"悠然见南山"。很多土耳其老人一般在退休前就会把养老的地点选好,位于土耳其南方的郊区和乡村很是受欢迎,因为南方的气候相对于北方来说,要更温暖、更潮湿,这跟中国

的气候分布倒是很像。 选好了地儿，便请来设计师和建筑师为自己盖幢温馨的房子，大都是一层的，也有两三层的。 等一切都就绪了，正好是退休"回乡"的时候。

英国老人：喜欢独来独往。 英国老人的子女成年后都离家自立，不仅与父母分居，而且为了谋职，常常迁居异地。 年迈的老人，身边没有儿孙绕膝，有老伴的还可以相互照顾，丧偶的鳏夫寡妇，一切都得自己料理，子女们从来没有"常回家看看"的念头，老人们也没有这份"奢求"。 也许是国情如此，尽管老人缺乏"天伦之乐"，但退休老人很少发生"退休综合症"。 他们不是在家种花养草，就是到处旅游，早晚总是牵着宠物狗散步，过着"天马行空"、独来独往的生活。

德国老人：出租。 德国柏林有一项收费低廉的"祖父母出租服务"，一时间，爷爷、奶奶供不应求。 700多名等待租个老人回家带孩子的单身家长被列入等候名单。 如何既能替年轻父母照顾孩子，又能让老年人安度晚年，成为德国社会的一个现实问题。 德国社会福利部绞尽脑汁琢磨出了这个大胆的"出租爷爷、奶奶"计划。 此项计划可以让寂寞在家的退休老人，成为负担沉重的单亲妈妈、爸爸的好帮手，许多老年人也在"被出租中"尝到了乐趣。

意大利老人：舍得为自己花钱。 在意大利，年轻人的收入有限，不少人穿的衣服虽然赶潮流，但都是从小店里淘来的便宜货，远没有老年人打扮得体。 老年人一般都有经济实力，他们也没有资助子女的习惯，因此在穿衣打扮上比年轻人还肯花钱。 意大利的老太太们大都化妆，戴首饰，衣着得体而入时。 老先生们也大都着装考究。 在罗马那些世界知名品牌的专卖店里购物的，往往不是外国人就是意大利的退休老人。 他们会很痛快地为自己买下价格不菲的名牌的西服套装和皮鞋。 据报道，意大利的"六七十岁新年轻人"在美化生活环境、穿衣打扮、外出旅游等方面是各年龄段中最肯花钱的，其消费总额占了意大利全国消费总额的三分之二。

美国老人：追求个性化。 出游、上学和公益活动是当今美国大多数老年人的生活选择。 有些老年人在生活安排上表现出明显的个性特征。 美国77岁的约翰·格伦再次遨游太空，在全世界引起轰动。 这似乎令人难以置信，但是当老年人能够自主安排晚年生活的时候，老年人的愉快和满足是我们所体会不到的。

　　国外老年人的生活安排带给我们重要的启示是：按照老年人自己意愿安排的生活，才能最大程度地满足老年人的精神、心理需求。

选择不再孤独的生活

岁月的沧桑,不仅在老人的脸上刻满了皱纹,还无情地夺去了一些老人的伴侣。失去了"另一半",使老年人心里感到没了依靠,生活变得杂乱无章,像秋天的落叶,飘零无着、孤立无援的感觉,常令老人不寒而栗。失去老伴,是老年人离家养老的一个重要原因。

朱大爷的老伴去世五六年了,与小儿子住在一起,自己身体不好,手脚不利索,上下台阶很吃力,平日不敢独自外出,生怕出意外。白天,儿子儿媳上班,孙子上学,剩下自己孤零零的,烦闷时,顶多走到阳台,看看窗外的风景。夜晚,孩子们各有自己的小天地,老人还是孑然一身。儿女虽然挺孝顺,可老人总觉得生活中少了些什么。

2007年12月,朱大爷入住老年公寓。他说:"我是从报纸上看到有老年公寓的。在家独居时,总觉得自己老了,到这一看,我还是个小老弟,仔细品味生活,觉得越活越年轻。"

在老年公寓,因腿脚不好,朱大爷住在一楼,到室外活动就方便多了。儿女们每周都带着孩子到老年公寓看望老人,虽是离家养老,却一样感受到儿孙绕膝的天伦之乐。在朱大爷看来,老年公寓就是自己的家,住到老年公寓,改变了自己的生活,焕发了生命的活力,日子过得温馨、充实而富有情趣。

住进老年公寓,"寡人"不孤,那么多的老年人,总能找到和自己情趣相投的一起聊天、下棋,生活变得丰富多彩了。

为满足老年人精神文化生活的需要,不少老年公寓还专为老人设立了娱乐活动室、健身房、阅览室、康复室等多种活动场所,老人总会找到自己喜爱的项目,这是居家养老难以享受到的。

刘老太今年63岁，去年入住老年公寓。刘老太的5个子女都很孝顺，家境宽裕。一说起老年公寓的生活，刘老太乐得合不拢嘴："当初在电视上看到住在老年公寓的老人那么开心，就想自己也去享享清福。"

刘老太细数她一天的时间安排：每天早上6时起床，然后在花园里散步、晨练。吃过早饭后，就同姐妹们去做一小时的健身操。之后回宿舍休息，读书看报。中午吃完饭，睡个午觉。下午起来后到图书室练习书法、绘画或参加公寓里组织的文体活动。晚上和姐妹们唠家常或看电视，有时也会跟姐妹们到广场上跳舞。"我在这里过得充实而快乐，忙得都没时间烦恼了。"刘老太高兴地说。

刘老太去年要来老年公寓时，儿女们都不理解，但是现在看到她吃得好、喝得好，精神饱满，再也不说什么了。每到周末，儿女都到这里来看她，就像在家里一样。惟一不同的是，原来儿女们一走，自己就很冷清，而现在即使他们走了，这里依然很热闹，与那么多同龄的老兄弟姐妹在一起，非常开心。

刘老太的老伴几年前去世后，只剩下自己孤苦伶仃，因为平时儿女们工作很忙，也没有多少时间陪伴她，现在在老年公寓里过得很舒心，子女也放心了不少。

社会养老，使老年人多了一个选择生活的机会，他们不必在家里孤独地打发日子。入往老年公寓，是老年人改变自己命运的一次自我解放，展示了老年人的现代意识。

老年人在家的时候，孩子们都忙，一个人独守空房，连个说话的人也没有，日子很难熬。如今在老年公寓，那么多人，总有几个聊得来的。一起做操、看电视……有滋有味的。过去，老年公寓是孤苦、病弱老人的聚居地，现在大不一样，是老年人颐养天年的好去处。

人到晚年，很多老人由于没人照顾而住进了老年公寓。也有的老人认为进老年公寓是一件丢人的事，所以宁愿在家里一个人孤孤单单地无人照顾，也不愿住进老年公寓。其实，是否进老年公寓应看各个家庭的具体情况而定。

城市里有好多居住在高层楼房里的家庭，白天子女都上班了，只

有老人一人在家，出门不便，孑然一身，于身心健康非常不利，这样的老人还不如住进老年公寓好。

　　老人进老年公寓也是个观念的更新。不要以为把老人送进老年公寓就是儿女忤逆不孝顺，这要视具体情况而定，不可一概而论。老人开心，过得愉快，才是最终目的。

老年人的另一个"伊甸园"

过去，我们有一种观念——只有那些没有儿女的五保户和那些走投无路的孤寡老人才会住养老院，而幸福的老人们一定是与儿孙们住在一起、享受天伦之乐。可如今，社会发展，生活水平不断地提高，这个观念也随着发生了很大的变化。

这几年，张大妈的儿子办厂赚了点钱，便想接张大妈过去享清福。可是张大妈自从到了儿子那里之后一直腹泻，各大医院全看了就是不见好。张大妈以为自己得了绝症，死活要回老家。也真奇怪，张大妈回去后一检查，什么毛病没有，医生说可能是水土不服。

张大妈只有一个儿子，老伴死得早，儿子觉得把张大妈留在老家，说什么也过意不去。一位朋友出了个主意，送张大妈到养老院去。儿子一听就不同意，这让他脸往哪搁啊。

但张大妈觉得可以去试试。在张大妈的坚持下，她住到了养老院，看到许多老人东一堆、西一堆地坐着聊天，都是一副安然自得的样子，心里就喜欢上了。张大妈说："人活着为啥，不就是图个每天开开心心吗？我住养老院里会很舒心的，这比什么都好。"经过一番思想斗争，儿子也终于想通了，什么是孝顺，不就是要顺着老人的意愿嘛。

最近，之前和张大妈住同一小区的两个老人也搬到养老院去了。他们老两口日子过得有滋有味的。老两口中的一向善于精打细算的阿姨算了一笔简单的账：她老两口的退休工资加起来才2000多元，每月除了交电话费、水电费、煤气费外，基本只能维持两个人一日三餐的生活，而且所有家务活都得自己做。而住到养老院后，家里的房子出租能有1500元收入，在养老院他们老两口住一间房，每个月的房租再

贴点，就可以支付两个人的费用，吃喝拉撒住全都解决了，而且也没什么买菜、做饭之类的家务事缠身，落得一身轻闲，退休工资还略有盈余。

在养老院，很多老人参加了各种兴趣小组，歌咏、书法、垂钓……烦了就回到房里看电视，厨房菜谱日日更新。最让人放心的是，医务室和护理室一天24小时值班，老人们一有情况可以立即送进养老院附近的医院。

随着老龄社会的来临，养老院已经越来越像"疗养院"了，真成了老年人养老的"伊甸园"。

64岁的刘阿姨感慨地说，"没来之前，我总担心养老院是不是我的末路呢？但是我来了之后才发现，这里就是天堂。因为这里不光有专人照顾，还有健身房、电脑室等等，而且都很方便，也不需要上楼下楼的，走过去也就几十步，特别方便。另外，来到这里才发现，这里有好多和我年纪差不多的伙伴，人一上了年纪就总回想过去，正好，在这里我找到了几个和我经历差不多的同伴，聊起当年的事情，都有很多相同的感触。我敢保证，在家里，没有人愿意听我讲过去的那些事情，但是在这里，我们一聊起来就觉得痛快，而且彼此都很真诚，也与世无争。所以在这里，我感觉像是找到了春天。"

在很多人眼里，养老院意味着亲情的隔绝，其实这是一个错误的看法。老人住进养老院，子女还是可以经常来看望、或者经常通电话聊聊天。老年人住进了养老院，在亲情的关怀下，还多了很多年龄相仿的朋友。

现在养老院不仅是老年人快乐的伊甸园，而且还解决了年轻人的后顾之忧，减轻了他们的负担。在这里老人也得到了规范的照料和专业的护理，而且有了相对稳定的交往圈，孤独减少了，心情变好了，活得更健康快乐了。

选择休闲式安居

一般人认为，住到养老机构，就是为了养老，就是因为需要照顾了。这虽有一定道理，但却失之偏颇。事实上，近年来，一些身体健康又有经济基础的老人也住进了福利院。这种纯休闲型的入住，是我国经济发展、人民群众生活质量提高的一个重要标志。

徐老是从电业局离休的，2005年与妻子徐大妈一起住进了老年公寓。徐老说："我是山东人，对山东很有感情，心想退下之后一定要回山东定居，常言道落叶归根嘛。"离休后，徐老就和老伴到全国各地转了一圈，先后到过北京、上海、厦门、西安以及山东的济南、烟台、威海等地，他要选择一个栖息地，最后定在了青岛。他们认为这里夏天不太热，冬天不太冷，很理想。

两位老人身体健康，性格开朗，住到养老机构不是为了寻求照顾，而纯粹是为了选择一种潇洒的生活方式。徐老爱好京剧，和青岛的票友都很熟，经常参加市里票友们组织的一些活动，还到电台、电视台作过节目，是个"大忙人"。他是院里文体活动的"台柱子"，一些大的活动，都少不了他的"拿手戏"——京剧。

徐老说："忙了一辈子，到老了才真正有了自己可以支配的时间，也不用为工作操心了，也不用为儿女操心了，一身轻松，此时不乐，更待何时？"平日里他们打打麻将，玩玩扑克，或者到健身房锻炼身体，天气好的时候结伴远足，看看风景，看看山水，日子过得快活潇洒。

这是当代老年人的一种全新的生活追求。据对入住老年公寓老人的调查，目前有32%的老人是出于选择这种悠闲的生活方式而住进来的。这种"休闲型"的入住，使养老和旅游很好地结合起来，同时也

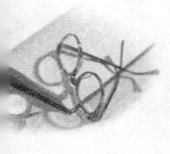

拉动了老年公寓老年人生活质量的全面提升，使养老机构老年人的生活发生了质的变化。

于老是从海关关长的位子上退下来的。谈起为何住进老年公寓，老伴李大妈说："我们俩每月退休金不低，生活得不错，家里也请了保姆。家务活虽不用干了，但心还得自己操。今天买什么菜，做什么饭都得自己打算，生活琐事有操不完的心，子女也免不了跟着操心。住到老年人公寓，生活琐事一概不用自己操持，洗衣、做饭、打扫卫生都由工作人员做了，剩下的，就是好好享受每一天的生活。"

医疗条件是所有入住福利院的老人最为青睐的，24小时有大夫值班，从根本上解除了老年人的后顾之忧。许多老人认为，住到福利院，真是找到了一个"全能保姆"，衣、食、住、行、医，什么都不用自己操心了。这不仅让老年感到安全、轻松，也使子女少了许多负担。

积极转变养老观念

在国外，老人们退休之后结伴到老年公寓或者敬老院入住，已是很平常的事，因为那里有方便的医疗条件，有周到的陪护和志趣相投的老人群体。在我国，许多老年人即使孤独在家也不愿入住敬老院和老年公寓，强烈的"孝"文化使老人和子女认为老人入住老年公寓是子女的一种不孝。

选择入住养老机构，到底在多大程度上受老年人的欢迎？据某市社会养老需求情况调查，有10.5％的老年人选择了住养老机构的养老方式，据测算，该市区约有2.5万人想入住养老机构。

潘老入住福利院6年多了，他对入住养老机构有自己的见解。他认为，住养老机构是老年人最好的选择，儿女都忙，谁来照顾你？还是住福利院好，儿女省心，老人安心，很不错。

潘老刚来时，也没打算长住，来了以后感觉挺好，就住下来了。他每天早晨散散步，白天看看书，写写日记，有时翻翻同学录，看看老照片。抚今追昔，感怀过去的时光，虽偶有伤感，却也逍遥自在。

离开生活了几十年的家庭，到一个完全陌生的环境度过人生的最后时光，对老年人来讲，是一种挑战。一方面需要老年人自身转变观念，战胜自我，顺应潮流，愉快地走出家庭，到养老机构颐养天年，以减轻子女家庭的照料负担；另一方面，也要求养老机构要突出个性化服务，最大程度地满足老年人的不同需要，为老年人创造高品味的生活环境，让老人找到"家"的感受。

养老方式的选择，看起来是老年人的个人行为，却有着深刻的社会背景，随着社会经济的发展和综合国力的提高以及老年人口赡养比指数的不断攀高，会有越来越多的老年人选择入住养老机构安享晚

年，这是市场经济条件下人们的必然选择。

　　李老以前是一名技术工人，一直在一家设备制造厂铸造车间工作，退休已经十多年了，退休后，他还在一家自行车公司做过几年的自行车组装工。但随着年龄的增长，身体状况也越来越差，在2000年的时候，他辞了工作。第二年老伴因为一场疾病离他而去，老人突然间像丢了魂似的。

　　前不久，度日如年的李老突然决定去养老院。究其原因，老李说："其实家里也很好，就是觉得无聊，孩子们每天也很忙，回到家里不是很晚就是累得不行，我年纪也大了，想帮他们也总是力不从心。另外，我的身体也越发不听使唤，与其让孩子们受罪，还不如去养老院来得清闲。"

　　"我之前也和孩子们商量过这事，但是他们死活都不同意，说外人会觉得他们不孝顺，没法和同事朋友们说。我其实心里很清楚，孝顺不孝顺也不是给外人看的，再说我的孩子们对我都很好。"

　　"其实我去养老院就是想找个说话的。"李老似乎显得有些难为情，"我以前当工人的时候，工友们特别团结，总是无话不说，所以大家到一起就特别亲切。可是现在回到家里，几天说不上一句话是常有的事，而且就说孩子们吧，他们那些安慰的话我知道是关心我，可是我需要的不是这个。"李老似乎担心别人理解不了他的意思，强调说，"我需要沟通，需要一个能听懂我的话的人。"

　　从2000年开始，我国就进入了老年社会，老年人养老不仅成为社会问题，还给竞争社会的年轻人以压力。如何调节年轻人既要面临工作压力，还要尽孝的矛盾呢？老年公寓、敬老院正是解决这一问题的产物。"空巢家庭"的老人，尤其是寡居的老人，老年公寓和敬老院将成为他们的晚年幸福之家。

我们一起去养老院吧

"养儿防老、积谷防饥",几千年来,在传统观念的影响下,人们普遍认为只有没儿没女的人才会进养老院。以前,如果谁的父母、长辈进了养老院,就会被认为是不孝,老人家也会觉得脸上无光。

如今,随着中国现代化的推进,家庭规模的逐渐缩小,子女工作学习压力的增大,客观上已形成养老必须走社会化的趋势。越来越多的老年人需要离开家到养老院安享晚年,但有一些老年人及子女对养老机构知之不多,入住前不知如何选择养老院。有些老人认为,养老院应该选在市中心的,这里离大医院、大商场比较近,生活比较方便;有的老人则认为,养老院应该选郊区的,这里风景优美,空气清新,更适合养老。

目前我国的养老院,不外乎于两种性质的养老院,一个是政府补贴开办的养老院,通常我们听到的敬老院或者社会福利中心都属于此类;另一个就是私人投资兴办的养老院,有些还叫做老年公寓、托养院、颐养院等名称。所有这些养老院都统称为养老服务机构。

对于形形色色的养老院,老人如何选择合适的养老院呢?根据对老人选择养老院的调查,我们总结出以下几个因素。

第一,交通因素。老年人都希望养老院越靠近家越好,子女接送、探望也比较方便。如果地点是靠近市区,附近购物场所就比较多,而且搭乘公交地铁也比较方便,因此往往靠近市区的养老院比较紧张。当然,郊区的养老院是一个不错的选择,那里的空气新鲜,远离闹市,是老年人颐养的好地方。

第二,价格因素。从价格方面考虑,应该计算的是一个月需要支付多少钱,而不只是考虑床位费或其他单个项目费用。有些养老院声

称其床位费比起其他养老院来的便宜，但他通过提高其他项目的费用来填补，所以老人们别被误导了。基本上，一个月的费用 = 床位费 + 护理费 + 伙食费。再看该养老院是否还收取其他费用，比如：洗衣费、娱乐费等。有些城市，如广州养老院还会收取一次性购置费，用于购置房内设施。由于金额较大，因此也是老人们需要考虑能否承担的一个重要因素。

　　第三，卫生医疗。这是不少老年人会忽略的重要因素。养老院除了提供护理之外，由于服务对象是老年人，卫生医疗是不可忽略的。卫生医疗的条件有多好，就能代表该养老院的素质有多高。卫生方面包括了个人卫生和公共卫生。对于无法自理的老年人来说，个人卫生要求就特别高，比如：冲洗大小便、更换内衣、洗澡等。公共卫生指的是多长时间清理房内、卫生间、食堂的卫生等问题。至于医疗方面，包括了该养老院拥有多少个医生护士，医疗设备是否齐全，所提供的医疗服务有哪一些，是否靠近医院等。

　　第四，饮食因素。如果老人来自外省，或许会对本地的食物不习惯，因此这个问题也必须讲究。再来，如果老年人患有疾病，比如糖尿病，该养老院是否有提供专门的糖尿病餐。

　　除了以上的因素之外，老人还可以考虑养老院的环境如何，是否有花园、鱼池等休闲娱乐场所。养老院是否备有电梯，走廊是否有扶手，提供哪一些运动休闲设施，比如：运动场所、康复器材等。除此之外，养老院是否举行户内外活动、联欢节目，让老年人度过愉快的生活。

　　如果老年人都将以上的因素考虑在内，那一定可以找到称心如意的养老院。但是，最重要的还是老人家住得是否舒适，因此老年人在考虑养老院的时候，也要多考虑一些自身的条件。

　　有的老人住进了老年公寓，自己虽然过得挺自在，别人却不能理解，一些过去与他们在一起晨练的老人竟会无端地怜悯他们，儿女也被人指责不孝。老人住进养老院，并不是对他们放弃不管。儿女可以抽空去看望老人，逢年过节还可以把老人接回家里住几天，一点儿也不影响尽孝心。

　　在海南省工人疗养院，有位很有意思的叶海真老婆婆。已有 60 多岁的叶婆婆膝下儿孙满堂，但是她不允许后人们"集体"去看望她。"一个一个地来，可以多陪我说说话，我希望我住的房间内天天都人来人往，有小孩子的欢声笑语，这样，我住在这里就如同和后人们住在家里一样。"叶婆婆说。

相对于在家里养老来说，去养老院养老有许多好处。

首先，在养老院能够找到聊天、玩乐的对象。对于养老院里的成员来说，他们都是同龄人，有相似的经历、共同的话题及对过往时代的追忆，所以，在一起的时候很容易找到共同的语言，成为知心的朋友。住在工人疗养院的的王老说，他之所以住到老年公寓来，不为别的，是因为他是个老棋迷，家中无人和他对弈，街头也无对手，而他看好的这家老年公寓有好几位象棋高手，每天过过招，其乐无穷。

其次，有规律的生活有利于老人的身心健康。养老院里的生活是十分有规律的，一日三餐十分准时，且实行营养搭配。另外，活动和休息时间也有人掌握和调节，使得老年人在养老院里能够吃得香、睡得好，精神也十分好。住在社会福利院的张大爷认为，没有了工作的老年人，生活也失去了规律，而进养老机构过集体生活是改善老人生活的最佳选择。

在养老院里老人们可享受到优质、开心的服务。张阿婆原来独居，有一套三房一厅的住所，来老年公寓后，仅住 10 平方米。"家里不缺保姆，缺的是医生护士。在老人院，不仅有护理员，还有医生，我可以得到很好的照顾。"张阿婆说。

有数据表明，预计到 2030 年，每 4 个中国人中就会有一位老人，这意味着一对中年夫妇将要负责照顾 4 位老人。随着老龄化社会的来临，会有越来越多的老人选择去养老院。社会养老服务这一行业，不仅可以将年轻人从沉重的负担中解脱出来，而且还解决了老年人的晚年生活安置问题。这不仅是人们观念的进步，也是社会文明的体现。

蔬菜、水果类营养成分表

（每 100 克含量）

名 称	热能（Kj）	水分（g）	蛋白质（g）	胡萝卜素（ug）	脂肪（g）	胆固醇（mg）	钙（mg）	维生素E（mg）	糖类（g）
冬瓜（鲜）	11	96.6	0.4	80	0.2	0	19	0.08	1.9
长茄子（鲜）	19	93.1	1	180	0.1	0	55	0.2	3.5
番茄	19	94.4	0.9	550	0.2	0	10	0.57	3.5
大椒	22	93	1	340	0.2	0	14	0.59	4
白菜（鲜）	21	93.6	1.7	250	0.2	0	69	0.92	3.1
葱 头	39	89.2	1.1	20	0.2	0	24	0.14	8.1
菜 花	24	92.4	2.1	30	0.2	0	23	0.43	3.4
菠 菜（鲜）	24	21.2	2.6	2920	0.3	0	66	1.74	2.8
黄花菜	199	40.3	19.4	1840	1.4	0	301	4.92	27.2
黄瓜（鲜）	15	95.8	0.8	90	0.2	0	24	0.46	2.4
菠 萝（鲜）	41	88.4	0.5	200	0.1	0	12	0	9.5
大枣（干）	298	14.5	2.1	0	0.4	0	54	0	71.6
番石榴（鲜）	41	83.9	1.1	0	0.4	0	13	0	8.3
草莓（鲜）	30	91.3	1	30	0.2	0	18	0.71	6
橙（鲜）	47	87.4	0.8	160	0.2	0	20	0.56	10.5
伏苹果（鲜）	45	87.3	0.5	0	0.1	0	15	0.15	10.6
国光苹果（鲜）	54	85.9	0.3	60	0.3	0	8	0.11	12.5

谷类及制品营养成分表

（每 100 克含量）

名 称	热能(Kj)	水分(g)	蛋白质(g)	胡萝卜素(ug)	脂肪(g)	胆固醇(mg)	钙(mg)	维生素E(mg)	糖类(g)
白玉米	336	11.7	8.8	0	3.8	9	10	3.23	66.7
大麦	307	13.1	10.2	0	1.4	0	66	1.23	63.4
大米	346	13.3	7.4	0	0.8	0	13	0.46	77.2
高粱米	351	10.3	10.4	0	3.1	0	22	1.88	70.4
富强粉馒头	208	47.3	6.2	0	1.2	0	58	0.09	43.2
谷子	383	0	10.9	40	0	0	0	3.3	84.8
黄玉米面	340	12.1	8.1	40	3.3	0	22	3.8	69.6
江米	348	12.6	7.3	0	1	0	26	1.29	77.5
炒饼(糖)	302	25.9	8	120	2.1	0	51	0.39	62.7
麸皮	220	14.5	15.8	120	4	0	206	4.47	30.1
黄玉米	335	13.2	8.7	100	3.8	0	14	3.89	66.6
黑米	333	14.3	9.4	0	2.5	0	12	22	68.3
机米	347	12.6	7.9	0	6	0	12	54	77.5

豆类及制品营养成分表

(每 100 克含量)

名称	热能(Kj)	水分(g)	蛋白质(g)	胡萝卜素(ug)	脂肪(g)	胆固醇(mg)	钙(mg)	维生素E(mg)	糖类(g)
豆角(鲜)	30	90	2.5	200	0.2	0	29	2.24	4.6
黄豆芽(鲜)	44	88.8	4.5	30	1.6	0	21	0.8	3
毛豆(鲜)	123	69.6	13.1	130	5	0	135	2.44	6.5
豌豆(鲜)	105	70.2	7.4	220	0.3	0	21	1.21	18.2
扁豆(鲜)	37	88.3	2.7	150	0.2	0	38	0.24	6.1
蚕豆(鲜)	104	70.2	8.8	310	0.4	0	16	0.83	16.4
荷兰豆(鲜)	27	91.9	2.5	480	0.3	0	51	0.3	3.5
豌豆苗(鲜)	29	92.7	3.1	0	0.6	0	59	1.45	2.8
大豆	359	10.2	35.1	220	16	0	191	18.9	18.6
豆腐脑	10	97.8	1.9	0	0.8	0	18	10.46	0
豆浆	13	96.4	1.8	90	0.7	0	10	0.8	0
腐竹	569	7.9	44.6	0	21.7	0	77	27.84	21.3

鸡鸭鱼肉蛋类营养成分表

（每 100 克含量）

名 称	热能（Kj）	水分（g）	蛋白质（g）	胡萝卜素（ug）	脂肪（g）	胆固醇（mg）	钙（mg）	维生素E（mg）	糖类（g）
鹅（鲜）	245	62.9	17.9	0	19.9	74	4	0.22	0
鸡（鲜）	167	69	19.3	0	9.4	106	9	0.67	1.3
肯德鸡	279	49.4	20.3	0	17.3	198	109	6.44	10.5
鸽（鲜）	201	66.6	16.5	0	14.2	99	30	0.99	1.7
母麻鸭（鲜）	461	40.2	13	0	44.8	132	9	0.6	1.4
白鲩草包鱼	112	77.3	16.6	0	5.2	86	38	2.03	0
白带鱼	127	73.3	17.7	0	4.9	76	28	0.82	3.1
八角鱼	135	65.4	18.9	0	0.4	0	21	1.34	14
大黄花鱼	96	77.7	17.7	0	2.5	86	53	1.13	0.8
狗 肉	116	76	16.8	0	4.6	62	52	1.4	1.8
驴肉（熟）	251	57.7	32.3	0	13.5	74	13	0.39	0
鹅蛋（鲜）	196	69.3	11.1	0	15.6	704	34	4.5	2.8
鸡蛋（红皮）	156	73.8	12.8	0	11.1	585	44	2.29	1.3
鸭蛋（鲜）	180	70.3	12.6	0	13	565	62	4.98	3.1
松花蛋（鸡）	178	66.4	14.8	0	10.6	595	26	1.06	5.8